✠

DE VERBORGEN MENS
DES HARTEN

Archimandriet ZACHARIAS (Zacharou)

De verborgen mens des harten

(1Petr.3:4)

MARANATHA HOUSE
A.D. 2014

DE VERBORGEN MENS DES HARTEN
(1Petr.3:4)

+ + +

Original edition:

THE HIDDEN MAN OF THE HEART
(1 Peter 3:4)

auteur: Archimandriet Zacharias (Zacharou)

© 2007, Stavropegic Monastery of St. John the Baptist,
Tolleshunt Knights, Maldon, Essex, U.K.

Dutch translation:

Nederlandse vertaling vanuit de
oorspronkelijke talen (Grieks & Engels)
© 2014, A. Arnold-Lyklema

Published by:

Maranatha House
www.maranathahouse.info

ISBN: 978-0-9931058-2-1

Voorwoord

Uw sieraad zij de verborgen mens des harten,
in de onvergankelijke tooi van een zachtmoedige en stille
geest, die kostbaar is voor het aanschijn van God.
(cf. 1Petr.3:4)

In 2007, middenin de winter, reisde Archimandriet Zacharias van
het Patriarchaal Stavropegisch Klooster van St. John the Baptist –
gelegen bij het rustige dorpje Tolleshunt Knights in Essex,
Engeland – naar de stad Wichita, Kansas, in het hart van Amerika.
(Wichita is slechts tweehonderd mijl verwijderd van het dorp
Lebanon, Kansas, dat het geografische middelpunt is van het
vasteland van de Verenigde Staten; de plek zelf wordt gemarkeerd
door een klein Christelijk kapelletje.) Dit was de tweede maal – de
eerste was in februari 2001 – dat vader Zacharias, op mijn uitnodiging, er nederig mee instemde zijn stilte te verlaten voor een
retour-reis van meer dan tienduizend mijl, om de priesters en
diakens van mijn diocees te voeden met de rijke geestelijke kost
die in het klooster van zijn bekering dagelijks wordt opgediend.
    Als geestelijke zoon van de stichter van het Klooster, de zalige
oudvader Sophrony van Essex (+ 1993), en daarmee de geestelijke
kleinzoon van de heilige Silouan de Athoniet (+ 1938), heeft vader
Zacharias de zeldzame en kostbare gave geërfd "een woord" te
kunnen spreken, een authentiek woord geïnspireerd door deze
geestelijke reuzen van onze tijd. En wat een woorden heeft hij
gebracht tot ons, kinderen van het eind van de 20^e en het begin van
de 21^e eeuw!
    Door Gods genade, en de raadgevingen en gebeden van zijn
geheiligde geestelijke vader, zowel als door zijn eigen ascetische
inspanningen, heeft vader Zacharias zelf de verborgen mens van
zijn eigen hart gesierd met "de onvergankelijke tooi van een
zachtmoedige en stille geest". En zijn onderrichtingen – eerst
beschikbaar gesteld aan de wereld via audio-cd's, en nu op de
hiervolgende bladzijden – zullen gemakkelijk worden herkend als
levende, vruchtdragende takken die stevig verbonden zijn met de
Ware Wijnstok, in tegenstelling tot de droge, verdorde takken van

enkel theoretische speculeringen. De leden van onze diocesane Saint Raphael Clergy Brotherhood – waar vader Zacharias graag aan refereert als "dat gezegende apostolische bondgenootschap" – hebben zich onbeschaamd verzadigd aan de "rijk beladen tafel" die ons door deze goddelijke priestermonnik werd opgediend. En zij hebben er groot genoegen in geschept, voor zichzelf en voor hun kudden de kostbare woorden des levens te verzamelen, die als geestelijke parels van zijn lippen druppen, "te allen tijde en te aller ure", op zulk een ongeveinsde en zelfs kinderlijke wijze. Hoe gezegend zijt gij, o lezer, om nu te delen in deze verborgen schat.

Ik roep de zegen van de Alheilige en Levenschenkende Drieëenheid aan over dit boek en over de "geestelijke weide" waarin het werd opgekweekt en vrucht droeg (het Patriarchaal Stavropegisch Klooster van St. John the Baptist), de hegoumen archimandriet Kyrill en zijn metgezellen in Christus – en bovenal één van de twee peetouders bij mijn monnikswijding, in wie ik de zegen geniet van een hooggewaardeerde en hoogst-geliefde broeder in Christus, archimandriet Zacharias.

+ BASIL

Bishop of Wichita and the Diocese of Mid-America
Antiochian Orthodox Christian Archdiocese of North America

23 augustus A.D.2007
Wedergave van de Ontslaping
van de Hoogstheilige Moeder Gods

Notities bij de vertaling

De Engelse uitgave van dit boek is een zorgvuldige bewerking, door het Klooster te Essex, van een serie voordrachten die gedeeltelijk gebaseerd waren op Griekse originelen. Voor zover van toepassing is vertaald met referentie aan de Griekse tekst (uitgegeven in 2011), doch de tekst als zodanig volgt in principe de Engelse redactie. In het geval van expliciete Bijbelcitaten is doorgaans gekozen voor een vertaling die zo nauw mogelijk aansluit bij het Grieks.[1] Wat het Nederlands betreft is daarbij vaak gerefereerd aan de Statenvertaling (ed. Jongbloed) en de NBG'51, zowel als aan de liturgische vertalingen van archimandriet Adriaan – eeuwige gedachtenis! – van het Orthodox Klooster te Den Haag. Doch daarnaast zijn soms ook andere gangbare Nederlandse Bijbelvertalingen geraadpleegd. Nadere details van geciteerde werken zijn vermeld in de Bibliografie achterin.

*A.

---

[1] Om praktische redenen zijn oudtestamentische verwijzingen gegeven volgens de Masoretische (Hebreeuwse) tekst, volgens het meest gangbare gebruik in Nederlandse Bijbeluitgaven. Verwijzingen naar de Septuagint zijn aangegeven met LXX. Alleen voor de Psalmen wordt eerst de Septuagint-verwijzing gegeven, gevolgd door de in Nederlandse Bijbeluitgaven meer gebruikelijke nummering tussen haakjes. (NB: Er bestaan kleine variaties in de vers-telling, m.n. in de Psalmen, wat afhankelijk van de gebruikte Bijbeluitgave soms één of twee verzen kan verschillen. Alleen veel voorkomende verschillen zijn aangegeven, in dat geval met een schuine streep, bv. Ps...:5/6 wil zeggen, vers 5 of 6.)

HET MYSTERIE
VAN HET HART DES MENSEN
- een inleiding -

l de inzettingen van de onbevlekte Kerk worden de wereld aangeboden voor dit éne doel: de ontdekking van het 'diepe hart',[1] het centrum van de menselijke 'hypostase'. Volgens de Heilige Schriften heeft God ieder hart op bijzondere wijze geschapen, en elk hart is Zijn doel, de plaats waar Hij verlangt te wonen om Zichzelf te kunnen openbaren.

Daar het Koninkrijk Gods in ons is,[2] vormt het hart het strijdperk van ons heil, en alle ascetische inspanningen hebben tot doel het te reinigen van alle vuilheid, en de reinheid ervan te bewaren voor het aanschijn des Heren. "Bewaar in alles uw hart," zegt Salomo, de wijze koning van Israël, "want daarin zijn de uitgangen des levens".[3] Deze wegen des levens gaan via het hart van de mens, en daarom is het opnieuw opvlammen van het hart, dat door de zonde was afgestorven, het onuitblusbare verlangen van al diegenen die onophoudelijk het Aangezicht zoeken van de Levende God.

Het hart is de waarachtige "tempel", alwaar de mens de Heer ontmoet, en daarom "zoekt het een gewaarwording",[4] noëtisch en goddelijk – het kent geen rust, totdat de Heer der heerlijkheid komt om er woning te maken. Van Zijn kant neemt God, Die een "naijverig God" is,[5] geen genoegen met slechts een deel van het hart. In het Oude Testament horen wij Zijn stem die roept: "Mijn zoon, geef Mij uw hart";[6] en in het Nieuwe Testament gebiedt Hij: "Gij zult liefhebben de Heer uw God, uit geheel uw hart, en uit geheel

---

[1] Cf. LXX Ps.63:7 (64:6).
[2] Cf. Lk.17:21.
[3] LXX Spr.4:23.
[4] Cf. Spr.15:14.
[5] Ex.34:14.
[6] Spr.23:26.

uw ziel, en uit geheel uw verstand, en uit geheel uw kracht".[7] Hij is Het, Die het hart van ieder mens op unieke en onherhaalbare wijze geschapen heeft, en Hij weet dat geen enkel hart toereikend is om Hem volledig te omvatten, want "God is groter dan ons hart".[8] Niettemin, wanneer de mens erin slaagt geheel zijn hart op God te richten, dan wordt het door God Zelf verwekt door het onvergankelijke zaad van Zijn woord, dan verzegelt Hij het met Zijn wonderbare Naam, en doet het stralen met Zijn eeuwige en genadevolle aanwezigheid. Hij maakt het tot een tempel van Zijn Godheid – een niet met handen gemaakte tempel – die in staat is Zijn 'gedaante' te weerspiegelen, Zijn 'stem' te horen, en Zijn Naam te 'dragen'.[9] In één woord: dan vervult de mens de bestemming van zijn leven, het doel van zijn komst in het voorbijgaande bestaan van deze wereld.

Heel de menselijke tragedie van onze tijd ligt hierin, dat wij leven, spreken, denken, en zelfs tot God bidden buiten ons hart, buiten het huis van onze Vader. En waarlijk, het huis van onze Vader is ons hart, de plaats waar "de Geest der heerlijkheid, de Geest Gods"[10] verlangt te rusten, opdat "Christus in [ons] gestalte moge krijgen".[11] Alleen dan zullen wij werkelijk volledig zijn, en verwerkelijking vinden als hypostasen naar het beeld van de waarachtige Hypostase van de Zoon en het Woord van God, Die ons geschapen heeft en ons heeft vrijgekocht met het kostbaar Bloed van Zijn onbeschrijfelijk Offer.

Doch zolang wij de krijgsgevangene zijn van onze hartstochten, verwijderen deze ons intellect van ons hart en drijven het tot de voortdurend veranderende en ijdele wereld van de natuurlijke en geschapen dingen. Deze zuigen al onze geestelijke kracht op, en aldus wordt ons de wedergeboorte vanuit den Hoge onmogelijk, die ons maakt tot kinderen Gods en tot goden door de genade. In wezen zijn wij allen, op één of andere wijze, "verloren zonen" van onze Hemelse Vader. Want, zoals de Schrift zegt: "Allen hebben

---

[7] Mt.12:30.
[8] 1Joh.3:20.
[9] Cf. Joh.5:37; Hand.9:15.
[10] 1Petr.4:14.
[11] Gal.4:19.

gezondigd, en schieten tekort in de heerlijkheid Gods".[12] De zonde heeft ons intellect afgescheiden van het levenschenkende schouwen van God, en het geleid tot een "ver land".[13] In dit 'verre land' raakten wij verstoken van de eer van de omarming van onze Vader en werden wij tot zwijnenhoeders, onderhorigen van de demonen. Wij hebben onszelf overgeleverd aan de hartstochten der oneer, en aan de vreeswekkende hongersnood der zonde, die zich op gewelddadige wijze als wet gevestigd heeft in onze ledematen. Uit deze vreeswekkende hel van Gods afwezigheid dienen wij terug te keren tot het huis van onze Vader, om de wet der zonde, die in ons is, tot aan de wortel uit te rukken, en in ons hart de wet te vestigen van de geboden van Christus. Want de enige weg vanuit de martelingen der hel tot de eeuwigdurende vreugde van het Koninkrijk is die van de goddelijke geboden: Wij dienen God en onze naaste lief te hebben met een vrij hart – volledig bevrijd van alle zonde – en met ons gehele wezen.

De weg terug vanuit dat verre en troosteloze land is geenszins gemakkelijk. Doch anderzijds is er geen vreeswekkender hongersnood, dan die van het hart dat tot woestenij is geworden door de zonde. Degenen wier hart vervuld is van de vertroosting van de onvergankelijke genade, kunnen alle uiterlijke ontbering en leed verdragen, en vormen deze om tot een feest van geestelijke vreugde. Doch de hongersnood van het verharde hart, waarin de goddelijke vertroosting afwezig is, is troosteloos en martelend. Er bestaat geen groter ongeluk dan die van het gevoelloze en versteende hart, dat niet in staat is te onderscheiden tussen enerzijds de lichtende weg van Gods Voorzienigheid, en anderzijds de trieste verwarring van de wegen van deze wereld. Doch in heel de loop der geschiedenis zijn er mensen geweest met een hart vol van genade. Deze uitverkoren vaten werden verlicht door de geest der profetie, en daarom slaagden zij erin te onderscheiden tussen enerzijds het Goddelijk Licht, en anderzijds de duisternis van deze wereld.

Hoe vreeswekkend en moeilijk de strijd om de reiniging van het hart ook moge zijn, niets zou ons moeten afhouden van deze opgang. Aan onze zijde staat de onzegbare goedheid van God, Die

---

[12] Rom.3:23.
[13] Lk.15:13.

het hart van de mens tot Zijn persoonlijke zorg en Zijn doelwit heeft gemaakt. In het boek Job lezen wij deze verrassende woorden: "Wat is de mens, dat Gij hem hebt grootgemaakt? Of dat Gij Uw aandacht op hem vestigt? Dat Gij hem bezoekt tot aan de vroege morgen en hem oordeelt tot aan zijn rust? ... Waarom hebt Gij mij tot Uw doelwit gemaakt...".[14] Wij zien dus dat deze onvatbare God het hart van de mens najaagt: "Zie, Ik sta aan de deur, en Ik klop; indien iemand zal horen naar Mijn stem, en de deur zal opendoen, Ik zal inkomen tot hem, en Ik zal avondmaal houden met hem, en hij met Mij".[15] Hijzelf klopt aan de deur van ons hart, maar Hij moedigt ook ons aan om te kloppen aan de deur van Zijn barmhartigheid: "Klopt, en u zal worden opengedaan".[16] En wanneer deze twee deuren – van Gods goedheid en van het hart van de mens – opengaan, dan voltrekt zich het grootste wonder van ons bestaan: de vereniging van het menselijk hart met de Geest des Heren, het stralende Feest dat God viert met de zonen der mensen.

Niet alleen beroven wij onszelf van dit feest van Gods vertroosting wanneer wij onszelf overleveren aan het verderf der zonde, door "zwijnen te weiden in een ver land", maar ook wanneer wij de strijd niet ten volle voeren, maar onszelf overgeven aan nalatigheid. "Vervloekt, eenieder die het werk des Heren doet met nalatigheid",[17] waarschuwt de profeet Jeremia. In het weiden van zwijnen is het onze vijand, de duivel, die ons vervloekt werk laat doen. Maar als wij het werk des Heren op halfhartige wijze verrichten, dan roepen wijzelf een vloek over ons af, zelfs al wonen wij in het huis des Heren. Want God duldt geen verdeeldheid van ons hart; Hij heeft er slechts welbehagen in, wanneer de mens tot Hem spreekt met heel zijn hart, en Gods werk vreugdevol verricht: "God heeft de blijmoedige gever lief",[18] zegt de Apostel. Hij verlangt dat heel ons hart gericht is op Hem, en aan Hem is overgeleverd – en dan vervult Hij het met de gaven van Zijn goedheid, met de genadegaven

---

[14] LXX Job 7:17-18 en 7:20. [Het woord voor 'doelwit' heeft een tweevoudige betekenis, en kan hier ook gelezen worden als 'aanklager' (Grieks: *katenteuktês*/ κατεντευκτής, Hebreeuws: *miphga'*). Cf. *"Weest ook gij uitgebreid", hfst.2, p.45.*]
[15] Openb.3:20.
[16] Lk.11:9-10.
[17] Jer.48:10 (LXX 31:10).
[18] 2Kor.9:7.

van Zijn medelijden. Hij Die "zegenrijk zaait",[19] verwacht van onze kant dezelfde gezindheid.

Uit het weinige dat wij hierboven hebben gezegd, beginnen wij te zien hoe kostbaar het is om voor God te staan met geheel ons hart en dit voor Hem uit te storten. Wij beginnen tevens te verstaan hoe dringend noodzakelijk dit werk is van de ontdekking van ons hart, zodat wij tot onze God en Vader kunnen spreken vanuit de diepten van het hart, om verhoord te worden – en om Hem het recht te geven het werk van onze hernieuwing te voleindigen, en ons te herstellen in de oorspronkelijke eer van het zoonschap.

Zolang de mens onder het gezag leeft van de zonde en de dood, overgeleverd aan de macht van de boze, wordt hij steeds zelfzuchtiger. Afgescheiden van de Algoede God worstelt hij op egoïstische en wanhopige wijze om te overleven, doch het enige wat hij bereikt is dat hij een nog zwaardere vloek op zich laadt, en een nog grotere verwoesting over zichzelf brengt. Maar hoezeer hij ook verdorven moge zijn door de hongersnood der zonde, de oorspronkelijke gave van de schepping "naar het beeld en naar de gelijkenis [Gods]" blijft onherroepelijk en onuitwisbaar. Aldus draagt hij altijd de mogelijkheid in zich de sprong te maken vanuit het koninkrijk der duisternis tot het Koninkrijk des Lichts en des Levens. Dit moment breekt aan wanneer hij "tot zichzelf komt", en met pijn van ziel belijdt: "Ik verga hier van de honger".[20]

Wanneer de gevallen mens "tot zichzelf komt" en zich tot God wendt, is het "tijd voor de Heer om te handelen", zoals wij zeggen aan het begin van de Goddelijke Liturgie. Dan, in pijn, betreedt de mens zijn hart, en God weet dat Hij nu in ernst met de mens kan spreken. En hiermee schenkt God hem de grootste eer die Hij bewaard heeft voor de mens, Zijn armzalig schepsel. Wanneer de mens zijn hart betreedt en van daaruit tot God spreekt, dan geeft Deze hem aandachtig gehoor – want nu spreekt de mens met een waarachtig inzicht in zijn eigen staat, met een gevoel van verantwoordelijkheid en in ernst. (Dergelijke mensen zijn God welgevallig en overtuigen Hem.)[21] Overigens, heel de strijd van ons leven wordt

---

[19] Cf. 2Kor.9:6.
[20] Lk.15:17.
[21] Zinsnede tussen haakjes, zie Griekse editie. *Noot vert.*

gevoerd met het doel, God ervan te overtuigen dat wij de Zijne zijn, Zijn kinderen. En wanneer de mens God daarvan overtuigd heeft, dan zal hij in zijn hart dit grote woord van het Evangelie horen: "Al het Mijne is het uwe".[22] En op het moment dat hij God ervan overtuigt dat hij de Zijne is, dan ontsluit God de watervallen van Zijn medelijden, en heel het leven van God wordt zijn eigen leven. Dit is het welbehagen van de oorspronkelijke wil van God, en juist met dit doel heeft Hij de mens geformeerd. Dan zegt God tot degene, die Hem ervan overtuigd heeft dat hij de Zijne is: "Heel Mijn leven, o mens, is uw leven". De Heer, Die God is van nature, schenkt dan de genade van Zijn eigen leven aan de mens, en de mens wordt tot een god door de genade.

In het Evangelie bij monde van Lukas wordt verhaald dat de verloren zoon "tot zichzelf kwam" en zeide: "Ik zal opstaan en tot mijn vader gaan, en ik zal tot hem zeggen: Vader, ik heb gezondigd tegen de hemel en voor uw aanschijn; ik ben niet meer waard uw zoon te heten".[23] Dit is een groots moment, een gebeurtenis in de geestelijke wereld. Het lijden, de verdrukking en de dreigende hongersnood van het 'verre land' noodzaken de mens ertoe binnenin zichzelf te kijken. En met één wenk van de goddelijke genade wordt de energie van het lijden veranderd in grote moed, zodat hij in staat is zijn hart te ontdekken en alle afsterving kan zien die het verwoest. Onmiddellijk, met profetisch inzicht, belijdt hij volhartig, dat zijn dagen "in ijdelheid zijn vergaan".[24] Met pijn in zijn ziel stelt hij vast dat heel zijn voorafgaande leven een keten is van mislukkingen en verraad ten aanzien van Gods geboden, en dat hij op aarde niets goeds heeft gedaan, wat zou kunnen standhouden onder de ondraaglijke blik van de Eeuwige Rechter. Hij ziet zijn ellendige staat onder ogen, en zoals de veel-lijdende Job roept hij uit: "De hades is mijn huis".[25]

Geheel verzonken in deze wanhopige weeklacht, en slechts dorstend naar Gods algoede eeuwigheid, vindt de mens nu de kracht om heel zijn wezen tot de Levende Heer te wenden. Vanuit de

---

[22] Lk.15:31.
[23] Lk.15:18-19.
[24] Cf. LXX Ps.77(78):33.
[25] Cf. Job 17:13 (LXX).

diepten van zijn hart kan hij roepen tot Hem, Die "gezag heeft over leven en dood, en Die nederleidt tot de poorten van de hades en weder omhoog leidt".[26] Dit is het keerpunt in ons leven, want hiermee begint het werk van de herschepping van de mens door God de Heiland.

Wanneer de mens in zonde valt, beweegt zijn intellect zich naar buiten toe en raakt verstrooid over de geschapen dingen. Maar wanneer de mens tot zichzelf komt, in het bewustzijn van zijn verloren staat, en zijn heil zoekt, dan verwezenlijkt hij de tweede beweging, naar binnen toe – in zijn zoeken naar de weg terug tot zijn hart. Wanneer tenslotte heel zijn wezen verenigd is in de eenheid van zijn intellect en zijn hart, dan is er een derde soort beweging, waarbij hij heel zijn wezen richt tot God de Vader. Om tot volmaaktheid te komen dient de geest van de mens heel deze drievoudige cyclus te doorlopen.

In de eerste fase leeft en beweegt de mens zich buiten zijn hart; hij aanvaardt hoogmoedige gedachten en raakt verstrikt in ijdele overdenkingen – in feite verkeert hij in een 'waan'. Zijn hart is verduisterd, zonder begrip. In zijn gevallen staat verkiest hij eerbied en eredienst te bewijzen "aan het schepsel boven de Schepper".[27] Omdat hij buiten zijn hart leeft, heeft hij geen onderscheidingsvermogen en daardoor is hij "onwetend aangaande [de] denkbeelden" van de satan.[28] Zoals het Oude Testament wijselijk opmerkt: "wie geen hart heeft, is niet in staat wijsheid te verwerven".[29] En omdat zijn hart niet het fundament vormt van zijn bestaan, blijft de mens onbeproefd en onvruchtbaar, "[iemand] die in de lucht slaat".[30] Hij is niet in staat standvastig voort te gaan op de weg des Heren, en wordt gekenmerkt door onstandvastigheid en dubbelhartigheid.

In de tweede fase komt de mens "tot zichzelf, en hij begint nederige gedachten te hebben, die de genade aantrekken en zijn hart gevoelig maken. Tegelijkertijd verlichten de nederige gedachten zijn verstand; deze worden van binnenuit geboren, en maken het hem gemakkelijk de denkbeelden te onderscheiden, en alleen die

[26] Wijsheid van Salomo 16:13.
[27] Rom.1:25.
[28] 2Kor.2:11.
[29] Cf. Spr.17:16.
[30] Cf. 1Kor.9:26.

te verkiezen die het hart sterken, zodat het onwankelbaar verblijft in zijn beslistheid God welgevallig te zijn, hetzij door zijn leven, hetzij door de dood. Tijdens de eerste fase levert de mens zich over aan een vicieuze cirkel van verderf-brengende gedachten, doch in de tweede, geïnspireerd door het woord van Christus, wordt hij geleid tot een reeks gedachten die elk nog diepgaander zijn dan de voorgaande; hij gaat voort van geloof tot een meer volkomen geloof, van hoop tot een betere hoop, van genade tot nog grotere genade, en van liefde tot God tot een steeds grotere volheid van liefde. "Wij weten," zoals de apostel Paulus zegt, "dat voor degenen die God liefhebben, alle dingen medewerken ten goede".[31] Werkelijk, dit binnentreden "in zichzelf" en de ontdekking van het hart zijn een werk van de goddelijke genade. Wanneer de mens de roeping door God aanvaardt en meewerkt met de genade die hem geschonken wordt, dan hoopt deze genade zich op en ver- sterkt heel zijn wezen.

Wanneer de genade van de gedachtenis aan de dood werkzaam wordt, ziet de mens niet alleen dat zijn dagen "vergaan zijn in ijdel- heid", dat heel zijn voorafgaande leven een mislukking is geweest, en dat hij God steeds weer verraden heeft, maar hij beseft bovendien dat de dood alles dreigt uit te wissen wat zijn bewustzijn tot nu toe heeft omvat, zelfs God. Hij is nu overtuigd dat zijn geest nood heeft aan de eeuwigheid, en dat niets wat geschapen is – noch engel, noch mens – in staat is hem te helpen. Deze ervaring helpt hem zich vrij te maken van al het geschapene en van elke hartstochtelijke gehecht- heid. En als hij dan gelooft in het woord van Christus, en zich tot Hem keert, dan zal hij de plaats van zijn hart gemakkelijk vinden, want aldus is hij een vrij wezen. Een dergelijk geloof is heilbrengend, want het belijdt dat Christus het (absolute) 'Zijn' is, en "dat Hij een Beloner is voor degenen die Hem zoeken".[32] Dat wil zeggen, hij gelooft dat Christus de eeuwige en almachtige Heer is, Die gekomen is om de wereld te behouden, en Die zal wederkomen om het wereld- rijk te oordelen met rechtvaardigheid. Door deze houding leert hij zichzelf in vertrouwen over te leveren aan de "wet des geloofs",[33]

---

[31] Rom.8:28.
[32] Cf. Hebr.11:6.
[33] Rom.3:27.

dat wil zeggen, alles op te hangen aan de barmhartigheid van God de Heiland – "tegen hoop op hoop".[34] Dit is een rechtvaardig geloof, zoals dat van de Kanaänitische, die de tuchtiging des Heren aanvaardde zoals een hondje aanvaardt wat zijn meester hem toewerpt. Zij volgde Hem in alle vrijheid en met standvastigheid. En God bleef voor haar "rechtvaardig en gezegend in alle eeuwigheid",[35] of zij nu berispt of begunstigd werd. Zulk een geloof verkrijgt de lof van de aanname in het zoonschap, want het wordt bewerkt door de nederigheid en de liefde – het trekt de goddelijke genade aan, die het hart opent en levend maakt.

Wanneer hij gelooft en zijn geest het waarachtige contact vindt met de Geest van "Jezus Christus, Die is opgewekt uit de doden",[36] en Die leeft en als Koning heerst tot in eeuwigheid, dan wordt de mens verlicht, waardoor hij zijn geestelijke armoede en woestenij ziet. Daarbij verstaat hij, dat de eeuwigheid nog steeds buiten hemzelf ligt – een feit dat hem verschrikt, nu hij de afwezigheid van God in zijn leven beseft. De goddelijke vreze, verwekt door het geloof, sterkt het hart van de mens om de zonde te weerstaan en om een standvastige beslistheid te betonen in zijn streven naar de eeuwige dingen, in plaats van naar de tijdelijke. Zijn leven begint nu de waarheid te bevestigen van het Schriftwoord: "De vreze Gods is het begin der wijsheid".[37] Wanneer het hart van de mens vervuld wordt met Gods genade, dan zal deze vreze hem nederig houden, en voorkomen dat hij al te vrijmoedig wordt – zodat hij "geen hoge gedachten over zichzelf koestert, boven hetgeen men behoort te denken",[38] en zich bedachtzaam zal houden aan de maat van zijn geschapen aard.

Een ander onfeilbaar middel met behulp waarvan de gelovige zijn hart vindt, is het aanvaarden van de schande van zijn zonden in het Mysterie van de kerkelijke Biecht. Christus heeft ons behouden door omwille van ons het Kruis der schande te verduren. Wanneer de gelovige, op vergelijkbare wijze, de 'legerplaats' van deze wereld verlaat,[39] haar goede opinie en hoogachting aangaande zijn persoon

---

[34] Cf. Rom.4:18
[35] Lied van de Drie Jongelingen (LXX Dan.3).
[36] 2Tim.2:8.
[37] Spr.1:7 (LXX).
[38] Rom.12:3.
[39] Cf. Heb.13:11-12.

opgeeft, en de schande van zijn zonden op zich neemt, dan wordt zijn hart nederig. De Heer aanvaardt dit gevoel van schaamte over de zonden als een offer van dankzegging, en schenkt hem de genade van Zijn eigen onschatbare Offer aan het Kruis. Deze genade reinigt en hernieuwt het hart van de mens in zulk een mate, dat hij vervolgens voor Gods aanschijn kan staan op een wijze die Hem waarlijk welgevallig is.

Er zijn vele manieren, denkbeelden zowel als ascetische praktijken, die bijdragen aan het ontwaken, de genezing, het bewerken,[40] het bewaren, de verlichting, en tenslotte de Christus-gelijkende uitbreiding van het hart. In de komende dagen zullen wij enkele hiervan nader uitwerken. Hier zou ik nog slechts twee willen noemen: het gebed en de berouwvolle bekering.

In het Jezusgebed, door het aanroepen van de Naam des Heren, verblijft de gelovige in de levende aanwezigheid van de Persoonlijke God, Wiens energie aan het hart van de mens wordt meegedeeld en heel de mens transformeert. Wanneer het gebed nederig is en vergezeld gaat van de beoefening van de waakzaamheid, blijft het intellect geconcentreerd in het hart – dat de woonplaats is van onze geliefde God – en Hij schenkt ons de wonderlijke gewaarwording van Zijn nabijheid, die alle woorden te boven gaat.

Wat de bekering betreft, deze alomvattende ascese cultiveert en bewaart het hart meer dan welke andere oefening dan ook. De bekering heeft een heilig en groots doel. De mens die in bekering leeft, getuigt aldus dat de "Levende God onzer Vaderen" een rechtvaardige God is, Die waarachtig is in al Zijn besluiten, Zijn wegen en Zijn oordelen. Maar de bekering erkent tevens het feit, dat de

---

[40] De hier gebruikte Griekse uitdrukking m.b.t. het 'bewerken' van het hart betreft in concrete zin allereerst het cultiveren van het land, en herinnert daarmee aan de taak van de mens in de paradijstuin (Gen.2:15) "om deze te bewerken en te bewaren", en aan de moeiten van de mens na de Val "om de aarde te bewerken" in het zweet van zijn aangezicht (Gen.3:19,23). Dit sluit ook aan bij andere beelden m.b.t. de bewerking van het land, zoals ploegen, zaaien & bevloeien, die in Bijbelse en Patristieke context vaak gebruikt worden m.b.t. de ontwikkeling van het geestelijk leven. Daarom is genoemde uitdrukking hier bij voorkeur vertaald in direct verband met het concrete beeld, als 'het bewerken van het hart'. *Noot vert.*

mens een "leugenaar" is,[41] misleid door de zonde, en daardoor verstoken van de eer en de heerlijkheid die God hem oorspronkelijk had toevertrouwd. En dit is waar degene die zich wil bekeren zou moeten beginnen: Hij belijdt zijn zondigheid, en neemt zijn falen op zich in nederigheid en zelfveroordeling. Zijn ommekeer bevat geen spoor van onbeschaamdheid. Aldus wordt hij waarachtig en trekt hij de Geest der waarheid aan, Die hem reinigt van de zonde en hem rechtvaardigt.[42] Zoals de heilige Silouan placht te zeggen: In zijn hart getuigt de Heilige Geest van het heil.[43] Maar ook de Heer wordt gerechtvaardigd, daar Hij Zich waarachtig toont en de woorden van Zijn profeet bevestigt: "Een offer voor God is een verbroken geest; een verbroken en vernederd hart zult Gij, o God, niet versmaden".[44] Wanneer de mens tot zichzelf komt en in alle vrijheid vanuit de diepten van zijn hart belijdt: "Vader, ik heb gezondigd tegen de hemel en voor uw aanschijn; ik ben niet meer waard uw zoon te heten", dan klinkt in zijn ziel het antwoord van de Hemelse goedheid: "Al het Mijne is het uwe".[45]

In het begin bekeert de mens zich van zijn zonden. Wanneer echter de genade der bekering vermeerdert, wordt hij genezen van zijn vervreemding van het eeuwige leven, en vóór hem opent zich het vóóreeuwige plan van God voor de mens. Gaandeweg wordt in zijn hart de "gedaante"[46] gevormd van zijn Oerbeeld – van Christus – terwijl hij steeds duidelijker zijn roeping verstaat gelijkvormig te worden aan "het beeld van Degene, Die hem geschapen heeft";[47] en hij vergelijkt zichzelf niet langer met stervelingen, maar met de eeuwige God. Dit schouwen leidt hem tot de volheid der bekering – dat is, tot de bekering op het ontologische niveau – die, zoals vader Sophrony zeide, geen einde kent op deze aarde.

In de eerste stadia van de bekering draagt de gelovige het kleine kruis dat Gods Voorzienigheid, op menslievende en onderscheiden wijze, toestaat in het leven van elk van ons. Dit persoonlijke kruis

---

[41] Cf. Rom.3:4.
[42] Cf. 1Joh.1:8-10.
[43] "Saint Silouan", GK p.390, EN p.304, NL p.325.
[44] LXX Ps.50(51):17/19.
[45] Lk.15:18-19 en 15:31.
[46] Cf. Joh.5:37.
[47] Kol.3:10.

krijgt vorm al naar gelang ieders specifieke nood, opdat wij bevrijd worden van elke hartstochtelijke gehechtheid. En tenzij wij dit dragen zullen wij nimmer in staat zijn om God, onze Schepper en Weldoener, lief te hebben met een vrij hart, en getrouw en standvastig voort te snellen op Zijn weg. Met andere woorden, wij nemen ons kruis op in antwoord op het gebod tot bekering, en dit wordt de sleutel voor onze intrede in de grote en eeuwige erfenis die Christus voor ons verworven heeft door Zijn Kruis en Opstanding. Doch de bekering van de mens kent geen grenzen. De hoogste vorm van bekering, waarvoor God een uitzonderlijke mate van genade schenkt, is wanneer de mens – als een andere Adam – de kosmische dimensies beseft van zijn gevallen staat, en een schreeuw van berouwvolle bekering opdraagt voor heel het geslacht der mensen. Voorbeelden van een dergelijke vorm van bekering zien wij in de heilige drie Jongelingen in Babylon, in de grote Paulus, in de nederige voorbede van alle heiligen, en tenslotte – en niet in het minst – in de adamitische weeklacht van de heilige Silouan: "Ik smeek U, o barmhartige Heer, voor al de volkeren der aarde, dat zij U mogen kennen door Uw Heilige Geest".[48] De diepte van dit schijnbaar eenvoudige gebed wordt zichtbaar in de "Weeklacht van Adam", Silouans persoonlijke uitdrukking van de pan-kosmische bekering.

Doch hoe wordt de bekering pan-kosmisch van inhoud? Als wij de aarde van het hart bewerken met de ploeg der bekering, en het onophoudelijk bevloeien met het levende water der genade, dan komt er een moment waarop "de dag aanbreekt, en de morgenster opgaat in onze harten".[49] Op een gegeven ogenblik zal de daarin opeengehoopte energie van de Geest der Waarheid het hart openen en het oneindig uitbreiden, en het zal de Hemel en de aarde omvatten, en al wat daarin is. Op die dag treedt de mens binnen in de Waarheid en wordt aldus wedergeboren als een waarachtig mens. Dan, volgens de profetische woorden van de Psalmdichter, "gaat de waarachtige mens uit tot zijn ware werk en arbeid, tot aan de avond van zijn leven".[50] Dan weet hij "heiligheid [te] volbrengen in de vreze

---

[48] Cf. "Saint Silouan", GK p.355, EN p.274, NL p.296.
[49] Cf. 2Petr.1:19.
[50] Cf. LXX Ps.103(104):23.

Gods",[51] zijn gedachten te richten op "al wat eerbaar is, al wat rechtvaardig is, al wat zuiver is, al wat lieflijk is, al wat welluidend is",[52] en hij zal alleen die dingen ondernemen die bijdragen aan zijn geestelijke vervolmaking. De vrede van Christus, de Vorst des Vredes,[53] heerst dan in zijn hart, en elk van zijn woorden is een weerklank van de schat der volmaaktheid die hij in zich draagt. Te allen tijde biedt hij zijn medemensen de overvloed aan van de goede schat van zijn hart, dat is uitgebreid[54] en niemand uitsluit. Zijn geest bestijgt de hoogten van de eeuwigheid en beziet de afgronden van de oordelen van Gods medelijden. Zijn gebed wordt opgezonden voor elke mens en brengt elke ziel tot de Heer, Hem smekend om de harten van alle mensen te vervullen met de onvergankelijke troost van Zijn Geest.

Wanneer het hart aldus ten volle is overgeleverd aan de Heer Jezus, dan overschaduwt Deze het met Zijn messiaans gezag – want Hij bezit de wonderbaarlijke "sleutel van David" die, met een enkele draai naar rechts, "elk denkbeeld krijgsgevangen maakt tot gehoorzaamheid aan Christus".[55] De nederigheid van zijn gedachten maakt in hem een intense geestelijke energie vrij, die de inspiratie en het uithoudingsvermogen van zijn ziel vermeerdert – om de goede Heer te volgen "waar Hij ook heengaat",[56] zelfs tot in de hel. Doch één enkele draai naar links volstaat, om al de gedachten van de vijand in de boezem van de mens te doen terugkeren. Als dit gebeurt, wordt de gelovige ertoe genoodzaakt de geestelijke waakzaamheid te verwerven, en deze te bewaren met engelgelijke exactheid. Zo wordt hij gaandeweg deelgenoot aan de supra-kosmische overwinning van onze God en Heiland. Van nu af is zijn strijd vrijwel volledig positief van aard, en slechts zelden negatief. Dat wil zeggen, hij strijdt vooral vanuit het steeds groeiende verlangen "overkleed te worden met onze woning die uit de hemel is... opdat het sterfelijke verslonden

---

[51] 2Kor.7:1.
[52] Fil.4:8.
[53] Jes.9:5/6.
[54] 2Kor.6:13.
[55] Openb.3:7 en 2Kor.10:5.
[56] Openb.14:4.

moge worden door het leven".[57] En hij is getuige van de machtige en nimmer eindigende "goddelijke wasdom"[58] in zichzelf.

Wanneer het hart aldus gereinigd is door Gods genade, kan het intellect zich daar gemakkelijk vestigen, door het aanroepen van de Naam van Christus. Waarop ook het hart, op natuurlijke wijze, onophoudelijk roept "met onuitsprekelijke verzuchtingen".[59] Vanaf dit ogenblik, waarop de Heer in ons hart woning neemt en immer aanwezig is, worden wij "van God geleerd"[60] – wij leren te onderscheiden welke gedachten in harmonie zijn met Zijn aanwezigheid, en welke Zijn verblijf in ons verhinderen. Met andere woorden, wij worden ingewijd in het profetische leven. Het hart wordt onderricht "goede woorden te doen opwellen"[61] om de taal van God te verstaan en met een heilige beslistheid onafgebroken te roepen: "Mijn hart is bereid, o God, mijn hart is bereid. Ik zal zingen en psalmodiëren" voor mijn Verlosser.[62] Wij leren hoe wij tot teken van de Geest worden, om te getuigen van de waarheid van Degene Die gekomen is om ons te behouden, en Die zal wederkomen om het wereldrijk te oordelen met rechtvaardigheid en goedheid. Met heel onze kracht en in al onze ondernemingen streven wij ernaar te beantwoorden aan de verwachtingen van onze Heer, wetend dat "de Heer het toegewijde hart liefheeft, en dat Hij allen aanvaardt die onbevlekt zijn op de weg".[63]

Ik heb niet veel gezegd, maar ik hoop dat duidelijk is geworden dat het voornaamste werk van de mens, en het enige wat zijn leven waarde geeft, de inspanning is om zijn 'diepe hart' te ontdekken en te reinigen, opdat het de zaligheid moge ontvangen van het onbeschrijfelijke schouwen van onze Heilige God.

---

[57] 2Kor.5:2-4.
[58] Kol.2:19.
[59] Rom.8:26.
[60] Cf. Joh.6:45.
[61] Cf. LXX Ps.44:2 (45:1).
[62] LXX Ps.56:8 (57:7).
[63] Cf. Spr.22:11 (LXX) en LXX Ps.118(119):1.

Vragen & Antwoorden

Vraag 1: Vergeef deze zeer naïeve vraag: Waar is het hart? Niet 'wat' is het hart, maar 'waar' is het hart?

Antwoord 1: Het hart bevindt zich in onze borst. Wanneer wij spreken over het hart, dan spreken wij over ons geestelijke hart dat samenvalt met het lichamelijke; maar wanneer de mens verlichting en heiliging ontvangt, dan wordt zijn gehele wezen tot hart. Het hart is dan synoniem met de ziel, met de geest – het is een geestelijke plaats, waar de mens zijn eenheid vindt, waar zijn intellect troont wanneer het genezen is van de hartstochten. Niet alleen zijn intellect, maar zelfs heel zijn lichaam is dan geconcentreerd in het hart. De heilige Gregorius Palamas zegt, dat het hart het "binnenste lichaam van het lichaam" is, een plaats waar heel het wezen van de mens als één samengetrokken knoop wordt. Wanneer het intellect en het hart verenigd zijn, dan heeft de mens zijn natuur in bezit, en dan is er in hem geen verstrooiing of verdeeldheid meer. Dat is de geheiligde staat van de mens die genezen is. In onze natuurlijke, gevallen staat daarentegen, zijn wij verdeeld: wij denken één ding met ons verstand, wij voelen iets anders met onze zintuigen, en wij verlangen weer iets anders met ons hart. Doch wanneer intellect en hart verenigd zijn door Gods genade, dan heeft de mens slechts één gedachte: de gedachte aan God; hij heeft slechts één gevoel: het verlangen naar God; en slechts één gewaarwording: de noëtische gewaarwording van God. Dat is waarom de berouwvolle bekering en de tranen zozeer gewaardeerd worden: zij helpen ons om die genezing te vinden, die staat van integriteit, want geen mens kan wenen als hij twee gedachten heeft; wij wenen omdat wij één gedachte hebben die ons pijn doet. Als wij pijn lijden vanwege de gedachte dat wij gescheiden zijn van God, dat "het heil verre is van de zondaars",[64] en vanwege al die dingen die inspireren tot deze pijn in ons hart, dan kunnen wij wenen; maar als wij twee gedachten hebben, dan kunnen wij niet wenen. De heiligen hebben niet vele gedachten; mogelijk hebben zij slechts één gedachte, maar door die éne gedachte zien zij heel het kosmische bestaan – de hemel en de aarde. Die gedachte wordt als een verrekijker, waardoor zij alles zien en onderscheiden. In het gees-

---

[64] Cf. LXX Ps.118(119):155.

telijk leven worden de tranen zeer gewaardeerd, omdat zij – vroeg of laat – het hart te voorschijn brengen. Als wij tranen hebben omdat wij naar God verlangen en wij met Hem verzoend willen worden, dan zal het hart voorzeker gevonden worden en het intellect zal daarin afdalen, en God zal daarin heersen met de genade.

Vraag 2: Als iemand die staat bereikt waarin hij een nederig hart bezit, is het dan mogelijk terug te vallen tot de oude staat? En zo ja, is het dan moeilijker of gemakkelijker om terug te keren?

Antwoord 2: Wij gaan de hele tijd op en neer, maar wij houden nimmer op te zoeken en te 'vissen' naar die nederige gedachten die het intellect verenigen met het hart. Alle gedachten van de Heilige Schrift, bijvoorbeeld, kunnen ons helpen, omdat zij afkomstig zijn van de nederige Geest Gods. Daarom kan elke gedachte die in de Heilige Schriften wordt uitgedrukt, een "vurige kool" worden die het hart raakt, zoals het raakte aan de lippen van Jesaja.[65] Het is daarom, dat wij te allen tijde het woord Gods zouden moeten bestuderen, opdat dit rijkelijk in ons moge wonen, zoals de heilige Paulus zegt.[66] Het is dan gemakkelijk voor de genade één van deze gedachten te doen opvlammen op de tijd van het gebed, en dan kunnen wij lange tijd bidden met dit éne vers uit de Schriften. En de Heilige Geest bidt met ons mede, omdat dit specifieke woord door Hem gegeven is. Deze enkelvoudige gedachte die tranen en berouwvolle bekering schenkt, kan komen uit de Heilige Schriften, aangewakkerd door de genade; hij kan direct van God Zelf komen, door het gebed; hij kan komen uit de hymnen van de Kerk, of door een woord van een oudvader of een broeder – hij kan overal vandaan komen. God zoekt ons hart voortdurend, en Hij kan het aansporen met al wat maar beschikbaar is. Wij behoeven slechts klaar te staan om het te 'grijpen'. Bijzonder behulpzaam is hierbij het gebed van de zelfveroordeling. De gebeden ter voorbereiding op de Heilige Communie staan vol van deze gedachten van zelfveroordeling voor het aanschijn van de Driewerf Heilige God. Ik denk, dat als wij deze zorgvuldig lezen, wij altijd grote hulp zullen ontvangen. De ene dag zal één zin uit deze gebeden ons bijblijven, en berouwvolle

---

[65] Zie Jes.6:6-7
[66] Cf. Kol.3:16.

bekering bewerken; een volgende dag een andere zin, enzovoort. Het gebed van zelfveroordeling helpt zozeer, omdat dit het pad van Christus volgt, dat omlaag gaat. Hij is Degene, Die eerst omlaag is gegaan, en daarna ging Hij op "tot in den hoge, en heeft Hij de krijgsgevangenschap gevangen genomen, en aan de mensen gaven gegeven".[67] Om deze reden zegt vader Sophrony dat diegenen, die geleid worden door de Heilige Geest nimmer ophouden zichzelf te berispen voor Gods aanschijn, en dit leidt hen naar omlaag. Maar wij moeten voorzichtig zijn, want niet iedereen kan dit dragen. Diegenen die psychologisch gezond zijn, kunnen dit doen en hierdoor grote kracht en vertroosting vinden. Maar voor diegenen die minder sterk zijn, is er een andere weg die erin bestaat God voortdurend te danken, en dit gebed in evenwicht te brengen door te eindigen met de woorden "al ben ik onwaardig, o Heer". De heilige Maximos de Belijder zegt, dat de waarachtige nederigheid is, in gedachten te houden dat wij ons bestaan van God "te leen" hebben. Wij vinden nederigheid als wij God voortdurend dankzeggen voor alles, als wij Hem danken voor elke ademtocht die Hij ons geeft. In één van de gebeden van het Mysterie van de Doop zeggen wij, dat God de lucht voor ons heeft uitgespreid om te ademen, en wij vinden een vergelijkbare idee in één van de knielgebeden uit de Diensten van Pinksteren. Dus als wij God danken voor alles en voor elke ademtocht die Hij ons geeft, dan zullen wij een nederige geest bewaren.

Vraag 3: In onze tocht naar het hart, als wij God beter leren kennen, is er een geestelijke groei. Onderdeel van onze tocht is ook leren en studeren, en ik vroeg me af of u commentaar kunt geven op het evenwicht tussen de kennis en de groei van het verstand tegenover de kennis en de groei van het hart. Hoe weten wij of zij tezamen groeien, of dat zij uit elkaar groeien? En terwijl wij leren, beseffen wij dat wij toch nooit werkelijk iets zullen leren, en het lijkt alsof het hart één kant op gaat, en het verstand beseft dat het nimmer alles zal weten.

Antwoord 3: Ik denk dat het waar is, dat intellectueel werk niet zeer gunstig is voor de werkzaamheid van het hart, maar het is noodzakelijk, en wij moeten daar doorheen gaan, tenminste gedurende

---

[67] Ef.4:8.

een aantal jaar. Het is noodzakelijk voor het leven van de Kerk, vooral als het aan ons is andere mensen te dienen. Het enige wat ons daarin kan beschermen is, wanneer wij dit doen in gehoorzaamheid aan de Kerk – aan een bisschop of een geestelijke vader. Dat zal ons beschermen en ons een tijdlang behouden. Ik herinner me, hoe ik in de tijd dat ik theologie studeerde poogde het gebed te bewaren. Dat was niet mogelijk. De ene week bewaarde ik het gebed, maar dan kon ik de volgende week mijn werk niet bijhouden. Wanneer ik probeerde mijn werk in te halen, dan verloor ik het gebed. Ik had geen enkele stabiliteit in die jaren. Het spijt me, dat ik spreek over mijn eigen ervaring, maar als ik daarop terugzie, kan ik zeggen dat het zeer nuttig is geweest; want er was mij gezegd het te doen en ik deed het, en de gebeden van degene, die mij gevraagd had dit te doen, beschermden mij.

Ooit zei ik tot één van mijn oudsten in het klooster: "Tegenwoordig is het werk van een geestelijke vader zo moeilijk en gevaarlijk; gij moet onbederfelijk zijn om dit te doen." En hij antwoordde: "Nee, dat is onjuist. Gij hoeft niet onbederfelijk te zijn; gij moet een referentiepunt hebben". En hij had gelijk: een referentiepunt in de persoon van een oudvader in de Kerk bewaart de geest van nederigheid, dat wil zeggen, dit bewaart ons voor het gevaar. Wij hoeven niet onbederfelijk te zijn, maar wij moeten een betrouwbaar referentiepunt hebben. Niemand is onbederfelijk.

Vraag 4: In onze moderne cultuur die zo materialistisch is, zo wetenschappelijk en gericht op de biologie en de natuurwetenschappen, hoe kunnen wij zelfs maar gewaar worden dat het hart iets meer is dan enkel een spier? Hoe kunnen wij onszelf gewaar worden als meer dan enkel een brein of een circulatie-systeem?

Antwoord 4: Wij moeten de taal van God leren. Ik had hier later tot u over willen spreken, maar ik zal er nu vast enkele woorden over zeggen. Omdat wij allen gezondigd hebben, hebben wij allen een gemeenschappelijke taal, de taal van de pijn. Wanneer wij tot God komen, dan zullen wij onvermijdelijk moeten lijden om gereinigd te worden. Als wij tot God spreken met die pijn, als wij ons hart voor God uitstorten met die pijn, dan zal God ons gehoor geven, en het hart zal werkzaam worden.

Ik heb een voorbeeld hiervan uit het Eerste Boek van Samuel.

De profetes Hanna was kinderloos, maar zij had een dienstmaagd die veel kinderen had. Deze dienstmaagd verachtte haar, zij was zeer hoogmoedig en aanmatigend, omdat zij zo ijdel was op haar gezin. Hanna nam geen wraak, hoewel zij de meesteres was, maar zij ging naar de tempel – en als iemand die dronken is, stortte zij in haar pijn haar hart uit voor God. Uiteraard schonk God haar gehoor en beantwoordde Hij haar gebed, en vervolgens kwam zij terug naar de tempel met haar nieuw-geboren zoon Samuel. Wanneer wij in ons leven verdrukking lijden, of pijn of ziekte, dan moeten wij eraan denken ons hart voor God uit te storten, in plaats van menselijke troost te zoeken door van de ene persoon naar de andere te gaan om erover te praten. Dit mag ons dan enige psychologische troost schenken, maar wij verliezen alle spanning van het leven, die energie van pijn die zo kostbaar is wanneer wij deze tot God richten. Dit is één manier.

De andere manier, zoals ik eerder heb gezegd, is om iemand te vinden die ons kan leren hoe wij tot God moeten spreken. De jonge Samuel in de tempel was zestien of zeventien jaar oud, toen hij een stem hoorde die hem riep, en hij snelde naar Eli, de priester van de tempel, en de priester zei tot hem: "Ga weer slapen, niemand heeft u geroepen". Hetzelfde gebeurde een tweede maal. Weer snelde hij naar Eli, en zeide tot hem: "Heeft u mij geroepen?" En wederom zond de priester hem weg, om weer te gaan slapen. Toen hetzelfde een derde maal gebeurde, begreep Eli, die was ingewijd in het leven van de Geest, dat dit een profetische roeping was van Godswege, en hij gaf hem de raad: "Ga heen, en als gij wederom geroepen wordt, zeg dan: "Spreek, Heer, want uw dienstknecht hoort".[68] En inderdaad riep de stem hem wederom, en Samuel ontving de profetische zalving. Op vergelijkbare wijze leren wij met ons hart tot God te spreken door de gehoorzaamheid aan onze oudvaders – en feitelijk is het dienstwerk van een priester, zijn mensen deze taal van God te leren, op dezelfde wijze als Eli Samuel onderrichtte. Wij allen hebben een gemeenschappelijke taal van pijn, van lijden; op één of andere wijze gaan wij allen daar doorheen in dit leven, omdat God ons liefheeft.

Vraag 5: In het monastieke leven is het gemakkelijk te zien

---

[68] Cf. 1Sam.3:1-20.

wie uw oudvaders zouden kunnen zijn. Maar hoe kunnen wij deze personen herkennen in ons leven in de wereld? Wat zijn de bronnen waar wij onze oudvaders kunnen vinden buiten het kloosterleven?

Antwoord 5: Dit is altijd een belangrijke vraag geweest in de Kerk en ik herinner me dat de heilige Simeon de Nieuwe Theoloog zegt, dat men een oudvader moet zoeken onder tranen. Bid tot God u er een te geven, en als gij er geen vindt, spreek dan direct tot God en stort uw hart voor Hem uit onder tranen, en de Heer Zelf zal uw Leraar zijn. Wat ik nu zeg is enigszins riskant en gevaarlijk, maar het is wel erg gemakkelijk om aan te nemen dat dergelijke oudvaders niet meer bestaan. Ik geloof, dat als wij nederig zijn, het gemakkelijker is er een te vinden. Als wij nederig zijn, kunnen wij wie dan ook tot profeet maken – want als wij hem naderen met een nederig hart en in vertrouwen, dan zal God tot ons spreken. Ik herinner me dat vader Sophrony tot ons zeide: "Maak uw geestelijke vader tot profeet!" Dat wil zeggen, nader in geloof en vertrouwen, en God zal hem inspireren om u een woord te geven. Zoals ik eerder heb gezegd, de waarachtige bekering bewijst dat God juist is, rechtvaardig en gezegend in al Zijn wegen, en dat wij leugenaars zijn. Het gebeurt vaak dat wij, als geestelijke vaders, niet weten wat wij zeggen. Mensen komen en vragen ons een woord. Soms komt het woord op natuurlijke wijze, zonder dat wij dit beseffen; een andere keer komt er niets. Dit hangt niet alleen van ons af; het hangt ook af van het geloof van de persoon die erom vraagt. Een meisje, twaalf jaar oud, kwam tot mij en zei: "Soms heb ik hoogmoedige gedachten; zeg mij wat ik moet doen". En ik zei tot dat meisje: "Dank God voor alles wat hij voor je gedaan heeft, dank Hem voor elke ademtocht die Hij je schenkt". En dat meisje greep mijn woord en rende blij weg. Vergeef mij dat ik over mijzelf spreek, maar dit is de enige manier om op de juiste wijze over deze dingen te spreken. Er zit een gevaarlijke kant aan, omdat wij de zede van ons leven en van de Kerk kunnen bederven, maar ik spreek nu onder mijn mededienaren, onder priesters, en ik voel dat ik meer specifiek en open kan zijn. Wij moeten alles doen op zulk een wijze, dat dit niet de geestelijke plaats van de ander inneemt, van onze medemensen. En als wij hierin willlen slagen, dan moeten wij er zorg voor dragen onze nederigheid niet te verliezen.

HET ONTWAKEN
VAN HET HART

1

Het ontwaken van het hart door
de gedachtenis aan de dood

De mens en zijn bestemming bevonden zich in Gods intellect "vóór de tijden der eeuwen".[1] Op een gegeven moment, dat voor de beperkte vermogens van de mens niet te onderscheiden is, besloot de vóóreeuwige God de mens te scheppen naar Zijn beeld en gelijkenis. Hij formeerde hem op persoonlijke en directe wijze, en begiftigde hem met een ongelofelijk intellect en een wonderbaarlijk hart, dat in staat is niet slechts de gehele schepping te omvatten – "de zichtbare en de onzichtbare", zoals gezegd wordt in de Goddelijke Liturgie van de heilige Basilius de Grote – maar zelfs ook Gods eeuwigheid zelve. De mens is de werkelijk heerser in het koninkrijk van deze wereld, de kroon van heel de schepping, in wie de gehele schepping is samengevat.

Vanaf het begin begiftigde God de natuur van de mens met de eigenschappen die God eigen zijn, met al de deugden en met een sterke geneigdheid tot Zijn Geest. De mens genoot de goede aanwezigheid van zijn Formeerder. Hij kon zijn intellect opheffen tot God om Diens Aangezicht te zien, en dit schouwen schonk leven aan zijn hart, dat werd uitgebreid met sterke en onbeschrijfelijke gewaarwordingen van oneindige dankbaarheid en goddelijke liefde. Zozeer werd de mens verzadigd door de grootsheid van deze staat, dat hij op het punt kwam dat hij vergat dat hij geschapen was uit het niets, en zich overgaf aan de verzoeking van de ongehoorzaamheid. Hij verlangde god te worden, niet door middel van de liefde Gods en de onderwerping aan het goddelijk gebod, maar door middel van zijn eigen onafhankelijkheid en rebellie. Toen, zoals de Schriften getuigen, voltrok zich de vreeswekkende Val, de pan-kosmische ramp.

Het intellect van de mens hechtte zich aan de geschapen dingen en zijn visie raakte verduisterd. Voorheen was zijn opheffing tot God vlug als een bliksemstraal, doch nu werd zijn intellect bezwaard

---

[1] 2Tim.1:9; Tit.1:2; cf. Rom.8:29.

door de gewaarwording van zijn lichaam. Zijn hart raakte verstoken van het "bezoek" van de Heer, en van al wat Diens wonderbare aanwezigheid vergezelt – en het hart versteende. Gaandeweg verloor zijn intellect zelfs de herinnering aan de supra-kosmische ervaringen van de genade, omdat deze geen materiële basis hebben. Tenslotte raakte de mens gevangen in de banden van de zichtbare wereld, en was hij niet meer in staat om de onmiddellijke werkelijkheid die hem omringt te overstijgen. Aldus vergat de mens zijn Schepper en For-meerder, en leverde hij zichzelf over aan de zonde en haar loon: de vergankelijkheid en de dood.

In deze trieste staat van het vergeten van God, voelt de mens een onvervulbare leemte en een verschrikkelijke onzekerheid, als een nachtmerrie; hij smaakt de knellende verstikking van de dood en zijn ziel wordt verdrukt door deze marteling. De hartstochten vermeerderen zich, en vervullen zijn wezen met elk soort van verdorvenheid, en pogen op bedrieglijke wijze elk spoor van de gedachtenis aan God uit te wissen. Aldus is de mens niet meer in staat God lief te hebben, en raakt hij onvermijdelijk steeds verder vervreemd van God, van zijn naaste en van het oorspronkelijke doel waartoe hij geschapen was.

Gescheiden van God, Die de Bron des Levens is, sluit de mens zich op in zichzelf, en verstoken van de kracht Gods kan hij geen heil vinden. Meer en meer verwordt hij tot een woestenij, en valt zijn persoon uiteen. In het zicht van de onverbiddelijke dreiging van zijn vernietiging raakt de geest van de mens gevangen in de vrees voor de dood. Hij wordt ziek van eigenliefde, en begint de angstige strijd voor zijn individuele overleving.

Wanneer de mens God en zijn naaste uit zijn hart bant, verliest hij zijn heerschappij over Gods schepping, die hem geschonken is op grond van zijn gelijkenis aan God. Met andere woorden, hij faalt in datgene waartoe hij geschapen was: de wereld te overzien met rechtvaardigheid en, uitgebreid door de geest der profetie, heel de schepping op te dragen aan God. Hij raakt eraan gewoon te leven met een dode geest, omdat de vijandige macht van de boze zijn natuur gevangen houdt.

Doch zijn roeping door God is onherroepelijk en "onberouwelijk".[2] Bovendien is de dood een onwettige vijand, want de wil van God – de basis voor het oorspronkelijke ontstaan van de mens – heeft de mens voorbestemd om eeuwig te leven "in onvergankelijkheid".[3] Daarom moet de dood (de "laatste vijand", zoals de heilige Paulus zegt) vernietigd worden,[4] en de Zoon van God kwam Zelf in de wereld om de dood teniet te doen en "de werken des duivels te ontbinden".[5] De dood van de mens is dus een tegennatuurlijk verschijnsel, en tegengesteld aan zijn bestemming. Dit is nu juist waarom de ziel van de mens geen rust kan vinden – want als het leven eindigt met de dood, dan heeft niets meer enige zin.

Doch God, Die leeft tot in alle eeuwigheid, wenst niet de dood van de zondaar. En Hij stelt alles in het werk "opdat de goddeloze zou terugkeren van zijn weg en zou leven".[6] Hij roept de heilloze mens[7] weg uit de misleiding van zijn woestenij, door in Zijn genade de wrede aanblik van de sterfelijkheid nog te verscherpen – van de algehele dood die de schepping beving door de val van de mens in de zonde. Door hem dit verschrikkelijke schouwspel voor ogen te houden, vermeerdert God de dreiging van de dood. Hij opent de ogen van de ziel, opdat deze het zegel van verderf en sterfelijkheid moge zien op al het geschapene. Dan is de mens in staat het steunen te horen van heel het universum, dat is overgeleverd aan een ijdelheid zonder uitweg. Dan wordt aan de ziel de genade geschonken de duistere sluier gewaar te worden van de dood, de vergankelijkheid en de wanhoop, die hangt over alle mensen en over heel het aardse leven. Dit geestelijke verschijnsel – waarmee de moderne psychologie onbekend is – wordt in het Orthodoxe ascetische spraakgebruik 'de gedachtenis aan de dood' genoemd. Deze gedachtenis heeft niets van doen met het psychologische bewustzijn dat wij op zekere dag zullen sterven; het is veeleer een diepe kennis, die gepaard gaat met een wondere gevoeligheid van het hart, dat op heldere wijze "de

[2] Cf. Rom.11:29.
[3] Wijsheid van Salomo 2:23.
[4] Cf. 1Kor.15:26 (zinsnede tussen haakjes, zie Griekse editie).
[5] 1Joh.3:8.
[6] Ezech.33:11.
[7] Het Griekse woord voor 'heilloos' (*asôtos*/ἄσωτος) verwijst naar de geschiedenis van de 'verloren zoon', die in het Grieks bekend staat als "de heilloze zoon" (cf. Lk.15:13). *Noot vert.*

ijdelheid [beseft] van alle aardse verworvenheden",[8] en verstaat
dat "alles ijdelheid" is.[9]

Deze gewaarwording die de genade van de gedachtenis aan de
dood met zich meebrengt, kan zodanig intensief worden dat heel
de geschiedenis en alle gebeurtenissen der wereld een 'fata morgana'
lijken en een boosaardige bespotting van de mens, aangezien het
waarachtige leven van God er geen deel van uitmaakt, en de heerschappij van de dood alom aanwezig is. Doch wanneer de mens
verlicht wordt en zijn eigen geestelijke staat ziet, weet hij, dat hijzelf
verstoken is van Gods levende eeuwigheid. Hij is ervan overtuigd
dat wanneer hij sterft, al hetgeen zijn bewustzijn tot dan toe heeft
omvat eveneens zal ophouden te bestaan, zelfs God. Tegelijkertijd
wordt hij ten diepste gewaar, dat hij geschapen is om voor eeuwig
te leven, samen met zijn Schepper, en nu ziet hij dat de vóóreeuwige
goddelijke Wil onvervuld blijft.

De dreiging van de dood – gezien als de eeuwige vergetelheid,
waarin het licht van het bewustzijn wordt uitgedoofd – verwekt in
de ziel verschrikking, verbrokenheid en een ondraaglijke innerlijke
marteling. Plotseling ontwaakt de mens uit zijn langdurige verdoving,
nu Gods eeuwigheid hem van alle kanten roept. Maar hij is nog niet
in staat deze rechtstreeks te aanschouwen, en er is in hem geen
passende plaats om deze te ontvangen. Niettemin vereist zijn ziel het
eeuwige leven, en niets anders kan hem rust geven. Hij lijdt diep,
met een intensiteit die de grenzen van de menselijke kracht te boven
gaat. (Veel mensen hebben deze ervaring voordat zij monniken of
monialen worden, en daarom voelen zij het monastieke leven als
een categorische eis van hun geest. Het betreft hier niet iets wat zij
zorgvuldig overwegen en dan verkiezen te doen – veeleer voelen zij,
dat zij ofwel het monnikschap aanvaarden, ofwel voor eeuwig zullen
sterven.) Doch juist dit lijden is de aanvang van het meest betekenis-
volle wonder van het menselijk bestaan: de ontdekking van het hart,
het geestelijk centrum van de mens.

Het verontrustende en schrijnende schouwspel van Gods afwezigheid in de schepping ontrukt de aandacht van het intellect aan

---

[8] "We Shall See Him", GK p.17, EN p.11; "Saint Silouan", GK p.133, EN p.106,
NL p.118.
[9] Pred.1:2.

al wat geschapen is en aan elke aardse ambitie, en roept het terug tot zichzelf, dat is, tot het hart. De gedachtenis aan de dood blijkt sterker dan elke hartstochtelijke gehechtheid – het intellect is nu vrij om neder te dalen in het hart en zich daarmee te verenigen. Deze ontdekking van het hart betekent het begin van het behoud van de mens.

Wanneer deze wondere genade van de gedachtenis aan de dood het hart bevangt, wordt het intellect daarheen getrokken, en dan worden gedachten geboren "van binnenuit", die overeenstemmen met deze sterke en ontzagwekkende gewaarwording. Dergelijke gevoelens vinden hun uitdrukking in formuleringen als deze: "Al wat ik ken, al wat ik liefheb, alles wat mij leven schenkt en mij inspireert – absoluut alles, zelfs God Zelf – zal sterven als ik ophoud te bestaan".[10] Evenzo: "In mij, mét mij, zal alles sterven wat mijn bewustzijn omvat: de mensen die mij nastaan, hun lijden en hun liefde, heel de ontwikkeling der geschiedenis, heel het universum, de zon, de sterren, de eindeloze ruimte; zelfs de Schepper der wereld Zelve – ook Hij zal in mij sterven. Kort gezegd, heel het leven zal ondergaan in het duister der vergetelheid".[11] Aldus wordt aan de mens, vóór alles, het besef geschonken van de zinloosheid en de ijdelheid van al het geschapene, wanneer dit verwijderd is van Gods genade. Tegelijkertijd wordt hem zijn innerlijke woestenij geopenbaard – de afgrond die hem scheidt van God.

Deze beide onthullingen zijn de werking van de genade en ze zijn uiterst weldadig, daar zij de mens bewust maken van zijn absolute nood behouden te worden. De eerste, het gevoel van zinloosheid, gaat gepaard met de gezegende wanhoop – de "charismatische wanhoop", zoals vader Sophrony het uitdrukte. En dit bevrijdt het intellect van zijn gehechtheid aan al hetgeen geschapen is en waarin het gewoon is rond te dwalen. De tweede onthulling, de gewaarwording van zijn gevallen staat, inspireert zijn ziel met een heilige vreze voor de eeuwige ondergang. Dan toont zich de eeuwigheid in zijn negatieve aspect: De mens mag dan God ontmoet hebben, maar hij is nog altijd verstoken van de genadegave van Diens leven. Deze paradoxale en sterke ervaringen van wanhoop en vreze hebben het heilzame effect dat ze zijn geest tot nederigheid brengen, en de aandacht van het

---

[10] Cf. "On Prayer", GK p.60, EN p.41.
[11] Cf. "We Shall See Him", GK p.17, EN p.12.

intellect concentreren in het hart, de plaats waar de waarheid van God en de dwaling van de mens geopenbaard worden. Nu is het aan de mens de keuze te maken om te leven volgens Gods wil. Naast de nieuw-verworven en nederige vreze Gods, komt de mens nu ook tot een zekere mate van zelfkennis. Als hij op dit punt de openbaring van het Evangelie aanvaardt, dat Christus het waarachtige 'Zijn' is, "Hij Die Is", de Overwinnaar van de dood, en de Bron des Levens, dan trekt hij de genade van de Heilige Geest aan die zijn intellect verenigt met zijn hart, hetgeen de eenheid herstelt van alle vermogens van zijn ziel.

Deze eenwording van de vermogens van de ziel is de eerste fase in de genezing van de mens, want nu heeft hij eindelijk de mogelijkheid zich in gebed tot God te wenden – in vertrouwen dat hij een voorspoedige uitweg zal vinden voor het lijden van zijn geest, en dat God ook in de tussentijd bij machte is hem te vertroosten.

Maar afgezien van zijn persoonlijke tragedie "onderricht" God de mens ook, door de gedachtenis aan de dood, aangaande het universele aspect van de Val. Hij begint te zien dat zijn lijden identiek is aan het lijden van heel de mensheid. De staat van zijn innerlijke woestenij weerspiegelt het geheel van de gevallen schepping. Hij ziet zichzelf, zij het op negatieve wijze, in het centrum van heel de schepping – die verhaalt van eindeloze ijdelheid. Omdat hij nu weet dat zijn wezen niet beperkt is tot zijn eigen 'zelf', begint hij lief te hebben, en dit is het voorspel van zijn uiteindelijke wedergeboorte. Door Gods genade ontvangt hij nu de kracht voorbede te doen voor de gehele wereld, wat hem leidt tot het rechte geestelijke schouwen: Hemel en aarde verhalen de heerlijkheid Gods en het heil van de mens.

De gedachtenis aan de dood is dus een genadegave van God, die de mens helpt zijn hart te vinden, wat het begin is van de genezing van zijn persoon. Het doel daarvan is te arbeiden voor het herstel van de waarachtige gemeenschap in heel het geslacht van Adam. Hierin ligt de volgende paradox: De gedachtenis aan de dood bevrijdt de mens van de vrees voor de dood, en leidt hem ertoe alles te zien in het perspectief van de liefde Gods. De dood, die in eerste instantie het gevolg was van de zonde, is nu de heraut van het Leven – want deze maakt dat de eeuwigheid nu haar rechtmatige plaats krijgt boven al het aardse; en dat op zulk een absolute en beslissende wijze, dat zelfs als de vijand de mens zou verzoeken met eeuwen van aardse gelukzaligheid en succes, de gelovige nog de voorkeur geeft aan de merktekenen van het Kruis, waardoor de waarachtige vreugde en het eeuwige heil in de wereld zijn gekomen.

De gedachtenis aan de dood toont de goddelijke eeuwigheid in haar negatieve aspect. Dit verschijnsel is echter niet psychologisch maar geestelijk, en de kennis die het verschaft is eveneens geestelijk van aard. Het maakt de mens tot ingewijde van een tweevoudige visie van de volle waarheid over zichzelf en zijn zondigheid. Het hart wordt tot een strijdperk op twee niveaus: Enerzijds raakt de mens verzekerd van het bestaan van de waarachtige God en van Zijn heil-schenkende kracht; anderzijds ontwaakt in hem de schrikwekkende gewaarwording van zijn nietigheid, en de onbeschrijfelijke vrees voor de mogelijkheid van de eeuwige ondergang.

De onthulling van de eeuwigheid, zelfs in haar negatieve aspect, is een ontmoeting tussen de mens en de Levende God. Tot op zekere hoogte bereikt de mens hierin het einde der tijden. Hoewel hij – door zijn verwantschap met de gehele schepping – zijn eigen dood gewaar wordt als de dreigende vernietiging van al het leven, aanvaardt hij terzelfder tijd de roeping op te stijgen tot een oneindig hogere vorm van bestaan.[12] Terwijl hij verblijft in de gedachtenis aan de dood, beleeft de mens in zijn geest de hel van Gods afwezigheid. In zijn wanhopig verlangen naar een uitweg uit deze situatie beseft hij, dat hij zich dient af te scheiden van elke hartstochtelijke betrekking met de zichtbare wereld, en dan werpt hij zich met een nog groter verlangen geheel op God – op zodanige wijze, dat dit de hartstochten overwint, en zelfs het verlangen naar dit tijdelijke leven (tot en met het instinct tot aardse overleving toe). Een dergelijke zelfverloochening, geïnspireerd door de gedachtenis aan de dood, vormt de best mogelijke voorwaarde voor het vurige gebed, waarin heel de mens wordt wedergeboren en zijn geest verbonden wordt met de eeuwige God.

Doch de gedachtenis aan de dood heeft een nog verrassender werking: het verwekt een sterke gewaarwording van de unieke waarde van de menselijke persoon. Wanneer de mens zijn individuele dood identificeert met de vernietiging van al het leven, en van alle ervaring die zijn bewustzijn tot dan toe heeft omvat – als het einde

---

[12] "We Shall See Him", GK p.17-19, 23, EN p.12, 15.

van de geschiedenis van deze wereld, zowel als van Gods relatie met Zijn schepping – dan wordt het feit bewaarheid dat de mens geschapen is naar het beeld Gods, en dat zijn bestemming is het centrum te zijn van heel de schepping. Deze smartelijke ervaring, al is deze in het begin vooral negatief van aard, verbindt de mens op onlosmakelijke wijze met het lot van al zijn medemensen, die 'van gelijke hartstochten' zijn, van dezelfde natuur als hijzelf. En dit verwekt in hem een diep medelijden – zijn heil hangt nu samen met dat van hen. Een dergelijke geestelijke gewaarwording wekt het hart van de mens tot leven, en herstelt zijn gemeenschap met heel het geslacht van Adam. Wanneer zijn innerlijke verlichting een zekere volheid bereikt, en zijn hart door de goddelijke genade wordt uitgebreid en versterkt, dan volgt het positieve gevoel van liefde, waarin de mens heel de schepping omarmt en deze met dringende voorbede opdraagt aan God. Dan wordt hij geleidt "in al de waarheid"[13] van de liefde Gods, en hij wordt verwaardigd een waarachtig persoon te worden "naar het beeld" van de Nieuwe Adam, Christus, in Wiens Persoon "alle dingen... die in de hemelen, en die op de aarde zijn" worden samengevat.[14]

De dood is in het leven van de mens gekomen als een vloek, en vanwege de zonde sproot het op als onkruid. Doch Christus, door Zijn zondeloze dood omwille van de mens, vormde deze vloek om tot zegen, en bood ons zo de "overvloed" des levens aan.[15] De gedachtenis aan de dood doet de mens binnentreden in het grootste wonder dat dit wereldrijk ooit heeft gekend. Het onthult onze eigen hel, en wordt een uitnodiging en een vreugdevolle verkondiging van het eeuwige leven. Eenieder die daaraan gehoorzaamt en gelooft, ontvangt de genade die het hart opnieuw doet ontvlammen. En dit ontwaken van het hart is ook de eerste stap tot het zalige land van het eeuwigdurende heil.

---

[13] Joh.16:13.
[14] Ef.1:10.
[15] Cf. Joh.10:10.

2

Het uur van de dood

e heilige Silouan de Athoniet geeft ons de raad: "Weest niet bedrukt, volkeren, omdat het leven moeilijk is. Strijdt slechts tegen de zonde..."[1] En ons leven is inderdaad zwaar, want wij zoeken een manier om dit te bevrijden van de vloek van de dood.

Ons verblijf op deze aarde is slechts een periode, die ons gegeven is om te leren hoe wij zouden moeten sterven – doch helaas leren wij van alles in dit leven, behalve hoe wij zouden moeten omgaan met het einde daarvan. Onze generatie heeft geleerd heel haar vertrouwen te stellen op haar eigen intellect, haar eigen oordeel, en dit verhindert onze voorbereiding op het ogenblik van onze dood – het ogenblik waarin al onze krachten ons zullen verlaten. Zelfs onze uitzonderlijke rede, waarop wij heel ons vertrouwen hebben gesteld, zal ons in de steek laten. Wat zou ons kunnen bijstaan in dat uur van onze dood, om deze zonder vrees tegemoet te treden, terwijl wij geheel daaraan zijn overgeleverd en geen mens ons kan helpen? Hoe zou iemand kunnen leren te sterven?

Telkens wanneer iets ons bedroeft, of ons leven bedreigt, of ons vermorzelt, ontvangen wij een voorsmaak van de dood. Al dergelijk leed en al onze moeilijkheden bieden ons een gelegenheid om een juiste houding te verwerven tegenover de dood. De dood is een realiteit van het leven, maar de aard van onze dood is van minder belang dan de wijze waarop wij deze tegemoet treden.

In één van zijn boeken beschrijft vader Sophrony de volgende geschiedenis: In Parijs, waar hij gedurende enige tijd leefde, had hij twee jonge zusters leren kennen. De één was dokter, en zeer begaafd; de ander was eenvoudiger, en zij was verpleegster van beroep. Die twee vrouwen, van vrijwel dezelfde leeftijd, trouwden in dezelfde tijd en werden ook tegelijkertijd zwanger. In die tijd werd het gebruikelijk dat zwangere vrouwen lessen volgden voor een pijnloze bevalling, en ook beide aanstaande moeders namen daaraan deel. De dokter, met haar begaafdheid en kennis van de anatomie, begreep

---

[1] "Saint Silouan", GK p.438, EN p.345, NL p.367.

onmiddellijk waar het om ging. Na één of twee lessen zei ze: "Dat is genoeg, ik heb het begrepen; het is niet nodig dat ik hiermee doorga." De ander, eenvoudig als zij was, volgde al de lessen tot het einde toe. Tenslotte brak voor beiden het uur van de bevalling aan. De dokter raakte reeds bij de eerste weeën verbijsterd. Zij vergat haar anatomie en al haar kennis, en zij beviel met grote moeite en veel pijn. Haar zuster daarentegen, vertrouwde niet op haar kennis, maar zij herinnerde zich de lessen die zij ontvangen had, bracht ze in praktijk, en had een relatief gemakkelijke bevalling. De conclusie die wij uit deze geschiedenis kunnen trekken is duidelijk.

Onze dood is onze geboorte in het eeuwige leven. Al ons streven om te leren bidden, om onszelf te vernederen, om niet op onszelf te vertrouwen maar op de levende God, hebben slechts één doel: ons voor te bereiden op de grote dag van onze dood. En op welke God leren wij ons vertrouwen te stellen? Op de God "Die de doden opwekt".[2] Hij is Degene Die wij willen kennen, en Hij is Degene op Wie wij ons vertrouwen willen stellen, wanneer dat uur komt waarin al onze lichamelijk krachten ons zullen verlaten, en wij van alle menselijke hulp verstoken zullen zijn. Het enige wat ons dan zal kunnen helpen is de houding van onze geest, die wij geleerd hebben te bewaren – waardoor wij niet langer op onszelf vertrouwen, maar alleen op Christus, Die is gestorven en opgestaan, en Die daardoor in staat is zelfs de doden op te wekken – want "de dood heerst niet meer over Hem".[3]

Wij sterven, doch zie, wij leven in Christus Jezus. Dit tijdelijke leven dat ons gegeven is, is van grote betekenis: het is onze éne unieke gelegenheid om te strijden, om onszelf te oefenen voor dat grote en heilige uur van onze ontmoeting met God – de dag van onze waarachtige geboorte in het Hemels Koninkrijk, dat onwankelbaar is.[4] Onze intrede in de eeuwigheid is onze geboortedag, en als wij verlangen onze hemelse geboortedag waardig te vieren, en deel te hebben aan het hoogfeest van de "eerstgeborenen in de hemelen"[5], laten wij dan na de avondmaaltijd onszelf begraven in onze kamer,

---

[2] 2Kor.1:9.
[3] Rom.6:9.
[4] Cf. Hebr.12:28.
[5] Cf. Hebr.12:23.

in plaats van gezellig samen te zitten babbelen. Laten wij veeleer voor God staan, naar de mate van onze kracht, en ons dat vreeswekkende uur van de dood in gedachten brengen – en laat ons zeggen: "Heer, in het uur van mijn dood zal ik hulpeloos zijn en niet in staat te bidden; ik smeek U, gedenk mijner. Nu ik daartoe nog in staat ben, smeek ik om Uw hulp in dat uur. Verhoor mij, Algoede Heer, en in dat vreeswekkende uur, wanneer mijn kracht mij ontvalt en ik van alle hulp verstoken zal zijn, wees Gij dan mijn Hulp. In dat uur, waarin noch engel noch mens meer een helpende hand naar mij uit kan strekken, wees Gij mij dan nabij, en schenk mij de onuitsprekelijke vreugde van Uw heil." Aldus lopen wij in gebed vooruit op het ogenblik van onze dood.

Dit gebed zal bij de Heer bewaard blijven, en de Heer, Die te allen tijde trouw is en ons nimmer in de steek laat, zal ons gebed gedenken. Dit is een belangrijke en goede oefening voor ons om te leren hoe te sterven. Want, of wij nu monnik zijn of leek, het is met dergelijke gedachten dat wij voor de Heer zouden moeten staan, en wij zouden Hem aldus moeten smeken zoveel wij maar kunnen – vooruitlopend op die laatste ogenblikken van ons leven, wanneer onze ziel het lichaam verlaat en al onze krachten ons begeven.

Iets dergelijke gebeurt ook elke keer dat wij onze eigenwil afsnijden, die schadelijk voor ons is. Zo leren wij niet te steunen op onze eigen verstandelijke begaafdheid en andere vermogens, maar op de Naam van Hem, in Wie ons het heil is geschonken. Dit is werkelijk een zeer kostbare oefening, die ons leert te sterven voordat wij sterven – zodat wanneer uiteindelijk de dood zelf komt, wij deze niet met vrees en verwarring tegemoet zullen treden, maar als een huisgenoot, een lang-verwachte vriend, die ons zal verlossen van de pijniging en de saaiheid van dit leven, opdat wij ten volle mogen binnentreden in het eeuwige leven – in dat waarachtige bestaan dat beter is dan alles wat wij ooit hebben gekend.

Velen vrezen de dood. Sommigen verbieden ons zelfs om in hun aanwezigheid te spreken over God en over de dood. Dit is een triest verschijnsel, want zulke mensen zijn bevangen van de vrees voor de dood omdat zij niet willen denken aan de éne waarachtige God. Zij bedenken hun eigen religies (aangezien zij iets nodig hebben om op te steunen) en hiermee creëren zij schijn-steunsels. Maar dergelijke schijn-religies kunnen niemand behouden. Er is slechts één

waarachtige godsdienst in de wereld, en dat is het Christendom –
dat geen uitvinding is van de Christenen, maar dat door openbaring
vanuit den Hoge aan de mensheid geschonken is. De Aanvoerder
van dit geloof is Christus, de Zoon van God, Die mensgeworden is,
Die voor ons is gestorven en weder is opgestaan, en daarin allen
met Zich meevoerde die verenigd zijn met Zijn Geest, al degenen
die geloven in Zijn woord, en die Zijn heilige Naam dragen.

De dood is meedogenloos jegens diegenen die hem vrezen en
zich voor hem verbergen. Doch hij vlucht voor diegenen die hem
zonder vrees najagen en voor hem staan in gedachtenis aan God,
terwijl zij God aanroepen en Hem smeken mét hen te zijn in dat uur
– opdat het uiteindelijke ogenblik van de dood vredig en zonder
smart moge zijn.

Deze vrees voor de dood is een schrikwekkend verschijnsel. In
onze dienst als priesters zien wij, dat al degenen die het woord Gods
aanvaardden en de dood tegemoet traden met een vurig geloof, ondanks het feit dat zij aan een dodelijke ziekte leden, een wonderbaarlijk en heerlijk einde hadden. Wij kunnen zeggen dat zij datgene
gevonden hebben, waar wij de Heer om smeken in onze gebeden
en in de hymnen van de Kerk: de goddelijke "genade en Zijn grote
barmhartigheid".

Het welslagen van deze ascese ligt hierin, het uur van de dood
te aanvaarden als het meest gewijde, het grootste ogenblik van ons
leven. Daartoe is het noodzakelijk, dat wij ons intellect voortdurend
daarop oriënteren, zodat wij reeds van tevoren onze verdediging in
gereedheid brengen, en onszelf tijdig verzekeren van onze bescherming op die grote dag. Al wie God dagelijks smeekt, met vurigheid
van hart en onder tranen, om Hem te vragen hem bij te staan in het
uur van de dood, zal in dat ogenblik al zijn gebeden tot zich zien
terugkeren als een grote zegen en vreugde. En in hem zullen deze
woorden van de Heer worden vervuld: "Treed binnen in de vreugde
uws Heren".[6]

De Schrift vertelt ons niet veel over het leven na de dood. Als
mensen zijn wij geneigd terug te vallen op onze verbeelding. De
heilige apostel Paulus zegt, dat de Heer zal wederkomen, en dat

---

[6] Mt.25:21.

wij op die dag van Zijn heerlijke Wederkomst zullen worden "weg-gevoerd in de wolken" om Hem te ontmoeten. Doch waar wij zouden verwachten dat de Apostel ons nog meer zal zeggen over die dag, besluit hij kortweg: "En aldus zullen wij altijd met de Heer zijn".[7] Dat wil zeggen, de vreugde, het leven en het Paradijs is voor ons het samenzijn met Christus. Hij is ons Licht en onze Vreugde.

Het gebed is de beste voorbereiding voor het ogenblik van de dood – immers, door het gebed staan wij zelfs in dit leven in aan-wezigheid van de Heer. Wij streven ernaar met onze geest te ver-blijven in Zijn aanwezigheid, door in nederigheid en met aandacht de Naam van Jezus aan te roepen – en dan ervaren wij dat Zijn aanwezigheid zeer krachtig is. Doch het gebeurt vaak dat wij de Heer aanroepen en in Zijn aanwezigheid willen verblijven, zonder dat ons dit lukt. Het is alsof wij in de lucht slaan.[8] Dan beseffen wij dat de fout ligt in onze houding, dat wij Zijn Naam aanroepen op een wijze die Hem onwaardig is. Laten wij dan ons hoofd nederbuigen, en nog meer onze gezindheid, en laat ons zeggen: "Heer, ik zondig tegen U, zelfs nog wanneer ik Uw Naam aanroep. Leer mij Uw nederigheid. Gij, o Heer, geef mij die innerlijke gezindheid die passend is voor het aanroepen van Uw Naam." En dan beginnen wij te bemerken dat hoe meer wij onze geest voor de Heer vernederen in het uur van het gebed, hoe groter de kracht is die ons vanuit den Hoge geschonken wordt. Zo wordt het uur van het gebed tot een oefening, hoe wij in de aanwezigheid van de Heer kunnen treden, hoe wij voor Zijn aanschijn kunnen staan – en hoe dat verblijf in Hem werkzaam, krachtig en lichtend kan zijn.

Laten wij niet ophouden onze geest te vernederen. Als wij die gezegende gewoonte verwerven, zal veel in ons leven gecorrigeerd worden. Dan komt ons bijvoorbeeld in gedachten, dat wij onze broeder hebben gegriefd, dat wij zijn geweten hebben gekwetst. En wij weten, dat – willen wij God welgevallig zijn en in Zijn aanwezigheid verblijven – wij ons zullen moeten verzoenen met onze medemens die wij bedroefd hebben. Om het Paradijs te kunnen binnenkomen moet de mens een hart hebben dat zo wijd is als de hemelen, een hart dat alle mensen omvat. Een hart dat enkelen

---

[7] 1Thess.4:17.
[8] Cf. 1Kor.9:26.

uitsluit, of al is het er maar één, zal door God niet worden aanvaard – want zo is het geen hart waar de Heer kan wonen. Het gebed, zoals vader Sophrony zegt, is een "nimmer eindigende schepping"; het is een school die ons leert in Gods aanwezigheid te verblijven. En dit streven om samen met de Heer te blijven is een oefening die uiteindelijk de dood zal overwinnen. Daarom zou ons gebed niet oppervlakkig of mechanisch moeten zijn. Wij dienen ons intellect in ons hart te brengen opdat het gebed werkelijk noëtisch wordt, dat wil zeggen, dat het geschiedt met heel ons innerlijk wezen, met heel ons intellect en ons hart. Hoe kan God gehoor geven aan ons gebed, als wijzelf geen aandacht schenken aan de zin van onze woorden, en er dus niet mee instemmen. Wil God aandacht schenken aan onze smeekbede, dan moeten wijzelf eerst geheel geconcentreerd zijn op de woorden van het gebed, die wij tot Hem opzenden. Het is goed als het intellect troont in het hart, en al onze gedachten aan de Heer worden opgedragen vanuit het hart – waarbij wij onze woorden één voor één voor Gods aanschijn brengen. Als wij met toewijding op deze wijze bidden, dan ben ik er zeker van dat God Zelf onze Leraar zal zijn. Zoals de Heer zegt: "en zij zullen allen van God geleerd zijn".[9] De Heer Zelf zal ons onderrichten, en ons de gewaarwording schenken van Zijn aanwezigheid in ons hart. En terwijl wij van onze kant al het mogelijke doen om Zijn heilige aanwezigheid in ons onbelemmerd te bewaren, leren wij al spoedig welke gedachten te aanvaarden en welke af te wijzen.

Het gebed is een complete school, en de sleutel tot succes in deze leertijd is de nederigheid. (Het is goed om hierbij drie fundamentele principes in gedachten te houden, als voorbereiding van onze geest wanneer wij gaan staan voor het gebed.)[10]

Laten wij om te beginnen onze maat kennen, zodat wij niet ongepast vrijmoedig zijn tegenover God. Wijzelf zijn niets – namaaksels, zonder bestaan in onszelf. Voor het aanschijn des Heren zijn wij schepselen en gevallen mensen, gewond door de zonde. In dit besef dienen wij vóór Hem te staan. Als wij met vreze staan, zonder vrijmoedigheid, met een nederige houding van hart en geest, dan

---

[9] Joh.6:45.
[10] Voor de zinsneden tussen haakjes, zowel als de redactie van de eerstvolgende alinea, zie Griekse editie.

zullen wij van de Heer die dingen vragen die passend zijn in onze armoede. Laten wij allereerst in alle oprechtheid vragen om de vergeving van onze zonden, en om verlichting in onze onwetendheid. Hoe meer wij onze geest bewaren in de nederigheid van onze beden, des te meer zal God de gewaarwording van Zijn aanwezigheid in ons vermeerderen.

Ten tweede: Laat ons nederig zijn – laten wij de absolute zekerheid hebben van onze nietigheid voor Gods aanschijn. Het enige wat ons tot waarachtige mensen maakt is de adem die onze God en Schepper ons heeft ingeblazen. In elk ander opzicht zijn wij aarde, en aarde wordt met de voeten getreden. Sommige gebeden van de Kerk benadrukken de nederigheid van het lichaam, en ons lichaam zou voor ons inderdaad een bron van nederigheid moeten zijn, want het is gevormd uit de aarde en zal weer tot de aarde terugkeren. Wat ons waarlijk kostbaar maakt is de adem van God, die wij ontvingen op de dag van onze schepping, en bij onze herschepping in de heilige Doop. Het is deze adem die ons maakt tot beeld en gelijkenis van God. Laten wij deze nederige gedachte van onze nietigheid voor ogen houden, en niet vol zijn van onszelf – dat is, vervuld van ijdelheid – en zo zullen wij in onszelf plaats maken voor God. Dit besef van onze nietigheid schept de juiste voorwaarden, willen wij in Gods aanwezigheid verblijven. En hoe meer wij onszelf ontledigen, dat is, hoe meer wij onszelf vernederen voor Gods aanschijn, des te meer zal Hij ons hart vervullen met Zijn goddelijke genade.

En tenslotte: Laten wij de gezindheid verwerven van de zelfverloochening. Laat ons niet vrezen een klein offer te brengen (noch ons zorgen maken over de geringheid van ons offer). Wij zien dat elke keer wanneer wij een offer brengen omwille van God en omwille van onze broeders, God Zijn genade in ons vermeerdert. Maar vaak hebben wij onszelf overvloediger lief en geven wij de voorkeur aan ons eigen gemak, in plaats van een offer te brengen aan God of een dienst te bewijzen aan onze broeder. Maar zalig is degene, die zichzelf verloochent, want toen de Heer Zijn leerlingen tot Zich riep, vereiste Hij dat zij zichzelf zouden verloochenen.[11] Met andere woorden, de zelfverloochening en de nederigheid zijn de grondstenen waarop God de tempel van Zijn Geest bouwt.

---

[11] Cf. Mt.16:24.

Wanneer wij jong zijn denken wij zelden aan de dood. Later zullen wij deze mogelijk op nogal verstandelijke en abstracte wijze overdenken. Maar wanneer de jaren voortschrijden en de problemen van de ouderdom beginnen, dan zien wij de waarschuwingstekenen van deze grote gebeurtenis, die op tastbare wijze raken aan ons dagelijks leven. In Zijn menslievendheid heeft de Heer ons leven zodanig ingericht, dat wij tot bezinning zouden komen en onszelf zouden voorbereiden op die dag.

"Wees met mij, o Heer, op die grote en gewijde dag, en geef mij de jubel terug van Uw heil," zegt vader Sophrony in zijn ochtendgebed.[12] Met andere woorden: "Schenk mij, o Heer, in dat heilige uur, de vreugde en de jubel vanwege Uw heil, van mijn waarachtige wedergeboorte in Uw Koninkrijk." Zo bad de Oudvader 's morgens vroeg, na het ontwaken uit de slaap. Aldus was de realiteit van zijn laatste uur altijd in zijn gedachten, vanaf de eerste ogenblikken van de dag. En zo kunnen ook wij het uur van onze dood oefenen, zodat wanneer het uiteindelijk komt, wij dit in vervoerde verblijding zullen leven. De cultivering van deze houding in het gebed is werkelijk de beste oefening om te leren sterven, voordat wij sterven – opdat, wanneer het uur van de dood aanbreekt, wij niet zullen sterven, maar voor eeuwig zullen leven met God.

Er bestaan vele manieren waarop wij elke dag van ons leven kunnen verbinden met onze laatste dag hier op aarde, maar wij hebben inspiratie nodig, willen wij hierin slagen. In ons dagelijks leven hebben wij de gewoonte alles als vanzelfsprekend aan te nemen, want onze natuur neigt naar al het aardse. Ongelukkigerwijze kunnen wij zelfs gewend raken aan de Goddelijke Communie, en aan al Gods zegeningen. Maar de dag van ons verscheiden naar die andere wereld, is iets waaraan wij nimmer gewoon kunnen worden. Doch wij zijn in staat eraan te blijven denken dat deze dag zal komen, en die zekerheid kan tot een voortdurende inspiratie worden – als wij bij alles wat wij doen onze laatste dag in gedachten houden. Wanneer wij bijvoorbeeld deelnemen aan de Heilige Mysteriën, kunnen wij zeggen: "Ik dank U, Heer, dat gij mij heden verwaardigt deel te nemen aan Uw Lichaam en Uw Bloed. Maar begenadig mij om op waardige wijze aan U deel te hebben op die dag van mijn grote en

---

[12] "On Prayer", GK p.258, EN p.182, [cf. LXX Ps.50(51):12/14.]

gewijde ontmoeting met U." Exact gezegd, iedere keer dat wij
deelnemen aan de Goddelijke Communie zou dit moeten zijn als
onze eerste en laatste deelname. Als de eerste maal, omdat wij weten
dat wij nog niet volledig met God verzoend zijn; als de laatste maal,
omdat wij leven in de hoop op onze persoonlijke overgang tot het
waarachtige leven, ons eigen eeuwige Pascha. Wij zouden dus elk
ogenblik van ons leven in verband moeten brengen met onze laatste
dag, onze geboortedag in die nieuwe en eeuwige wereld.

In de Heiligenlevens lezen wij, dat de grootste hulp van God
komt op die momenten, waarop Zijn dienstknechten zichzelf overleveren in Zijn handen tot de dood toe. En op het ogenblik dat zij het
laatste "Amen" bereiken van hun eigen krachten, dan begint God
met het "Gezegend zij" van Zijn krachten, en dan strekt Hij Zijn
hand uit om hen te sterken. Dat wil zeggen, op het moment waarop
wij denken, "onze hoop is verloren",[13] op datzelfde moment openen
zich de Hemelen. Kort gezegd, wij moeten het uiterste bereiken van
onze eigen 'rechtvaardigheid', opdat de grote Rechtvaardigheid van
God werkzaam kan worden – die niets anders is dan Zijn oneindige
en heerlijke Liefde.

In het Boek Job zien wij hoe deze veelbeproefde mens, die door
God werd overgeleverd aan het uiterste lijden, vertrouwen toonde
in God en ernaar streefde de oordelen van Diens rechtvaardigheid
te verstaan – en toen verscheen God hem. Op dat moment begreep
Job het en hij zegende God, waarbij hij zijn eigen deugd beklaagde
als armzalig en onecht. En hij zeide tot God: "Helaas, dat ik U voorheen niet kende. Helaas, dat ik niet nog meer voor U geleden heb",[14]
want hij besefte, dat de daarop volgende heerlijkheid overeenkomt
met de maat van de dood, waarin de mens zich uit vrije wil over-
levert in Gods handen.

Ditzelfde verschijnsel zien wij in het leven van de heilige apostel
Paulus, die zegt dat hij tienduizend doden stierf omwille van het
Evangelie van Christus. In de Handelingen wordt één van deze
gebeurtenissen beschreven, die plaatsvond in Lystra, alwaar de
heidenen, daartoe aangezet door de Joden, de Apostel stenigden en
hem buiten de stad sleepten, waar zij hem halfdood lieten liggen.

---

[13] Ezech.37:11.
[14] Cf. Job 42:3-6.

Doch God behield hem.[15] Later noemt hij deze gebeurtenis in zijn Brief aan de Korinthiërs, en voegt daaraan toe dat zij het punt bereikten waarop zij wanhoopten aan het leven: "...dat wij bovenmatig en boven onze krachten bezwaard zijn geweest, zodat wij zelfs zeer in twijfel waren over ons leven; maar wij hadden in onszelf het vonnis des doods, opdat wij niet op onszelf zouden vertrouwen, maar op God Die de doden opwekt."[16] Na deze les wilde de grote Paulus over niets meer roemen – zelfs niet over de grote en ontzagwekkende openbaringen die hem geschonken waren, want hij kende het gevaar van de hoogmoed – maar alleen over het lijden en de menigvuldige dood die hij verduurd had voor het Evangelie. Hij wist dat de God der Christenen groot wordt gemaakt in de zwakheid der gelovigen, en dat het leven van de God der Christenen triomfeert in verdrukking, zwakheid en lijden.

"Mijn kracht wordt volbracht in zwakheid".[17] Dit waren Christus' woorden tot de heilige Paulus, toen de Apostel – want hij was ook maar een mens – Hem smeekte verlost te mogen worden van een beproeving, die hem tot de grens van de wanhoop had gebracht. Hij zegt dat hij driemaal gebeden had, dat de Heer hem zou sparen – waarmee hij impliceert dat hij zichzelf had overgegeven aan nachtwaken en vasten, tot hij de stem des Heren zou horen of genezen zou worden. Christus schonk hem geen genezing, maar Hij antwoordde hem, zeggende dat Zijn genade genoeg was voor de Apostel – en dat Gods kracht zou groeien en volmaakt zou worden in Paulus' ziekte. Want deze ziekte hield hem nederig, zodat de kracht Gods in hem kon verblijven.

De Apostel der heidenen leverde zichzelf dagelijks over aan de dood, omwille van Christus. Hijzelf belijdt: "Zoals geschreven staat: Om Uwentwil worden wij gedood de ganse dag; wij zijn gerekend als schapen ter slachting...".[18] Met andere woorden, elke dag verduurde hij tienduizend doden, omdat dit de enige manier was waarop hij een apostolisch hart kon bewaren, vol van de Heilige

---

[15] Hand.14:19-20.
[16] 2Kor.1:8-9.
[17] 2Kor.12:9.
[18] Rom.8:36.

Geest, zodat hij heel het wereldrijk tot leven zou kunnen wekken door zijn verkondiging.

Hoe bewaart men de genade van een dergelijk apostolisch hart? In één van zijn boeken zegt vader Sophrony, dat men slechts Christelijk kan leven door te sterven. Dat wil zeggen, de mens die alleen maar denkt aan 'zijn eigen leven', aan zijn eigen gemak, kan geen Christen zijn – het is hem onmogelijk om Christelijk te leven.[19] Anders gezegd, als wij te allen tijde bereid zijn om te sterven, om onszelf in zelfverloochening over te leveren aan elke soort van dood, omwille van de Heer, dan zullen wij voorzeker op elk moment het wonder van God zien in ons leven.

Maar helaas bezitten wij niet een dergelijke zelfverloochening, en daarom hebben wij ook niet de grootheid van het apostolisch hart, dat door de Heilige Geest wordt opgebouwd in de gelovigen wanneer Hij nederdaalt en ons "terstond hernieuwt", zoals wij zingen in de Metten van Pinksteren.[20]

Maar laten wij moedig zijn, en elkander troosten met de waarachtige vertroosting van Gods waarheid, en niet toegeven aan enige schijnbare troost. Het is moeilijk om waarachtige vertroosting te schenken aan mensen die aan een dodelijke ziekte lijden. Maar tot diegenen die een eerlijk woord kunnen dragen, zouden wij zeggen: "Bereid u voor op de ontmoeting met de Heer!" Want noch leven, noch dood, is sterker dan de genade die God schenkt aan diegenen die zichzelf voorbereiden op het ogenblik van de dood – op dat grootse moment van hun ontmoeting met hun Schepper.

God levert ons nimmer over aan een verzoeking die onze kracht te boven gaat,[21] zegt de heilige Paulus. Het is mogelijk dat wij aan een bepaalde ziekte lijden en God om genezing smeken, maar dat ons gebed niet verhoord wordt. Laten wij dan beseffen, dat God zulk een genade en kracht kan schenken dat wij de ziekte overstijgen, en juist daarin het feest ervaren van de aanwezigheid en de kracht Gods in ons hart – en dat is de overwinning op de dood.

Onlangs, bij het lezen van de Schrift, bleef mijn gedachte staan bij

---

[19] Cf. "Saint Silouan", GK p.317, EN p.241, NL p.259.
[20] Canon van Pinksteren, Irmos 5e Ode (Griekse tekst).
[21] Cf. 1Kor.10:13.

een vers uit het Boek Handelingen. Toen de heilige Petrus opging naar de Tempel om te bidden, werd hij benaderd door een kreupele die bedelde om een aalmoes. De Apostel zeide tot hem: "Zilver of goud heb ik niet; doch wat ik heb, dat geef ik u: In de naam van Jezus Christus van Nazareth, richt u op en wandel!"[22] Dit betekent: "Aardse rijkdommen bezit ik niet, maar ik geef u wat ik wel heb." Hoe wonderbaarlijk is het, niets te bezitten behalve Christus!"

Vragen & Antwoorden

Vraag 1: Wij bevinden ons op deze reis in het leven, en wij weten dat dit een einde heeft, en als priesters worden wij daar voortdurend aan herinnerd door het kleed dat wij dragen. Maar kunt u ons een specifieke raad geven, om de leken te helpen tot begrip daarvan, of om te maken dat zij zich in hun dagelijkse activiteiten daarop zullen richten.

Antwoord 1: Het Priesterschap is een moeilijke taak, en het is een wonder een priester te zien sterven in dezelfde staat van inspiratie als die waarin hij begonnen was. Normaal gesproken sterven priesters in een staat van veel mindere genade, omdat heel hun dienstwerk erin bestaat de dood van hun mensen op zich te nemen. Al wat een priester verzamelt wanneer hij alleen voor Gods aanschijn staat, verspreidt hij onder de mensen wanneer hij met hen is. Hij neemt hun dood op zich, en hij geeft hen zijn leven, het leven van God dat hij ontvangt. Maar hoe doen wij dit? Wanneer wij de mensen ertoe inspireren het heil van God te beminnen en te strijden tegen de zonde, wanneer wij hen een woord geven dat komt uit het eeuwig Koninkrijk, en wanneer hun harten dat woord ontvangen, dan verwekt dit in hen het verlangen naar het eeuwige leven. Feitelijk wordt alles wat wij doen gedaan in de hoop de mensen te hernieuwen. Ik zeg vaak tot de gelovigen die op zondag ons klooster bezoeken: "Belast de priester niet onnodig met de dagelijkse futiliteiten van dit leven. Ga naar hen toe om een woord te vragen voor uw heil, en schenk grote aandacht aan hetgeen zij u vertellen, want dan zult gij hen tot profeet maken, en uw leven zal worden verrijkt." Ik heb daar geen recept

---

[22] Hand.3:6.

voor. Ik herinner me, hoe ooit een geestelijke vader uit Cyprus naar ons klooster kwam, en hij zeide tot mij: "Ik ben tot geestelijke vader gemaakt, maar ik weet niet hoe ik met de mensen moet omgaan. Kunt u mij alstublieft enige raad geven?" Ik zei tot hem: "Er zijn geen recepten voor dit dienstwerk. Wanneer gij een geestelijke vader wordt, dan is dat alsof gij in de oceaan wordt geworpen. Gij moet zwemmen om aan de kust te komen." Dat wil zeggen, gij moet voortdurend tot God roepen en het beste ervan hopen. Ik voel altijd medelijden met de priesters, omdat ik weet hoe moeilijk dit dienstwerk is. Wij zijn priesters, met andere woorden, wij zijn deelgenoot aan het Priesterschap van Christus; en als al de smaad, al de duisternis, al het kwaad op Christus is gevallen, dreigend zo mogelijk zelfs Zijn leven teniet te doen, zoals de Profeet zegt, dan zal datzelfde gebeuren met iedere priester die deelneemt aan het Priesterschap van Christus. Dit betekent dat de priester het lijden en de moeilijkheden van zijn mensen op zich moet nemen, en hen de vertroosting moet brengen die van Boven is, om hun hoop vleugels te geven. Er is geen recept voor, alleen deze houding te willen helpen om Christus in hun leven een plaats te geven, opdat Christus in hun leven moge worden grootgemaakt. En ik ben er zeker van dat er een grote beloning klaarligt voor de priester die zijn dienstwerk met grote vreze verricht, want hij staat aan de ontvangende kant van alle kwaad, en alle aanvallen van de vijand zijn uiteindelijk op hem geconcentreerd. Dat is waarom het een wonder is, niet tevreden te zijn met de inhoud van de realiteit van deze wereld, en niet de inspiratie en de hoop te verzaken die wij bezaten toen wij onze bediening begonnen. Wij zijn allen begonnen met groot vuur, en wij moeten dat leven van het hart niet laten wegsterven, of anders zal onze hoop ons ontstolen worden. Wij moeten veeleer zijn als de Rechtvaardige Simeon, die standvastig wachtte tot op het laatste ogenblik om Christus in zijn armen te mogen ontvangen, en toen zeide: "Nu laat Gij, o Heer, Uw dienstknecht gaan in vrede".[23]

Vraag 2: U hebt kort gesproken over het gebed, zeggende dat wij onze gebeden nimmer op mechanische wijze zouden moeten zeggen; dat wij ons intellect in ons hart zouden moeten brengen. Maar wij,

---

[23] Lk.2:29.

die in de wereld leven, met ons drukke programma en een druk leven, zijn aan het eind van de dag uiterst vermoeid. Mijn persoonlijke ervaring is, dat ik voordat ik naar bed ga de volledige Completen wil bidden, maar soms ben ik zo moe dat ik enkele gebeden uit de Completen kies en probeer te doen wat u ons adviseert. Doch soms voel ik de nood ze in hun geheel te zeggen, en dan worstel ik mij daar doorheen, maar soms vang ik mijzelf erop dat ik enkel de woorden opzeg. Dus wat zou u adviseren? Oudvader Epiphanius zegt ergens, dat de duivel altijd probeert ons af te houden van het gebed. Hij placht thuis te komen na de lange dag van zijn dienstwerk, en dan worstelde hij zich door de gebeden, zelfs al zei hij deze op mechanische wijze, omdat hij ze wilde zeggen. En nog een laatste vraag, die hiermee verbonden is: Wanneer wij veertig maal het "Kyrie eleison" zeggen... Vaak hoor ik in kerken en kloosters [bijna onverstaanbaar vlug] "Kyrie eleison, Kyrie eleison, Kyrie eleison...' Wat zou u aanraden?

Antwoord 2: Wij hebben allemaal deze ervaring, en dat vooral op zondagavond; zondag is voor de priester een zeer zware dag. Ik denk dat wij allemaal dit probleem hebben, mechanisch te bidden, zonder veel hart. Eén ding dat helpt is volharding, want in het gebed brengt de kwantiteit langzaamaan de kwaliteit. Wat mij betreft, wanneer ik niet kan bidden, dan stop ik gewoon en ik zeg: "Heer, Gij ziet mijn ellendige staat..." En ik berisp mijzelf totdat deze berisping mijn hart tot schaamte brengt, en ik voel dat mijn hart enigszins begint deel te nemen. Dan ga ik verder, en dan gaat het een tijdje wat beter, en dan berisp ik mijzelf opnieuw. Dit is iets wat gij kunt doen als gij niet kunt bidden: stop, en belijdt dat aan God, en berisp uzelf met schaamte voor Zijn aanschijn – want de schande maakt dat het hart daaraan gaat deelnemen. Wanneer het mij zo vergaat, dan denk ik niet aan de hoeveelheid. Ik breng slechts mijn intellect in mijn hart, en ik probeer van daaruit tot God te spreken, in mijn eigen woorden, totdat het hart er enigszins aan gaat deelnemen. En dan wordt het gemakkelijker om verder te gaan. Er was een monnik, die gewoon was te zeggen, dat eenieder die behouden wil worden altijd "listen beraamt". Onze relatie met God is zoiets ongelofelijks en creatiefs! Het gebeurt veelvuldig, dat wij geïnspireerd worden door het één of ander, wat ons doet herleven wanneer wij voor Zijn aanschijn staan.

Vraag 3: Eén van de gevangenen met wie ik werk, toen het ging om de veertigmaal "Kyrie eleison", zei dat het hem enorm had geholpen toen hij besefte, dat hij "Kyrie eleison" zei voor al diegenen die dit niet voor zichzelf zeiden. Hij zei, dat dit nieuwe betekenis had gegeven aan het zeggen van dit gebed, en dat het hem nu onmogelijk is de veertig "Kyrie eleisons" zomaar af te ratelen, maar hij zegt ze met zijn hart.

Doch de vraag die ik wil stellen gaat over de mannen in de gevangenis die geen vrees hebben voor de dood. Hun leven heeft erin bestaan ofwel de dood te veroorzaken, ofwel deze overal om zich heen te zien plaatsvinden, en velen van hen hebben dit zelfs tegen mij gezegd: "Weet u, ik heb absoluut geen vrees voor de dood!" Heeft u een woord voor hen, dat hen ertoe zou kunnen aanzetten de dag van hun dood te overwegen?

Antwoord 3: Wij zeggen dat de dood een Evangelie des levens wordt, wanneer wij deze op de juiste wijze tegemoet treden. Over het algemeen heeft elk contact met de eeuwigheid één van deze twee gevolgen: Als de mens de juiste houding heeft, dan is het een weldaad voor hem; als hij de verkeerde houding heeft, dan raakt hij het spoor geheel bijster. Ik las bijvoorbeeld in de "Philokalia", dat wanneer de zon schijnt, deze alles verwarmt. Wanneer de zon het leem verwarmt, dan wordt het leem hard en breekbaar; wanneer de zon was verwarmt, dan wordt de was zacht en vormbaar, en dan kunt gij er alles van maken. Dit is hetzelfde met ons. Als wij een hart hebben om de aanraking van de eeuwigheid op de juiste wijze te aanvaarden, dan wordt ons hart verzacht en dan kan God zijn beeld daarin afdrukken. Uiteraard, sommige mensen geven God de schuld van de dood, maar wie is de mens dat hij God de schuld zou geven? De Heer heeft de overhand in elk oordeel, want in Zijn Zoon heeft Hij Zijn oneindige liefde voor de mens getoond. "Daar Hij de Zijnen, die in de wereld waren, liefhad, zo heeft Hij hen liefgehad tot het einde," zegt de Schrift.[24] Maar sommige mensen blijven steken in hun hoogmoed, en zij vinden het gemakkelijker om God de schuld te geven. Maar wij moeten worstelen om het pad der nederigheid te vinden. Toen Jakob de gehele nacht met God worstelde, vond hij een manier om zijn hart te vernederen, en toen hij zijn hart vernederd had, verscheen

---

[24] Joh.13:1.

de Heer hem, en hij hoorde Diens stem zeggen: "Gij zijt sterk geweest met God, gij zult ook met de mensen krachtig zijn".[25] Met
die zekerheid ging hij rechtstreeks op Esau af, en Esau voelde de
verandering in Jakob – hij werd gewaar dat hij een drager was van
Gods zegen – en in plaats van hem te doden, viel hij hem om de
hals en weende. Het is een kwestie van een nederige gedachte te
vinden, die ons sterk maakt met God. Dan kunnen wij alles onder
ogen zien, zelfs de dreiging van de dood, zoals Jakob de dreiging
van de dood aanvaardde uit de handen van zijn broeder Esau.

Vraag 4: Heel vaak gebeurt het, dat mensen de priester bij zich
roepen, en gij komt aan hun sterfbed en bedenkt, dat vermoedelijk
de laatste keer dat zij naar de Kerk zijn geweest, een jaar was voordat
gijzelf geboren werd; en dan willen zij dat gij hen in twee uurtjes
de hele geschiedenis van de Kerk verhaalt, en hen dan de Heilige
Communie geeft. Deze mensen zijn zeer trots op zichzelf en tijdens
hun leven hadden zij een sterke wil, en niemand kon hen benaderen.
Is deze situatie een teken dat zij proberen hun trots te breken, dat
zij het licht hebben gezien aan het eind van de tunnel, of is het een
gevoel van schuld in de laatste ogenblikken van hun leven? Wat
gaat er in hun geest om?

Antwoord 4: Wat kan men op dat moment nog doen? Probeer
slechts een troostend woord te spreken, zodat zij tenminste in dat
laatste ogenblik een klein beetje hoop krijgen. Dat ogenblik moet
niet verspild worden aan een veelheid van aardse zaken. Ik herinner
me, dat ik een priester vergezelde die iemand op zijn sterfbed bezocht, uit wie allerlei buizen staken. Die persoon nam zijn zuurstof-
masker af, en zei tot de priester: "Ik wil nog een week leven, zodat
ik "Dank u wel" kan zeggen tegen de Oudvader, die het leven van
mijn dochter heeft gered." En de priester zeide tot hem: "Waar maakt
gij u zorgen over? Het is daar zoveel beter! Dat is waarom er nooit
iemand terugkeert." De priester sprak met zulk een eenvoud en overtuiging, dat ik op dat moment graag zelf zou zijn heengegaan.

Vraag 5 (Bisschop Basil): Vader Zacharias, gij hebt mij iets uit
uw leven geschetst. Gij werd in een situatie geplaatst waarin gij een

---

[25] Cf. Gen.32:28/29 (LXX).

aantal mensen moest troosten na een grote ramp. Sommigen van ons
raken ontsteld, wanneer ons op het laatste moment gevraagd wordt
een preek te geven over het Evangelie dat wij zojuist gehoord hebben.
Maar vader Zacharias, als bezoeker in een kerk, werd door de herder
van die kerk gevraagd een woord van troost te spreken tot een aantal
families die naar de kerk gekomen waren na het neerstorten van een
vliegtuig, waarbij al hun geliefden de dood hadden gevonden. En God
heeft werkelijk gebruik gemaakt van vader Zacharias, en hem een
woord van troost gegeven voor deze mensen. Ik denk dat het een hulp
zal zijn voor de broeders, deze woorden te horen, omdat wij zo vaak
in de positie zijn waarin wij mensen moeten troosten na reële rampen
– niet slechts iemand die in de negentig is en een vredige dood sterft,
maar wanneer men werkelijk een woord moet spreken dat troost kan
schenken aan mensen na een plotseling overlijden. Grote rampen zijn
gelegenheden waarbij het geloof van de mensen wordt uitgedaagd.
Zou u met de broeders willen delen wat u gezegd hebt?

Antwoord 5: Het was ongeveer een jaar of misschien iets langer
geleden, dat een vliegtuig van de maatschappij Helios neerstortte,
vlak voordat het in Athene arriveerde, en alle passagiers vonden de
dood. Enkele weken daarna ging ik naar Cyprus. In een van de steden
daar is een kerk waar ik altijd heenga, omdat de priester zeer vriendelijk en vrijgevig is. Hij heeft zelfs twee kerken gebouwd in Centraal-
Afrika, met het geld dat hij van zijn vader had geërfd. Hij is een zeer
goed mens; hij helpt iedereen die naar zijn kerk komt. Ik hield een
voordracht in zijn kerk, en er waren veel mensen aanwezig. Toen ik
de voordracht beëindigde, zei de priester tegen mij: "Gij ziet, dat
hier veel mensen in het zwart zijn; zij verlangen een woord van
troost, want zij hebben in die vliegtuigramp hele families verloren,
en al hun geliefden." Ik wist niet wat ik moest zeggen. Het was een
moeilijk moment, want hoe kunt gij iemand troosten, als gij niet
zelf door nog groter lijden zijt heengegaan dan de persoon die gij
vertroost? Als gij iemand troost zonder zelf geleden te hebben, dan
zijn de woorden van vertroosting onhandig op uw lippen. Dat is
waarom wij onszelf op z'n minst onderwerpen aan enig vrijwillig
lijden, als er geen onvrijwillig lijden in ons leven is. Wij moeten
enige moeite doen om deze dimensie te verwerven in ons leven. Ik
wist niet wat ik moest zeggen, maar plotseling herinnerde ik mij
twee gebeurtenissen in mijn leven. Eens kwam ik per vliegtuig vanuit

Griekenland terug naar Engeland, en halverwege de vlucht viel één
van de motoren uit. De stewardessen liepen het gangpad op en neer,
en trokken alles uit de kastjes en wierpen dit onder de stoelen. Zij
wilden ons niet vertellen wat er gaande was; zij bleven enkel zeggen:
"Riemen vast! Riemen vast!" Ik vermoedde iets wat niet zo plezierig
was, en toen onttrok ik mij simpelweg aan alles. Ik sloot mijn ogen
en ik dacht bij mezelf: "Nu moet ik mijn laatste gebed tot God zeggen. Het ziet ernaar uit, dat het moment is gekomen waarop de aard
van mijn bestaan zal veranderen." En ik begon te bidden alsof dit
mijn laatste gebed was. Allereerst dankte ik God voor alles: dat Hij
mij in dit leven had gebracht, dat Hij mij de genade van de Doop had
geschonken, en de wonderbaarlijke genade van het monnikschap
en – de grootste genade die er op aarde bestaat – het priesterschap.
Ik dankte Hem met heel mijn hart voor alles wat Hij in mijn leven
had gedaan vanaf het moment dat ik geboren werd, en dat Hij mij
zulk een heilig mens had doen ontmoeten als vader Sophrony. Ik
dankte Hem voor alles wat mijn bewustzijn kon omvatten, alsof het
mijn laatste uur was, om – zo mogelijk – niet heen te gaan met
weldaden van Hem, waarvoor ik nog niet gedankt had. Toen, nadat
ik God gedankt had, bad ik dat Hij mij al mijn zonden zou vergeven
die ik ooit had begaan, vanaf mijn geboorte tot op dat moment, of
ik ze mij herinnerde of niet, of ik ze had beleden of niet – zij het uit
schaamte of vergeetachtigheid. Toen bad ik God, allen te troosten
die ik zou achterlaten, en vooral mijn Oudvader, vader Sophrony,
want ik wist dat hij het meest bedroefd zou zijn van allen. Hij was
het, die mij naar Griekenland had gestuurd om iets te regelen met
vader Emilianos van het Klooster Simonos Petras. Ik bad voor alle
mensen met wie ik enige band had, en toen ik daarmee geëindigd
was, sloot ik enkel nog mijn ogen, zeggende: "Heer, neemt U mij
alstublieft aan zoals ik ben." Na veertig minuten landden wij in
Thessaloniki, en door het raampje zag ik langs de landingsbaan een
rij brandweerauto's staan – men was bang dat het vliegtuig bij de
landing vlam zou vatten, maar wij werden, God zij dank, gespaard!
Toen wachtten wij enkele uren, tot er een ander vliegtuig kwam
om ons naar Engeland te brengen. Ik ging naar vader Sophrony
toe, en het eerste wat hij tot mij zeide, was: "De gebeden hebben u
behouden!" Ik vrees zelfs hieraan terug te denken!

De andere episode uit mijn leven die ik noemde, was verbonden met mijn vader. Hij was een landman, maar voor zijn tijd was hij goed geschoold; hij had op een Amerikaanse school gezeten en hij sprak zeer goed Engels. Hij had dertig shilling nodig om een bepaald examen te doen waarmee hij onderwijzer kon worden, maar zijn vader wilde die niet geven, omdat hij bang was dat zijn jongen het dorp zou verlaten en zijn land in onbruik zou raken. Hij wilde dat zijn kinderen zijn werk op het land zouden voortzetten. Maar mijn vader had een passie voor kennis, en vooral voor talen, zowel Grieks als Engels; hij vond dat hij alles wat hij in het Grieks kende, ook in het Engels moest kennen. Hij had een passie voor gezwollen taal: wanneer hij iets las in een dergelijke stijl, dan leerde hij het van buiten, zelfs als het een satirisch stuk uit de krant betrof. Hij leerde stukken uit de Schriften, en uit de brieven van de heilige Basilius de Grote, omdat hij de woorden van die heilige zeer krachtig vond. In 1974 vielen de Turken het noorden van Cyprus binnen, en zij namen al zijn land in. Zij lieten hem enkel het huis en de tuin met sinaasappelbomen, wat onze voornaamste bron van inkomsten bleef. Hij was zeer bedroefd, maar er was niets wat hij kon doen. Na enkele jaren van feitelijke gevangenschap in het dorp, lukte het hem Cyprus te verlaten, om medische redenen. Hij kwam ons in Engeland bezoeken, en in de Diensten hoorde hij ons het Jezusgebed bidden. En met de pijn die hij in zijn hart droeg vanwege alles wat hij verloren had, en vanwege de drukkende sfeer waarin hij leefde – in zijn eigen huis en dorp – paste hij het gebed aan naar de nood van zijn geest, en hij begon te bidden: "Heer Jezus Christus, behoud ons van de indringers." En dit werd zijn gebed. Na een aantal jaar kwam mijn moeder het klooster bezoeken, en zij zei tot mij: "Als uw vader niet behouden wordt, dan wordt niemand behouden!" "Wat bedoelt u?" vroeg ik. Zij antwoordde: "Hij bidt de halve nacht lang het Jezusgebed." Tenslotte haalden de Turken zelfs de schutting rond zijn boomgaard omver, om er met hun dieren doorheen te kunnen gaan. Toen hij dat zag – hij kon niet protesteren of er iets aan doen, want dat zou te gevaarlijk zijn geweest – stortte hij in. Hij had een hartaanval en werd naar het ziekenhuis gebracht. Maar twee dagen daarvóór was hij in bed met mijn moeder, en hij nam haar handen en begon ze te kussen, zeggende tot haar: "Was ik het waard, dat Miltiades, uw vader, mij zulk een ziel heeft gegeven om heel mijn leven bij mij te zijn?" En hij weende van dankbaarheid, terwijl hij de handen van mijn moeder kuste – van haar, die zo dapper was geweest. Mijn moeder kon hem niet naar het ziekenhuis vergezellen, omdat zij voor haar eigen moeder moest zorgen die negentig jaar oud was. De Turken hadden haar geslagen, en zij spuwde bloed. Dus haar zuster, mijn tante, vergezelde hem naar het ziekenhuis. Gedurende de twee dagen dat hij in het ziekenhuis verbleef, hoorde zij hem voortdurend zeggen: "Vader, in Uw handen beveel ik mijn geest." Zijn manier van bidden was veranderd, en hij stierf al biddende. Zij belden mij op, en ik ging naar Cyprus om de begrafenis te doen. De Turken stonden toe dat ik vier uur lang in het dorp verbleef om mijn vader te begraven. Ik werd vergezeld door twee Turkse politieagenten en twee VN-soldaten. Ik ging daar dus heen, en ik deed de begrafenis; ik at met de Turkse politieagenten in het huis van mijn vader; ik gaf hen zelfs enkele geschenken, en ik keerde terug naar Nicosia. De dag daarop kwam ik in Engeland terug, en celebreerde ik de Goddelijke Liturgie in het klooster. Tijdens heel die Liturgie klonk er klokgelui in mijn hart: "Hij is behouden. Hij is behouden. Hij is behouden." Ik kon het vloeien van mijn tranen niet inhouden, en één van onze oudvaders, vader Symeon, zag mij en vroeg: "Wat is er vandaag met u aan de hand?" Ik zei tot hem: "Ik kan mijzelf niet beheersen, het spijt me." Met deze verzekering in mijn hart dat mijn vader behouden was, vierde ik de Goddelijke Liturgie als een Dienst te zijner gedachtenis. Na de dood van mijn vader werd mijn moeder moniale in een klooster op Cyprus. Zij verliet het dorp, want zij werd te oud. Gelukkig had ik zeer goede vrienden, monniken en monialen, die voor haar zorgden. Zij werd moniale, en de laatste jaren van haar leven leefde zij het monastieke leven. Op een dag, na haar dood, was ik aan het bidden voor mijn ouders – in feite half biddend, half denkend – en in mijn dwaasheid vroeg ik aan God: "Heer, toen mijn vader stierf, verzekerde Gij mij met zulk een klokgelui dat hij be-houden is. Waarom hebt Gij mij niet hetzelfde gegeven voor mijn moeder?" En ik hoorde een stem in mijn hart, vreemd doch over-tuigend en bevrijdend, die tot mij zeide: "Omdat uw vader in dit leven van alles verstoken was." Hij was van alles verstoken, niet alleen omdat de Turken zijn land hadden ingenomen, maar hij had een handicap in zijn rechterhand, die al zijn gaven nutteloos maakte.

Hij was voor zijn tijd goed onderlegd, maar al die dingen waren nutteloos vanwege zijn handicap.

Dus ik vertelde de parochianen deze twee gebeurtenissen, en ik zeide tot hen: "Laat ons nu terugkeren tot de mensen die u verloren hebt in de vliegtuigramp. Die mensen bevonden zich twee uur lang in dat vliegtuig, zonder iets te kunnen doen. Wij weten niet op welke wijze de genade van de Doop in hen tot leven werd gewekt, of welke gebeden zij tot God hebben gezegd, of hoe zij hun leven in gebed geëindigd hebben – wat anders niet gebeurd zou zijn, al hadden zij eeuwen van comfortabel leven gekend op aarde. Wij weten niet hoe zij hun leven beëindigd hebben, maar wij weten dat zij de genade van de Doop bezaten, dat zij niet goddeloos waren. Zij zullen het gevaar gezien hebben, en ik ben er zeker van dat zij gestorven zijn vol gebed, en dat hun dood vol zegen is geweest. Bovendien weten wij uit het onderricht van onze Vaders, dat God niet tweemaal oordeelt. De heilige Paulus zegt, dat als wij onszelf zouden oordelen, wij niet geoordeeld zullen worden, maar als wij onszelf niet oordelen, dan tuchtigt God ons, opdat wij niet met deze wereld verloren gaan. Dat wil zeggen, als God toestaat dat ons een ongeluk overkomt, dan betekent dit dat Hij ons spaart voor het ongeluk in het toekomende leven. Het eeuwige leven brengt rechtvaardigheid, en corrigeert al het onrecht van het aardse leven. Deze mensen hebben hun leven verloren vanwege een fout van de piloot, en ik ben er zeker van dat God hen iets beters zal schenken in het komende leven. Misschien vieren zij reeds feest in het Koninkrijk Gods, en wij die zijn achtergebleven betreuren hen, vanwege onze onwetendheid en onze aardse gezindheid." Achteraf kwam één van de mensen naar voren en zei tot mij: "Dank u wel. Nu ben ik getroost."

3

Het ontwaken van het hart door de vreze Gods

De gedachtenis aan de dood is een ontmoeting met Gods levende eeuwigheid, en dit raakt heel de mens op beslissende wijze, omdat het de hel toont van Gods afwezigheid in het hart van de mens, zijn geestelijke armoede openbaart, en de onvruchtbaarheid van zijn intellect. Deze smartelijke ervaring verwekt de vreze Gods, die zijn hart begint te omvangen en zijn gezindheid verandert. Evenals de gedachtenis aan de dood, is ook de vreze Gods die daarop volgt geen psychologisch gevoel, maar een geestelijke staat, een geschenk van de genade.

Elk soort contact met de eeuwigheid veroorzaakt een zekere vreze in de ziel, vooral in de eerste stadia, omdat de eeuwigheid buiten de mens zelf ligt. Zoals wij reeds gezegd hebben, verwekt de gedachtenis aan de dood een charismatische wanhoop, en dankzij deze wanhoop wordt hij bevrijd van de aantrekking van de hartstochten en de geschapen wereld. Op vergelijkbare wijze doet de vreze Gods, die teweeggebracht wordt door de goddelijke verlichting, de mens ontwaken uit de langdurige slaap van de zonde, en leidt hem tot nuchter inzicht.[1] Zijn hart wordt gesterkt, zodat hij met een standvastige wil de voorkeur geeft aan "de onzichtbare [dat is, de eeuwige] dingen", boven "de zichtbare [dat is, de tijdelijke] dingen".[2] En juist in deze keuze ligt de zin en de waarheid van het woord: "De vreze Gods is het begin der wijsheid".[3]

Wanneer de mens een dergelijke wijsheid bezit in zijn houding jegens God en Diens genadegaven, dan gaat hij een soort geestelijk verbond met Hem aan. Hij besluit, zich niet over te leveren aan de vergankelijkheid en de eeuwige dood die hem omringen, maar voor altijd het Aangezicht van de Allerhoogste te zoeken, en hij streeft

---

[1] Cf. "We Shall See Him", GK p.33, EN p.2 [zie o.a. ook 1Thess.5:7-8; 1Petr.1:13].
[2] Cf. 2Kor.4:18.
[3] Spr.1:7 (LXX).

ernaar "de goede en welgevallige en volmaakte wil van God"[4] te vervullen. In antwoord op deze goede intentie van de mens ontvangt hij de verlichting van het Aangezicht van Christus, wat zijn hart doet ontvlammen.

Innerlijk verlicht door de vreze Gods, verwerft de mens kennis van zijn waarachtige staat. Hij begint zichzelf te zien, zoals God hem ziet. Hij raakt ervan overtuigd, dat om hem heen de onaanvaardbare macht van de dood heerst en dat in hem het duister zetelt van de vergankelijkheid en de onwetendheid, in zulk een mate dat dit een pijnlijke marteling is voor zijn geest. Gaandeweg ontdekt hij de verborgen bedrieglijkheid en de slechte gedachten die in zijn hart nestelen, en hij beeft voor de mogelijkheid van zijn eeuwige ondergang.[5] Alhoewel hij niet in de positie is de Bron van het Licht rechtstreeks te aanschouwen, is hij nu wel in staat zijn benarde situatie in te schatten. Het belangrijkste is echter, dat hij niet wanhoopt bij deze gewaarwording van zijn erbarmelijke staat, aangezien dit niet het resultaat is van een psychologische analyse, maar de waardevolle vrucht van de werking van de goddelijke genade. Daardoor wordt hij er juist toe geïnspireerd zijn hart uit te storten in gebed, en samen te werken met God voor zijn reiniging en zijn genezing.

Reeds vanaf de eerste stadia van zijn verlichting en genezing krijgt de mens begrip van enkele waarheden. Hij beseft de onmetelijke grootheid van de Evangelische roeping, en de onbereikbare hoogte van de geboden des Heren, de wetten die Diens weg bepalen. Tevens wordt hij zich helder bewust van de mate van zijn eigen vuilheid. Hij wordt bevangen door de vreze dat hij misschien de goddelijke inzettingen zou overtreden, en hij verstaat dat de kruisiging onvermijdelijk is om te kunnen binnentreden in het Koninkrijk. De hoogte van dit doel, en het lijden dat verbonden is met de verwerkelijking daarvan, vergroten nog zijn vreze. Hart en intellect worden beheerst door de angstwekkende zorg de God der liefde niet onwaardig te blijken.[6]

Zoals de Heer de volmaaktheid van Zijn liefde getoond heeft

---

[4] Rom.12:2.
[5] Cf. "On Prayer", GK p.15-16, EN p.9.
[6] Ibid., GK p.250, EN p.117.

"door lijden",[7] zo moet ook zijn leerling, die verlangt binnen te komen in het hemels Koninkrijk, verdrukking en lijden verduren, opdat zijn hart gereinigd moge worden. Terwijl hij hier met volharding naar streeft, leert hij de onstandvastigheid kennen van zijn natuur. Hij blijkt niet in staat Christus, "Die ons eerst heeft liefgehad",[8] op standvastige wijze lief te hebben. Zo leert hij uit ervaring zijn zwakheid kennen, en raakt hij ervan verzekerd dat "iedere mens... een leugenaar" is,[9] want het lukt niemand om staande te blijven in dezelfde mate van liefde die hij gekend heeft.[10] Deze pijnlijke vaststelling intensiveert de goddelijke vreze die het hart verbreekt en vernedert – waardoor het geschikt wordt voor het ontvangen van Gods liefde.

De vreze Gods werkt in het hart op velerlei wijzen, afhankelijk van de diverse stadia van het geestelijk leven. In eerste instantie schenkt deze hem de wijsheid om de voorkeur te geven aan de eeuwige goederen, en de inspiratie om deze te zoeken. Vervolgens leidt dit hem tot het besef hoe zwak zijn natuur is, zodat hij leert Gods genade te bewaren.

De ijdele trots verbergt de plaats van het diepe hart.[11] De vreze Gods is dus noodzakelijk, om de mens te leren "geen hoge gedachten over zichzelf te koesteren, boven hetgeen men behoort te denken",[12] maar in nederigheid de gewaarwording van God in het hart levend te houden. Tenslotte, wanneer de grote liefde van Christus het hart vervult, functioneert de vreze Gods als bescherming. Deze vreze schenkt de mens de volmaakte nederige gezindheid, de diepe gewaarwording van de onwaardigheid van de mens voor het aanschijn van zulk een God, van de God der liefde – zoals Christus is. Dan doet de nederige dankbaarheid de volheid der goddelijke liefde steeds meer toenemen, totdat zich het grootste wonder voltrekt in de geschiedenis van de wereld: "God wordt één met de mens".[13]

Naar de mate waarin de mens de vreze Gods bezit, kan hij ook

---

[7] Heb.2:10.
[8] 1Joh.4:19.
[9] LXX Ps.115:2 (116:11).
[10] "Saint Silouan", GK p.317, EN p.241.
[11] Cf. "On Prayer", GK p.18-19, EN p.11.
[12] Rom.12:3.
[13] "On Prayer", GK p.231, EN p.103.

liefhebben. Hierin lijkt hij op de Cherubim, die elkaar pogen te overtreffen in godwelgevallige vreze, opdat zij de Heer des te meer mogen liefhebben, met geheel hun wezen. Zowel de vreze als de liefde dienen de mens te vergezellen gedurende heel zijn leven, om zulk een hart te kunnen bewaren dat God welgevallig is, en waarin de Geest des Heren kan rusten.

De vreze Gods is tot op zekere hoogte natuurlijk voor de mens die de goddelijke genade niet heeft gesmaakt, omdat hij de maat niet kent van de nederigheid, de zachtmoedigheid en de liefde des Heren. Niettemin, zelfs wanneer intellect en hart worden weggevoerd tot de lichtdragende oneindigheid van de Hemel, en de mens vervolgens terugkeert van het hoogfeest der goddelijke liefde tot de dagelijkse werkelijkheid, dan wordt hij wederom bevangen door de vreze, met de gedachte: "Zal Hij Die is weggegaan, ooit nog terugkeren?"[14]

In het begin vreest de mens, omdat hij niet vertrouwd is met de barmhartigheid des Heren. Doch wanneer hij de mate van Diens medelijden kent, dan beeft hij in verbrokenheid vanwege de leemte die Diens volstrekte afwezigheid zou veroorzaken. Dit is de volmaakte vreze der rechtvaardigen. De Heiligen, na hun vervoering en het zien van het Goddelijk Licht, worden bevrijd van de vrees voor de dood. Toch bewaren zij de wijsheid daarvan, opdat zij ook nu niet overmatig vrijmoedig zullen zijn, en aldus kunnen zij onwankelbaar blijven staan voor het aanschijn des Heren. De nederigheid van de volmaakte vreze bewaart dus de genadegave Gods, en verzamelt in het hart de schat van de geestelijke kennis.

De heilige vreze houdt het hart van de gelovige in bezit gedurende heel zijn tocht in het voetspoor van de Heer. Bij elke trede van de geestelijke opgang gaat deze vreze vooraf aan de liefde, en altijd volgt zij daarop als een nog diepere nederigheid. En wanneer de mens uiteindelijk verwaardigd wordt het Aangezicht des Heren te zien, dan wordt hij geheel in beslag genomen door dit tweevoudige en gezonde gevoel van vreze en liefde. Hij vreest, omdat de Heer de Formeerder van alles is, Wiens heiligheid onbereikbaar is. Hij heeft lief, omdat God de albarmhartige Vader is, Die Zich vanuit de hoogte van Zijn

---

[14] Ibid., GK p.21, 231, EN p.13, 103; "Saint Silouan", GK p.619-620, EN p.502, NL p.524.

heerlijkheid nederbuigt om te wonen in het hart van de mens.[15] Doch zoals Johannes, de grote leerling der liefde, getuigt: Deze volmaakte liefde verdrijft de onvolmaakte vreze, waarin "marteling" is.[16]

Wij zien dus, dat de goddelijke vreze het hart van de mens doet ontwaken, dit cultiveert, en het vervolmaakt door de goddelijke liefde, opdat het in staat zal zijn de kostbare schat te ontvangen van de kennis en de wijsheid Gods. Zonder een hart dat is wedergeboren, is de mens "ijdel in zijn overleggingen"[17] en betoont hij zich onwaardig om wijsheid te verwerven.[18]

Ook als de goede stemming van de mens zuivere drijfveren heeft, dan raadt de vreze Gods hem altijd een wijze ingetogenheid te bewaren, overeenkomstig het woord: "Dient de Heer in vreze, en jubelt voor Hem met beving."[19] Terwijl hij aldus wijs wandelt op deze aarde in de vreze Gods, volbrengt hij heiligheid van dag tot dag, en ontvangt hij het erfdeel Gods overeenkomstig Diens onveranderlijke belofte: "Gij, o God... schenkt het erfdeel aan hen die Uw Naam vrezen".[20]

Zelfs tijdens de grootse ogenblikken van het bezoek van God en de vervoering door Zijn genade, wordt de mens erin onderricht zijn enthousiasme discreet te beperken, door in alle nederigheid de vreze Gods te bewaren. Aldus blijft hij onbevlekt door de menselijke overmoed, terwijl hij voortgaat in het welbehagen van Gods bezoeken. "Op wie zal ik achtslaan, dan op hem die nederig is en stil, en die beeft bij Mijn woorden," zegt de Heer.[21] De heilige Johannes van de Sinaï, die maant tot matigheid tijdens die grote momenten waarin de mens bezocht wordt door Gods genade, geeft de volgende raad: "Wees niet vrijmoedig, zelfs al hebt gij de reinheid verworven, doch nader veeleer in grote nederigheid, en gij zult nog grotere vrijmoedigheid ontvangen".[22] Ongelukkerwijze, wanneer de onwetendheid en de hoogmoed de overhand hebben in de mens, kunnen de genadegaven van de Heilige Geest een gevaarlijk wapen worden.

---

[15] Zie "Saint Silouan", GK p.235-236, 381, EN p.177-178, 296, NL p.196, 317.
[16] 1Joh.4:18.
[17] Cf. Rom.1:21.
[18] Cf. Spr.17:16.
[19] LXX Ps.2:11.
[20] LXX Ps.60:6 (61:5/6).
[21] Jes.66:2 (LXX).
[22] "The Ladder", Step 28:12, p.214.

4

Het ontwaken van het hart door
het dragen van de schande
in het Mysterie van de Biecht

e Eerstgeschapenen in het Paradijs "waren beiden naakt... en zij schaamden zich niet".[1] Zij droegen het kleed der onvergankelijkheid en hun geest was gericht op God, hun Oerbeeld. Doch toen de blik van Adam stilhield bij de geschapen wereld en hij vervolgens Gods gebod overtrad, raakten zij ontbloot van het lichtende kleed van de goddelijke adem – "hun beider ogen werden geopend, en zij bemerkten dat zij naakt waren, en zij hechtten vijgebladeren aaneen en maakten zich lendegordels."[2] De schaamte kwam in hun leven en zij verloren hun geestelijke eer. De aanwezigheid van de weldoende God was voor hen ondraaglijk geworden, en dus "verborgen [zij zich] voor het aangezicht van de Heer God".[3] 's Mensen verwijdering van God, en zijn vervreemding van Diens leven, bereikten het punt dat de mens ging lijken op het redeloze vee,[4] en in zijn verharde hart zeide hij: "Er is geen God".[5]

Door de val van Adam werd de natuur van de mens dodelijk gewond, zelfs in het Paradijs. Hij raakte onderworpen aan de vergankelijkheid en de dood. En daarom kwam Christus om deze ziekte van de menselijke natuur te genezen. Hij kwam op nederige wijze, als mens, en Hij nam ónze schande op Zich, terwijl Hij ons door Zijn Opstanding wederom bekleedde met het heilige en onbevlekte gewaad van Zijn heerlijkheid, zonder "smet of rimpel".[6] Hij liet niet het minste spoor van schaamte en schande op ons achter,

---

[1] Gen.2:25.
[2] Gen.3:7 (LXX).
[3] Gen.3:8.
[4] LXX Ps.48:13 (49:12/13).
[5] LXX Ps.13(14):1.
[6] Ef.5:27.

want al "de smaadheden van hen die Hem smaadden vielen op Hem", zoals de Schrift zegt.[7]

In Zijn groot verlangen naar onze genezing en ons heil heeft Christus Zichzelf niet gespaard. "Om de vreugde die voor Hem lag, heeft Hij het kruis verdragen, de schande verachtende".[8] Met andere woorden, door de schande van het kruis te verdragen, heeft Christus ónze schande uitgewist en ons behouden. Hij traceerde op aarde Zijn nederige weg, opdat degenen die deze volgen volledig genezen worden. En het is de Heer Zelf, Die al de zondaars tot bekering roept, en allen "die er slecht aan toe zijn".[9] Deze bekering, het middel tot genezing en heil, is dus onverbrekelijk verbonden met de weg des Heren, die loopt via het vrijwillig aanvaarden van de schande.

Maar wil de mens zich bekeren en genezen worden van de zonde, dan dient hij om te beginnen zijn zonde te kennen. Verre zijnde van God bevindt hij zich in het duister, en het is hem onmogelijk de maat van zijn val te bevatten. Doch wanneer hij een woord van God aanvaardt met geloof in Christus, dan ontvangt hij tegelijkertijd in zijn hart het hemelse vuur van de goddelijke genade. Dan wordt hij verlicht en verwerft hij een nieuwe visie. De uitwerking van deze visie is tweevoudig. Enerzijds vormt dit vuur in het hart van de gelovige het hemelse beeld van het Woord "[Dat] hem geschapen heeft", en anderzijds openbaart het de geestelijke armoede en de afgrond der duisternis, waarin de gevallen mens zich bevindt. Dit schouwen is een wonderbaarlijk geschenk van de hemel en het houdt nimmer op de mens te inspireren tot berouwvolle bekering. Het verwekt in hem de dorst "alle vuil en overvloed van kwaad"[10] van zich af te werpen, en in bekering terug te keren tot het Huis van de Vader "Die in de hemelen is".

Het voornaamste obstakel voor de verlichting en de tweevoudige visie, die wij hierboven hebben genoemd, is de hoogmoed. Deze maakt dat het hart versteent en het geestelijk zicht van de ziel zijn scherpte verliest, zodat de mens geen inzicht meer heeft in de metafysische aard en dimensie van zijn zonde – want wie hoogmoedig

---

[7] Cf. Rom.15:3, LXX Ps.68:10 (69:9/10).
[8] Cf. Heb.12:2.
[9] Cf. Mat.9:12.
[10] Jak.1:21.

is kan niet liefhebben. De hoogmoed isoleert de mens in zichzelf en maakt hem dronken van het genot van de luciferische zelf-vergoddelijking. Dit leidt hem tot een neerslachtig makende leegte, en hij wordt tot krijgsgevangene van de hel, en zelfs van de waanzin. De mens wordt dan zodanig getiranniseerd door de geweldige kracht van de hartstocht der hoogmoed, dat hij een toevlucht zoekt buiten zichzelf. En terwijl hij zoekt naar compensatie voor zijn innerlijke woestenij in de wereld die hem omringt, verzinkt hij in steeds grotere ontaarding en vernietiging, waardoor hij tenslotte in staat is tot elke misdaad en zonde.[11]

In deze tragische staat komt de mens voor het volgende dilemma te staan: Ofwel zich te verbergen "voor het Aangezicht van de Heer, zijn God"[12] en te "sterven in zijn zonden",[13] daar hij het gewicht van de schaamte voor zijn zondigheid niet kan dragen; ofwel zijn verdorven rede, die zijn val rechtvaardigt, van zich af te werpen en Christus' roep tot bekering te aanvaarden.[14] Het aanvaarden van het woord van de Heer, zoals wij hierboven uiteen hebben gezet, brengt de verlichting met genoemde tweevoudige visie en gewaarwording: Enerzijds de heiligheid en de onbevlekte liefde van Christus, ander-zijds de schrikwekkende duisternis van de zonde en de misleiding door de hartstochten.

Deze verlichting door de genade schenkt de ziel niet slechts dit schouwen, maar geeft de mens ook de kracht tot de sprong van de belijdenis.[15] De Heer zegt: "Zo wie in Mij zal belijden in tegenwoor-digheid der mensen, ook Ik zal in hem belijden in tegenwoordigheid van Mijn Vader, Die in de hemelen is".[16] Doch tegelijkertijd waar-schuwt Hij: "Zo wie zich zou schamen voor Mij en mijn woorden, in dit overspelig en zondig geslacht, voor hem zal ook de Zoon des mensen Zich schamen, wanneer Hij komt in de heerlijkheid van Zijn Vader".[17] Met andere woorden, als iemand zich schaamt Christus

---

[11] Cf. "We Shall See Him", GK p.46-47, EN p.30.
[12] Cf. Gen.3:8.
[13] Cf. Joh.8:24.
[14] Cf. Mt.4:17; "On Prayer", GK p.138, EN p.133.
[15] Cf. 1Joh.1:9.
[16] Mt.10:32. [De minder gebruikelijke vertaling 'in Mij' en 'in hem' volgt de Griekse tekst. Zie "Remember Thy First Love", hfst.1, EN noot 16.]
[17] Mk.8:38.

te aanvaarden als zijn gekruisigde God en Heiland, en het woord van het Kruis – het Evangelie van Christus – als kracht Gods "tot heil voor allen die geloven",[18] dan zal ook Christus Zich schamen hem te ontvangen op de dag van Zijn Wederkomst in heerlijkheid.

Uit de woorden van de Heer blijkt, dat de belijdenis en het opnemen van het Kruis des Heren – hetgeen verwerkelijkt wordt door inlijving in het Lichaam van Christus, doch zijn uitdrukking vindt in de wereld die "in boosheid" ligt[19] – gepaard gaat met schande. De weg is moeizaam, maar heeft grote kracht en brengt het eeuwige heil. Christus eert de mens en stelt hem gelijk aan Zichzelf, door dit voorstel Hem te belijden. Evenzo, als de mens Hem verloochent, dan zal ook Hijzelf op Zijn beurt de mens verloochenen. Dit oordeel, hoe streng het ook mag lijken, is tegelijkertijd ook zeer welwillend. De mens is een dienstknecht, terwijl Christus de Heer van allen is. De strengheid van dit oordeel is bedoeld om ons te inspireren met vreze, en ons zo te behouden van de schande van veroordeling en vernietiging. Zijn welwillendheid, aan de andere kant, verwekt in ons de schaamte van de dankbaarheid voor het grote geschenk van het heil, zodat wij er eervol naar streven de schande van de ondankbaarheid te vermijden. De schaamte en de smaad die iemand wacht, die in zijn leven het kruis van Christus op zich neemt, leidt tot zijn erkenning door de Heer, en wordt omgevormd tot de genade van de aanneming tot zonen en de kracht van het onvernietigbare leven in het Koninkrijk van de Vader en Zijn engelen.

De gelovige, zodra hij zijn wetteloosheid inziet, verbergt deze niet, maar "tegen zichzelf bekent hij zijn wetteloosheid voor de Heer".[20] Voor de schaamte die hij op zich neemt door deze daad van bekering, vergeeft de Heer "de goddeloosheid van zijn hart" en Hij hernieuwt hem door de genade van het eeuwige heil. Hoe dieper de schaamte die het bekennen van de zonden in de biecht vergezelt, des te groter zal de kracht en de genade zijn die de gelovige ontvangt tot hernieuwing van zijn leven. De eeuwenlange traditie tot aan onze dagen toe, getuigt van de waarheid hiervan.

---

[18] Rom.1:16.
[19] 1Joh.5:19.
[20] Cf. LXX Ps.31(32):5.

De schaamte in het Mysterie van de Biecht is niet alleen gezond en natuurlijk, maar bevestigt tevens dat deze daad van bekering voortkomt uit het hart van de mens – dat deze vrijwillig is en van een diepe nederigheid. Wie biecht in waarachtige bekering, neemt heel de verantwoordelijkheid voor zijn overtredingen op zich en rechtvaardigt zichzelf niet, zoals Adam in het Paradijs. Hij werpt de schuld niet op God of op zijn naaste, maar hij draagt nederig en manmoedig de schande van zijn zonden. Deze daad van vroomheid geneest de mens van het kwaadaardige gezwel der hoogmoed, en brengt de gelovige tot nederigheid. En het is deze nederigheid, die Gods genezende genade aantrekt, volgens het Schriftwoord: "God weerstaat de hoogmoedigen, doch de nederigen geeft Hij genade".[21]

Het is werkelijk verbazingwekkend hoe deze schaamte door Gods genade tot een kracht wordt die de hartstochten en de zonde overwint! Doch laat ons bezien, hoe het komt dat deze houding in de biecht de mens plaatst op de weg des levens.

De perikoop van het Evangelie aangaande de ontmoeting van Zachéüs met de Heer werpt ten volle licht op dit onderwerp.[22] Deze vooraanstaande mens, een oppertollenaar en een rijk man, werd beheerst door het verlangen "Jezus te zien, wie Hij was". Dit was een moeilijke onderneming, vanwege de menigte en omdat hij klein van gestalte was. Uit vrije wil aanvaardde Zachéüs de schande, in de mogelijkheid dat hij tot spot van de menigte zou worden – om Jezus te zien "klom hij in een wilde vijgeboom". Toen de Heer die plaats bereikte, merkte Hij Zachéüs op. Hij riep hem uit de boom naar beneden om hem te ontmoeten. Hij bewees hem zelfs de eer hem in zijn huis te bezoeken en bij hem te verblijven. En het resultaat van dit bezoek was verbazingwekkend en wonderlijk. De menigte werd vergeten; Zachéüs beterde zich. Het onrecht van de wetteloosheden van het verleden werd op rechtvaardige wijze "viervoudig" hersteld. En door de woorden van Christus, onze God en Heiland, zijn wij ervan verzekerd dat "heil geschied" is aan het huis van Zachéüs.

Doch hoe werd de kracht van dit wonder bewerkt? Hoe veranderde deze onrechtvaardige oppertollenaar in een rechtvaardig mens, bij wie Gods welbehagen een rustplaats vond, en wiens huis

---

[21] Spr.3:34 (LXX); 1Petr.5:5.
[22] Cf. Lk.19:1-10.

bekroond werd met de vrede van Jezus? Het is zeer eenvoudig:
Zachéüs trotseerde de goede opinie van de menigte en nam de
schande op zich omwille van Christus. Juist dit maakte dat de Heer
hem opmerkte, want Hij zag in Zachéüs een zekere geestelijke verwantschap met Zichzelf. De Heer was toen op weg naar Jeruzalem
om smaad te dragen en te lijden voor het heil der wereld. Hij ging
op tot het Kruis der schande; maar ook Zachéüs plaatste zichzelf
op profetische wijze op de weg van Christus, door de schande te
verduren. Aldus, in zijn verlangen naar het heil, ontmoette hij in
de Persoon van de Heer niet alleen een metgezel, maar zelfs een
tafelgenoot in zijn huis. Het bezoek van de Heer bracht "viervoudige" vrede en genade in zijn hart, zodat hij zijn leven beterde.
De uitdrukking "viervoudig" betekent hier niets anders dan de
inwijding van Zachéüs in het mysterie van de diepte, de hoogte, de
lengte, en de breedte, van het Kruis van Christus.[23] Met andere
woorden, doordat Zachéüs zich plaatste op de weg des Heren
ontving hij de "viervoudige" uitbreiding van het hart – dat is, hij
werd wedergeboren in de oneindigheid van het goddelijk leven. In
het voorbeeld van de Tollenaar en van de Verloren zoon onderricht het Evangelie ons in deze zelfde nederige weg.

Al de rechtvaardigen van het Oude Testament kenden dit aspect
van het mysterie van het Kruis op profetische wijze. Toen bijvoorbeeld de jonge en rechtvaardige koning van Israël, Josia, voor de
eerste maal het Boek der Wet las, dat hij voorheen niet kende, raakte
hij in grote vertwijfeling en "hij scheurde zijn klederen".[24] Hij werd
zich bewust van de afvalligheid van Israël van de weg hunner vaderen, en van de aanstaande toorn van God daarover. Dus zond hij
vertegenwoordigers naar de profetes Hulda, om de wil des Heren
te leren voor hemzelf en voor zijn volk. Toen profeteerde die rechtvaardige vrouw, dat de rampen en de toorn Gods inderdaad over
het afvallige volk zouden komen. Doch over de koning zeide zij, dat
de Heer hem had vergeven, daar hij geloofd had in de woorden van
het Boek der Wet en "zijn hart week was geworden, en hij beschaamd
was voor het aangezicht des Heren... en geweend had".[25] Daarom

---

[23] Cf. Ef.3:18.
[24] Cf. 2Kon.22:11 (LXX 4 Kon.).
[25] Cf. 2Kon.22:19 (LXX 4 Kon.); 2Kron.34:27 (LXX).

zou hij het komende kwaad niet zien, maar in vrede heengaan tot zijn graf om verenigd te worden met zijn vaderen. Aldus, door de diepe beschaamdheid van zijn hart, werd de koning behouden en werd hij door het oordeel des Heren gerechtvaardigd.[26]

Christus, in zijn verlangen naar ons heil, heeft Zichzelf niet gespaard. Zoals de Schrift zegt: "De smaadheden van hen die Hem smaadden zijn op Hem gevallen";[27] en dit geschiedde "buiten de legerplaats"[28] – met andere woorden, de smaadheid van de Heer omwille van ons heil was volkomen. Op vergelijkbare wijze, wanneer wij in de biecht de smaad van onze zonden op ons nemen, verlaten ook wij "de legerplaats" van deze wereld – haar goede opinie en haar gezindheid – en aldus "brengen wij een voortdurend offer van lof aan God".[29] Op deze wijze drukt de gelovige zijn dankbaarheid uit jegens de Oorzaak van zijn heil, en plaatst hij zichzelf op de weg des Heren – en zo ontmoet hij de Heer, die Zelf de Weg is. En dan maakt de Heer, de barmhartige Metgezel der bekeerlingen, hem deel-genoot aan Zijn genade, en hernieuwt zijn leven.

De Vaders zeggen, dat degene die uit vrije wil zichzelf berispt, zich haast naar het Lijden van Christus. Het meest tekenende voor-beeld hiervan is de goede rover. Door zijn zelfberisping werd zijn persoonlijke kruis omgevormd tot het Kruis van Christus, en nog diezelfde dag vond hij zijn behoud. De waarachtige zelfberisping geeft te allen tijde alle heerlijkheid aan God, en erkent dat de smaad toekomt aan de gevallen mens: "God zij waarachtig, doch iedere mens is leugenachtig".[30] Het hart van de mens die in bekering leeft is vervuld van dankbaarheid, in het besef "dat Christus voor ons gestorven is, toen wij nog zondaars waren".[31]

Vóór de bekering zijn al de natuurlijke vermogens van de mens gericht tot de aarde "waaruit hij genomen was". Zijn hart is verhard. Zijn intellect is verstrooid over de schepping en daaraan gehecht. In zich draagt hij de leegte van zijn onvervulde bestemming. En dit alles leidt hem tot de afgrond van het niets. Doch de waarachtige

---

[26] Ibid..
[27] Cf. Rom.15:3, LXX Ps.68:10 (69:9/10).
[28] Heb.13:13.
[29] Heb.13:15.
[30] Rom.3:4.
[31] Rom.5:8.

bekering en de nederige belijdenis gaan altijd gepaard met de verbrokenheid van het hart, die werkt als een diepe pijn over de schande van de Val. Deze pijn, tezamen met de schaamte en de erkenning van zijn eigen zonde, ploegen de braakliggende aarde van het hart om, en ontwortelen daar de "hartstochten der oneer". Zo worden de vermogens van de ziel genezen en verenigd om het gebod van de goddelijke liefde te vervullen, en voor het aanschijn des Heren te staan "in geest en waarheid".[32] De mens die op deze wijze voor de Heer staat, in vreze en liefde, zal tenslotte de volmaakte genade ontvangen, die zijn hart uitbreid om heel het geslacht der mensen te omvatten en voorbede te doen bij God voor het heil van heel de wereld. Door deze vervulling van de twee grote geboden der liefde, worden in ons de fundamenten gelegd voor de tempel Gods, opdat de Geest Gods daarin Zijn woning moge maken.

De kern van dit alles is dit: Het dragen van de schande omwille van Christus wordt ons door God toegerekend als een offer van dankbaarheid jegens Hem, Die ons behouden heeft door het Kruis der schande. En in antwoord op onze dankbaarheid komt Hij tot ons, en maakt Hij ons deelgenoot aan Zijn leven. Dus door dit offer van schaamte verwerven wij onze verlossing.

Wanneer ik mensen zie biechten in alle oprechtheid en met schaamte, dan zou ik mijzelf onder de aarde willen verbergen – dan voel ik mij nog meer vernederd dan zij. (Ik ben vol vreze, dat ik misschien het werk van God zal hinderen.) Want ik weet dat op dat ogenblik, in hun schaamte en berouwvolle bekering, de hand van God op hen is – heel de hemel staat aan hun kant. Zij vinden rijke genade voor hun oprechte en nederige belijdenis, en zij worden waarlijk herboren.

Vragen & Antwoorden

Vraag 1: Is er iets specifieks wat wij kunnen doen voor onszelf, en om onze parochianen aan te moedigen op zodanige wijze dat hun biecht effectiever zal zijn, en hen meer heil zal schenken.

---

[32] Joh.4:24.

Antwoord 1: Als de mensen begrijpen waarom deze schaamte wordt omgevormd tot kracht tegen de zonde en de hartstochten, dan scheppen zij moed in de biecht, en dan bevestigen zij deze waarheid uit eigen ervaring.

Ooit sprak ik tijdens een ontmoeting van geestelijke vaders in Limassol, Cyprus, en de titel van mijn voordracht was "De omvorming van de schaamte tot kracht tegen de hartstochten in het Mysterie van de Biecht". Ik sprak uitgebreid over deze kwestie en ik herinner me, hoe achteraf iemand naar mij toekwam en zei: "Nu wil ik biechten!" Natuurlijk, wij hebben het er allemaal moeilijk mee te biechten; dit is niet gemakkelijk. Ik ben zestig jaar oud, en elke keer wanneer ik ga biechten vind ik het weer moeilijk. Ik moet ingaan tegen heel mijn wezen. Maar welk een bevrijding voel ik, wanneer het afgedaan en voorbij is! Het is voor ons allemaal moeilijk, maar het is de moeite waard, omdat er daarna zulk een genade en vrijheid is.

Vraag 2: Wij hebben mensen die naar ons toekomen voor het Mysterie van de Biecht; gij ziet hen wenen, zij vernederen zich, enzovoort. Maar zij komen weer terug, en wederom, en wederom, en wederom. En gij krijgt zo genoeg van dit 'wederom'. Wat zou uw advies zijn voor mij als priester, hoe met een dergelijke uitdaging om te gaan?

Antwoord 2: Er bestaan verschillende praktijken. Ik weet dat sommige geestelijke vaders de mensen doen ophouden naar hen toe te komen, wanneer zij zien dat het vruchteloos is, en zij zeggen tot hen: "Vind iemand anders; ik kan dit niet meer". Wij hebben allemaal zulke gevallen. Maar wij kunnen ook keer op keer arbeiden met een woord van vertroosting. En het moment komt, dat mensen in hun hart worden geraakt door een besef van eerloosheid en werkelijke schaamte, en zij beginnen vooruitgang te maken. Wij moeten niet vergeten, dat het dienstwerk van de priester een dienst van vertroosting is. In het Oude Testament zegt God bij monde van Jesaja, Zijn profeet: "Priesters, troost mijn volk".[33] Ik denk, dat als wij geduld hebben en hen troosten, en de zaak aan hen uitleggen, zijzelf op een punt zullen komen waarop zij voelen dat zij ofwel meer moeite moeten doen en hun probleem overwinnen, ofwel ermee op

---

[33] Cf. Jes.40:1-2 (LXX), zie ook Jes.61:1-2.

moeten houden naar ons toe te komen. Maar van onze kant moet er altijd een inspanning zijn om te onderrichten, te troosten, en ook om te waarschuwen. Vader Sophrony vermaande ons zelden; maar als hij hoogmoed in ons bespeurde, dan waren zijn woorden zeer zacht, maar zij konden beenderen breken. In al het andere was hij zeer toegeeflijk, maar hij wist dat de hoogmoed het begin van het einde is, en dat alles verloren zou zijn als hij ons niet corrigeerde. Hij deed dat jegens mij tweemaal – hoezeer voelde ik mij achteraf gereinigd! Welk een vertroosting en lichtheid had ik daarna in het gebed – het was werkelijk een grondige wasbeurt!

Er bestaan vele praktijken. Als ik mij zou houden aan de criteria van de Griekse geestelijke vaders, dan denk ik dat ik beslist verloren zou gaan. Zij zijn strenger – misschien niet allemaal, maar in het algemeen. Hier in het Westen echter, vanwege de bijzondere moeilijkheden van het leven en de omstandigheden van de mensen en de wereld om hen heen, moeten wij meer toegevend en geduldig zijn. Maar het is goed om de regels van de Kerk te kennen, bijvoorbeeld, dat een bepaalde zonde bestraft wordt met twee jaar uitsluiting van de Heilige Communie. Niemand kan deze regels meer letterlijk toepassen, maar het is zeer belangrijk ze te kennen, omdat ze de maat weerspiegelen van de afsterving van de ziel, na het begaan van bepaalde zonden. De tijd kan uiteraard worden verkort, in alle gevallen, afhankelijk van de berouwvolle bekering van de persoon, en van de instelling en bereidheid van de priester om met die persoon mee te werken. Alles kan worden versneld als de priester met de boeteling meewerkt en voor hem bidt. Ik besef nu, dat wanneer wij priesters voor onszelf bidden, God ons niet verhoort – Hij kan net zo doof zijn als ik. Maar als wij voor andere mensen bidden, dan antwoordt Hij zeer vlug, wat aantoont dat dit de waarachtige aard is van onze bediening. Het is zeer belangrijk en zeer waardevol als wij bidden voor de mensen, en aandacht aan hen schenken. Als de geestelijke vader bereid is om zij aan zij te werken met iemand die zich bekeert, dan wordt het genezingsproces enorm versneld. Maar er zijn vele factoren. In de natuurkunde bestaan er verschillende formules voor de natuurwetten; er worden constanten toegevoegd, zodat de formule onder bepaalde omstandigheden op de ene wijze uitkomt, en onder andere omstandigheden op een andere manier. Ditzelfde geldt voor de geestelijke verschijnselen, het gaat slechts om andere constanten die wij in gedachten moeten houden, zoals de bereidheid en de zorg van de priester; en deze zijn zeer belangrijk.

Vraag 3: Wij hebben veel mensen die herhaaldelijk blijven terugkomen, en steeds weer dezelfde zonde biechten. Mijn vraag is: "Wie faalt hier?" Zijn zij dat, of zijn wij dat? Zijn wij werkelijk niet in staat hun geestelijke probleem te lezen, of de reden of de oorzaak van dit falen? Waarom komen mensen naar ons terug die duidelijk niet verzoend zijn? Zij behalen geen overwinning door de biecht, en zij blijven terugkomen met hetzelfde.

Antwoord 3: Het is niet dat zij niet verzoend zijn, maar "oude gewoonten sterven met moeite", zoals wij in het Engels zeggen, en bepaalde wonden hebben tijd nodig om te genezen. Ik denk, dat als zij slechts een klein beetje ernst maken met de kwestie, de biecht helpt, ook al vallen zij misschien terug. Het is zoals wanneer wij de akkers wieden: Wij trekken het onkruid uit, en het komt weer op; maar het is beter dit regelmatig te doen, dan het onkruid te laten opgroeien zodat het de tarwe verstikt. Zij maken er misschien minder ernst mee dan wij van hen zouden willen en verwachten, maar er is iets in hen, dat maakt dat zij steeds weer naar ons terugkeren – en ik ben er zeker van dat God zelfs dat aanvaardt.

Vergeef mij dat ik mijzelf herhaal, maar wij moeten in gedachten houden dat wij als priesters vertroosting zouden moeten schenken aan de mensen. Vanaf het Oude Testament tot nu toe was dat de taak van de priester. Ik herinner me dat ik een vriend had, een student, die van plan was priester te worden. Hij ging naar een oude Russische wijze toe, om hem te vragen wat ervoor nodig is om priester te zijn. Die wijze man zei hem zeer eenvoudig: "Twee dingen: God lief te hebben, en de mensen lief te hebben."

Vraag 4: Kunt u in het kort het verschil beschrijven tussen schaamte en nederigheid?
Antwoord 4: Ik denk dat de schaamte voorafgaat aan de nederigheid, en de nederigheid teweegbrengt, vooral wanneer het een kwestie is van gehoorzaamheid aan Gods woord en gebod. Er is geen verwarring; wij doen geen van deze dingen om psychologische redenen.

Wij willen verzoend worden met God Zelf; wij willen de "scheids-muur"[34] omverwerpen tussen God en onszelf. Koning Josia, die wij eerder hebben genoemd, werd behouden vanwege de schaamte die hij in zijn hart voelde; heel het volk zou gestraft worden, behalve hijzelf. Met andere woorden, de schaamte gaat vooraf aan de nederig-heid omdat dit het hart doet deelnemen, het hart vernedert, en de genade aantrekt die ons rechtvaardigt.

Vraag 5: De meeste boetelingen van wie ik de biecht hoor beginnen met het uitspreken van hun zonde, en dan volgt de uit-drukking dat zij "beter hun best zullen doen". Welke woorden kunt u ons geven om de persoon te helpen zich af te wenden van zijn eigen wil – "beter zijn best te doen" – en in plaats daarvan te ver-trouwen op de barmhartigheid en de liefde van God?

Antwoord 5: Ik denk dat het niet verkeerd is, dat zij deze gedachte hebben om beter hun best te doen, want alle dingen in ons Christelijk leven zijn een samenwerking tussen de goddelijke en de menselijke factor. De goddelijke factor is oneindig groot, en de menselijke factor is oneindig klein; maar niettemin kan de goddelijke factor niets doen, zonder de bijdrage van de menselijke factor. Zeg hen dus, dat het goed is dat zij beter hun best willen doen, maar dat dit uiterst miniem is. Zij dienen God te smeken en zichzelf te vernederen om de oneindig grote factor aan te trekken van de goddelijke barmhartigheid.

Vraag 6: U hebt gesproken over het priesterschap als een dienstwerk van vertroosting, maar ik vraag mij af, specifiek wat het Mysterie van de Biecht betreft, hoe te wandelen op die subtiele grens tussen vertroosting en toch niet de schaamte te verkleinen – niet de schaamte te verminderen, en daarmee de kracht die de berouwvolle mensen daaraan kunnen ontlenen.

Antwoord 6: Een zeer goede vraag! Ooit zei vader Sophrony tegen mij: "Het werk van een geestelijke vader is ondankbaar als hij de mensen moet aanzetten; maar het wordt aangenaam en een vreugde, wanneer de mensen geïnspireerd zijn. Dan dient hij vooral hun ijver te temperen, wat veel gemakkelijker is dan de ijver in hen

---

[34] Ef.2:14.

op te wekken." Daarom, als gij ziet dat de mensen die komen biechten vol schaamte zijn, en berouw hebben en gebroken zijn, dan kunt gij uiteraard niets anders doen dan hen troosten. Dat is hoe God met ons handelt. Maar als gij ziet dat zij verhard zijn, dan kunt gij een ernstig woord spreken in de hoop dat dit misschien hun hart zal raken. Het hangt ervan af, maar als iemand komt vol berouw, en hij beschuldigt zichzelf voor Gods aanschijn, dan is hij reeds door God gerechtvaardigd – en dan kan ik niets anders doen dan zelf hem rechtvaardigen, door een goed en bemoedigend woord tot hem te spreken. Doch als iemand naar mij toekomt en zegt: "Ach! Niets ernstigs, Vader, de gewone dingen...", en zijn schouders ophaalt, niet veel zegt en zich gedraagt alsof de zonde natuurlijk is, dan moet ik iets zeggen – hem zachtjes waarschuwen dat zijn hart het gevaar loopt doods en hard te worden, en niet in staat Gods heil te ontvangen. Er zijn geen recepten; op dat ogenblik moet uw éne oor naar de hemel gericht zijn, en het andere naar de persoon vóór u, en gij moet in gebed vragen dat God u een woord mag geven. En vaak verrast God ons, en Hij beschaamt ons met de spoed van Zijn antwoord op ons gebed – en hoe er woorden tot ons komen, in de verrichting van ons dienstwerk, die nimmer in onze gedachten of ons hart waren opgekomen.

Vraag 7: Is het ooit passend, is er enige ruimte of plaats om erop terug te komen? Als iemand bij u komt biechten, en het onderwerp van de biecht is zeer ernstig, bestaat er een gelegenheid waarbij het raadzaam zou zijn, in die situatie, om hen op te bellen en na te gaan hoe het met hen gaat?

Antwoord 7: Ik denk van wel. Er zijn bepaalde dingen die zeer smartelijk zijn, en die wij niet kunnen negeren. Maar wij moeten drie dingen in gedachten houden. Allereerst moeten wij denken aan onze verantwoordelijkheid jegens God, want wij staan voor Zijn rechterstoel. Ten tweede staan wij ook voor de rechterstoel van de Kerk, en de Kerk als Lichaam heeft haar regels, Haar inzettingen. Ten derde moeten wij de persoon van de biechteling in gedachten houden. Wij zijn niet geheel vrij de zaak te beslissen zoals wij dat zouden willen, om de persoon tot het einde toe te helpen, vooral als de zonde bij velen bekend is. In dat geval moeten wij zeer voorzichtig zijn, omdat wij dan niet vrijelijk kunnen spreken. Maar u hebt gelijk, er is een zekere tijd nodig voordat wij erop terugkomen. Als er bijvoorbeeld iemand komt die op zeer pijnlijke wijze veelvuldig gevallen is en vele wonden heeft, dan zouden wij kunnen zeggen: "Komt over een maand terug om mij te zien," en dan kunnen wij tenminste zien wat er in die maand gebeurt. Wij hebben allemaal de neiging, wanneer iemand voor het eerst bij ons komt biechten, om geen vragen te stellen. Het is mij genoeg iemand te ontvangen en voor die persoon te bidden, en ik stel geen vragen, tenzij er iets ernstigs is, en dit bij iedereen bekend is. Als de persoon later terugkomt en de dingen niet verbeterd zijn, dan moeten wij enige voorzorgen treffen. Ik ben niet zeer goed in dergelijke zaken. Het spijt mij, dat ik de plaats van de leraar moet innemen, en ik ben er zeker van dat velen van u beter weten dan ik, hoe deze vragen te beantwoorden; maar aangezien u mij hier geplaatst hebt, spreek ik uit uw naam en door uw gebeden. Vergeef mij alstublieft, ik wil niet de pretentie hebben dat ik alles weet.

Vraag 8: Om door te gaan op wat u zojuist besproken hebt: Ik weet niet hoe het is in Engeland, maar in de Verenigde Staten is er een mate van wettelijke bescherming voor de priesters, het zogenaamde "zegel van de biecht", maar er wordt aangenomen dat ook de priester zich daaraan zal houden. Dus bijvoorbeeld, als iemand opnieuw contact opneemt met de persoon, die onder bepaalde omstandigheden bij hem gebiecht heeft, zou hij dan aansprakelijk kunnen zijn voor de rechtbank vanwege het schenden van de integriteit van die persoon, en misschien daarvoor kunnen worden vervolgd?

Antwoord 8: Als priesters moeten wij altijd zeer zorgvuldig zijn om niet de wetten van de staat te overtreden. Als wij ons niet kunnen houden aan de wetten van de staat, die op een veel lager niveau staan, hoe zouden wij dan de wetten van God kunnen bewaren, die uiterst verheven zijn? Doch het gebeurt veelvuldig, dat wij een geheim moeten bewaren en dat ook doen, maar dat de mensen dit zelf niet bewaren. Wij moeten ook bedenken, dat als wij van beide kanten het geheim bewaren, gij meer vrijheid hebt om uw hart te laten spreken, en dan schenkt het meer nut en hulp. Uiteraard moeten wij voorzichtig zijn, zoals u zegt. Ik weet dat in

Amerika – en dit komt nu ook naar Europa – wanneer er een ongelijke verhouding is, de wet zeer strikt is. Als er enige schuld bestaat
in een ongelijke verhouding, zoals tussen een professor en een
student, of tussen een priester en een parochiaan, dan is de wet
zeer strikt –omdat het gezag dat ons gegeven is, niet gebruikt zou
moeten worden tot vernietiging, maar tot hulp en verbetering. Wij
kunnen daar niets anders aan doen, dan voorzichtig te zijn.

Vraag 9: Gisteren hebt u gesproken over de zelfveroordeling,
en daarbij hebt u iets gezegd dat zeer behulpzaam is: Dat als gij
een parochiaan hebt die psychologisch zwak is, en daarom niet in
staat zichzelf te veroordelen, het beter is hem aan te moedigen
God te loven en dank te zeggen in dankbaarheid, en dat dit een
soort nederigheid brengt. Dus het gaat om hetzelfde doel van de
nederigheid, maar het medicijn is verschillend, passender voor
iemand die psychologisch zwak is. Kunt u ons meer vertellen over
het maken van dit verschil tussen geestelijke gezondheid – waarbij
de gedachtenis aan de dood heilzaam is, bijvoorbeeld – tegenover
iemand die geneigd is tot zelfmoord, en psychologisch zwak, en de
hele tijd denkt aan de dood; of tussen iemand die geestelijk in staat
is schande te dragen, tegenover iemand wiens psychologische
schaamte vergiftig is, en vernietigend voor zijn wezen?

Antwoord 9: Laten wij de persoon nemen die dreigt zelfmoord
te plegen. Soms doen mensen dit niet werkelijk, maar zij bedreigen
ons alleen. Ik had zo'n geval, een persoon die elke keer wanneer
hij kwam biechten zei dat hij eraan dacht zelfmoord te plegen. Het
was iemand die enige tijd in het klooster logeerde, en uiteindelijk
raakte ik zeer gealarmeerd en ik snelde naar vader Sophrony (ik
was gewoon naar hem toe te snellen, telkens wanneer ik voor een
moeilijkheid stond, omdat ik wist, dat wat hij mij vertelde uit een
andere wereld kwam). Vader Sophrony bemerkte door zijn gebeden,
dat deze persoon geen zelfmoord zou plegen, maar zich enkel op
deze manier aan mij opdrong, en mij aldus chanteerde. Daarom gaf
hij mij de raad: "Ga deze persoon vertellen dat hij kan doen wat hij
wil, maar niet hier in het klooster, om zo een strop rond onze hals
te leggen." Ik deed dat, en de persoon kwam tot bezinning en hij
zei het nooit weer. Maar zelf bezit ik niet een dergelijk onderscheidingsvermogen, om te zien of iemand werkelijk van plan is zichzelf

te doden of niet; mijn bediening is half-blind. Gij moet gebed bezitten zoals dat van vader Sophrony, om helder te kunnen zien en op dergelijke wijze te handelen. In andere gevallen kunt gij de mensen helpen door hen uit te leggen: "Gij wilt zelfmoord plegen? Gij hebt gelijk. Er ligt een zekere waarheid in wat u wilt doen, er is een deel in ons dat zou moeten sterven – niet ons gehele wezen, maar alleen ons 'oude zelf' met zijn verlangens, gedachten en gezindheid." Waarschuw de persoon, dat zelfmoord hem volledig zal vernietigen, maar als hij dat deel van hemzelf ter dood brengt dat zou moeten sterven, dan zal dat hem zelfs helpen en behouden. Er bestaan bepaalde principes, maar geen recepten.

DE AARDE VAN
HET HART BEWERKEN

5

Het bewerken van het hart door waakzaamheid en gebed

Een belangrijk element bij de opbouw van het hart en de ascese van het gebed is de aandacht. Opdat de mens zijn intellect tot zijn hart zou wenden, en vervolgens tot God, is het vooral nodig dat zijn aandacht wordt geactiveerd.[1] Door de aandacht kan heel de mens zich concentreren op het streven om in aanwezigheid van God te verblijven, en Diens geboden te vervullen.

Dit streven wordt in de ascetische traditie 'waakzaamheid' genoemd, of 'het bewaren van het intellect'. De waakzaamheid in het gebed is onontbeerlijk voor de vervulling van het eerste en grote gebod van liefde tot God. Deze waakzaamheid is erop gericht dat elke beweging van het intellect en het hart in overeenstemming zou zijn met Gods Geest, en dat de mens zich volledig tot God zou wenden. Want onze God is "een naijverig God",[2] Die heel het hart van de mens verlangt. (Dat is waarom de Christen aan het begin van elke dag voor God gaat staan: hij brengt zijn houding voor Gods aanschijn in orde door zijn intellect in zijn hart te brengen, en zo bewaart hij zijn gedachten en gevoelens in de aanwezigheid des Heren.)

De 'harde woorden' van de Heilige Schriften verwekken in het hart een profetische 'aardbeving'. Zoals op de dag van Pinksteren eerst een geweldige windvlaag kwam, en vervolgens de Heilige Geest werd uitgegoten "over alle vlees", evenzo doet ook nu de profetische aardbeving het nieuwe hart verschijnen – niet het stenen hart, maar het gevoelige hart, dat geschikt is om de genadegave van Pinksteren te ontvangen. Een dergelijk hart is kostbaar voor het aanschijn des Heren, daar elke kreet of aanroep heel de aandacht van de mens concentreert, en aldus Gods genade aantrekt.[3]

---

[1] "Hij die het gebed aandachtig zoekt, zal het gebed vinden", Evagrius van Pontus, in: Περὶ προσευχῆς (*Over het gebed*), 149, PG79, 1200A.
[2] Ex.20:5.
[3] Voor deze alinea, zie de Griekse editie; ook de rest van dit hoofdstukje volgt

In ditzelfde perspectief verstaan wij de vrijwillige ascese van de zelfberisping – die ook een manier is om gedurende de gehele dag de juiste innerlijke houding te bewaren. Wanneer de mens zichzelf met striktheid oordeelt, dan komt hij tot verbrokenheid en hij verzamelt heel zijn intellect in zijn hart. Dan kan hij "uit heel zijn hart" tot God roepen, om van Hem de rechtvaardiging te ontvangen. Zo wordt de waakzaamheid volbracht, en dit maakt het de vijand moeilijk op bedrieglijke wijze binnen te dringen in het hart van de gelovige.[4]

De aandacht van de gelovige tijdens het gebed, die ook wel "biddende aandacht" wordt genoemd, dient vergezeld te gaan van zelfbeperking en geduld. Deze verhinderen de versnippering van het intellect en bewaren dit onafgeleid in het werk van het gebed. Maar ook het gebed zelf, zoals dit vorm heeft gekregen in de Orthodoxe traditie, draagt hieraan bij – door de aanroeping van de Naam des Heren met één kort 'woord': "Heer, Jezus Christus, Zoon van God, ontferm U over mij."

Het eerste gedeelte van dit gebed omvat een belijdenis van het geloof in de goddelijkheid van Christus, zowel als in heel de Drie-eenheid. Het tweede gedeelte, "ontferm U over mij", is een belijdenis met betrekking tot de gelovige: hij erkent de Val (zowel pan-kosmisch als persoonlijk), zijn eigen zondigheid, en de nood aan verlossing. De beide gedeelten van deze bede – de belijdenis van het geloof en de berouwvolle bekering – geven volheid en inhoud aan het gebed.

In eerste instantie wordt dit éénwoordelijke gebed hardop gezegd. Vervolgens wordt het voltrokken door het intellect (in stilte), en tenslotte – met medewerking van de genade – daalt het intellect (de 'nous') neder in het diepe hart van de mens. Om deze reden wordt dit soort gebed 'noëtisch gebed' genoemd, of 'gebed van het hart'.

Het voortdurend aanroepen van de Naam van Christus, en de gerichtheid van het intellect op de woorden van het gebed, cultiveren een permanente biddende gesteldheid. Aldus wordt het gebed de natuurlijke wijze van bestaan voor de mens, het kleed van de ziel, en de zelfwerkzame reactie van zijn hart bij elk verschijnsel in de geestelijke wereld. Deze geestelijke staat is van groot belang in het

---

veelal de Griekse tekst. *Noot vert.*
[4] Cf. "On Prayer", GK p.167-168, EN p.153.

uur van de dood. Het ascetische werk van het noëtische gebed vormt een oefening en een voorbereiding voor het einde van dit aardse leven, zodat de geboorte van de gelovige in het eeuwige leven zo smarteloos en gevaarloos mogelijk volbracht wordt.[5]

Het afdalen van het intellect in het hart van de mens wordt niet verwezenlijkt door kunstmatige technieken, zoals de houding van het lichaam of het regelen van de ademhaling. Uiteraard zijn ook deze middelen niet geheel onbruikbaar, en zij kunnen een hulp zijn in de eerste stadia van het geestelijk leven – doch altijd onder het toezicht van een geestelijk leidsman, en gepaard aan een nederige houding van de beginnende leerling. Doch het voornaamste element bij de afdaling van het intellect en zijn vereniging met het hart, is de genade van God.

In onze dagen bestaat er veelal verwarring en misleiding onder de onervarenen, met als gevolg dat het Jezusgebed verbonden wordt met de Boeddhistische yoga, de 'transcendente meditatie', en dergelijke voortbrengselen van het Verre Oosten. Doch de gelijkenis daarmee is slechts uiterlijk, en van een zeer laag niveau. Het radicale verschil tussen het Christendom en dergelijke theorieën ligt hierin, dat het Jezusgebed gefundeerd is op de Openbaring van de Levende en Persoonlijke God, de Heilige Drieëenheid. Via andere wegen is het niet mogelijk de persoonlijke relatie te cultiveren tussen God en de biddende mens.

In het niet-christelijke oriëntaalse ascetisme wordt een ascese voorgesteld waarin het intellect zich ontdoet van alles wat relatief en voorbijgaand is, opdat de mens zich aldus zou identificeren met een bepaald onpersoonlijk 'absolute', waarmee men gelooft dat hij van dezelfde natuur is – maar hij zou degradatie en verderf hebben ondergaan door zijn komst in dit veelvormige en veranderlijke leven van de tegenwoordige wereld. Deze ascese is egocentrisch, en berust op de wil van de mens. Het heeft vooral een verstandelijk karakter, en is helemaal niet verbonden met het hart. In deze ascetische traditie streeft de mens ernaar terug te keren tot het anonieme, supra-persoonlijke 'absolute', en zich daarmee te vermengen. Het verlangt de ziel ('atman') op te lossen in de anonieme oceaan van dat 'supra-persoonlijke absolute'.

---

[5] Cf. ibid., GK p.158, EN p.146-147.

Om dit doel te bereiken streeft de asceet van de oriëntaalse religies ernaar zich te ontdoen van alle lijden en de wisselvallige vormen van dit voorbijgaande bestaan, en te verzinken in een zekere abstracte mentale sfeer van het reine 'Zijn'. Deze ascese is derhalve negatief en onpersoonlijk. Het bezit niet het schouwen van God; de mens schouwt slechts zichzelf. Het hart neemt er geen deel aan. Nergens in de "Upanishads"[6] wordt de hoogmoed genoemd als een obstakel voor de geestelijke vooruitgang, of de nederigheid als een deugd. De vooruitgang in deze vorm van ascetisme hangt slechts af van de individuele wil van de mens daarin te slagen. Daarnaast ontbreekt de positieve dimensie van de ascese, als het verwerven van het bovennatuurlijke leven, waarvan de God der openbaring de enige bron is. Deze techniek van de 'ontkleding' die in het Boeddhisme beoefend wordt, vormt zelfs in haar meest edele uitingen niet meer dan de onbetekenende helft van de zaak. Het is mogelijk dat het intellect, in dit streven naar onthechting, de naaktheid bereikt van de 'duisternis der ontkleding'. Doch het gevaar bestaat, dat het zich dan tot zichzelf keert om zijn lichtende doch geschapen schoonheid te bewonderen, en dat de mens aldus "het schepsel eert in plaats van de Schepper".[7] En dan, volgens het woord van de Heer, wordt "het laatste van die mens... erger dan het eerste".[8]

Het schouwen in deze religies van het Verre Oosten is dus niet het schouwen van God, maar het zichzelf-schouwen van de mens. Het stijgt niet uit boven de grenzen van het geschapene, noch nadert dit tot het oorspronkelijke 'Zijn' van de Levende God der openbaring. Deze ascese kan een zekere rust schenken, of de psychische en mentale vermogens van de mens verscherpen, maar "wat uit het vlees geboren is, is vlees"[9] en "die in het vlees zijn, kunnen God niet behagen".[10]

De meer authentieke ontkleding van het intellect van elke hartstochtelijke gehechtheid aan de zichtbare en voorbijgaande elementen van deze wereld, wordt op natuurlijke wijze bereikt door de warmte

---

[6] De fundamentele filosofische teksten van het Hindoeïsme, die de bron en het uitgangspunt vormen van heel het daaropvolgende traditionele Indische denken.
[7] Cf. Rom.1:25.
[8] Mt.12:45.
[9] Joh.3:6.
[10] Rom.8:8.

der bekering. De pijn van het hart, die verwekt wordt door de genade van de berouwvolle bekering, maakt het intellect niet alleen los van al wat vergankelijk is, maar verbindt dit bovendien met de onzichtbare en eeuwige dingen. De ontkleding is dus, zoals wij zojuist gezegd hebben, slechts de helft van de zaak, en betreft de menselijke factor, op het geschapen niveau van het bestaan. Doch het Christendom kent ook het bekleed worden van de ziel met Gods genade, en dit is de volheid van het onsterfelijke leven.

Velen bewonderen Boeddha en vergelijken hem met Christus. Zij zeggen, dat Boeddha medelijden had met de menselijke kwellingen en met schone woorden onderrichtte over zowel de mogelijkheid, als de wijze waarop de mens zich kan onthechten aan alle lijden, om dit niet meer te voelen. Christus daarentegen, de Eniggeboren Zoon van God, nam de pijn op Zich, vrijwillig en zonder zonde, en Hij veranderde deze in een middel tot uitdrukking van Zijn volmaakte liefde – door Zijn Lijden, Zijn Kruis, Zijn dood en Zijn Opstanding. Door deze liefde genas Hij Zijn schepsel van de grote wond van de voorvaderlijke zonde, en maakte hem tot een "nieuwe schepping". Daarom is de pijn zo kostbaar in de ascese van het gebed, en de aanwezigheid daarvan is een aanwijzing dat de asceet niet ver is van de waarachtige en heilige weg van de liefde tot God. De mens drukt deze liefde uit door zijn gebed. (Zoals God, door te lijden, Zijn volmaakte liefde voor ons getoond heeft, evenzo heeft de mens door de pijn die hij lijdt de mogelijkheid Gods liefde te beantwoorden.)

Het gebed is dus een kwestie van liefde. Als wij bidden, betekent dit dat wij God liefhebben. Als wij God liefhebben, dan bidden wij. De mate van het gebed toont de mate van onze liefde voor God. Aldus identificeert de heilige Silouan de gedachtenis aan God met het gebed, en de heilige Vaders zeggen dat het vergeten van God de ergste hartstocht is. Wanneer wij belaagd worden door een hartstocht, dan kunnen wij ons daartegen te weer stellen door de Naam van God. Hoe meer wij ons vernederen en God aanroepen ons te hulp te komen – in vertrouwen op Zijn liefde – des te sterker worden wij, en zo overwinnen wij de hartstocht. Doch wanneer wij God vergeten, dan worden wij compleet door de vijand vermoord. Het is daarom, dat de heilige Vaders benadrukken dat de ergste hartstocht is God te vergeten.

6

Gebed als nimmer-eindigende schepping

ebed is de hoogste en edelste uitdrukking van de menselijke geest. Volgens het onderricht van de Vaders is het gebed de "spiegel van de vooruitgang" van de mens op zijn tocht tot de geestelijke volmaaktheid. Bovendien, de verzekering van de Heer: "alles waar gij om zoudt vragen in het gebed, gelovende, zult gij ontvangen",[1] overtuigt ons ervan, dat het gebed – en bovenal het gebed in de Naam van Jezus Christus[2] – de zekerste bron van hulp is. Daarmee verwerft de mens al hetgeen onmisbaar is voor zijn geestelijke groei en zijn heil. Om deze reden is het gebed van onschatbare waarde, zowel voor het persoonlijk leven van elke mens, als voor de instandhouding van het geheel van de wereld.

Gebed is een goddelijke genadegave, die werkzaam wordt in het hart door de Geest des Heren. In het gebed staat de mens voor Gods aanschijn, en God begenadigt hem met Zijn levenschenkende adem. Dan wordt hij zo nauw met God verenigd, dat hij de hemelse vol-maaktheid weerspiegelt en weerkaatst in zijn aardse leven, terwijl de Geest van de Formeerder voortgaat hem te leiden. In het gebed heeft hij een helder zicht op de oorspronkelijke waarheid, dat de mens geschapen is naar Gods beeld en gelijkenis.

De vruchten van het gebed zijn niet in woorden uit te drukken. Het gebed doet de inspiratie van de mens opnieuw opvlammen, lost twijfels en angsten op, en doet het verlangen herleven naar de eeuwige zegeningen. Het vertroost het hart met onuitsprekelijke verzuchtingen, geneest de wonden der zonde, verwarmt de ziel en verlicht het intellect. Het maakt de geest van de mens wijs, en plant daarin een weergaloze vastberadenheid om aan de hemelse dingen de voorkeur te geven boven al het aardse, en om in elk van zijn werken – ongeacht van welke aard of in welke plaats – God

---

[1] Mt.21:22.
[2] Cf. Joh.14:13; 15:7,16; 16:23.

welgevallig te zijn,[3] hetzij door het leven, hetzij door de dood. Oudvader Sophrony noemt het gebed een "nimmer-eindigende schepping",[4] die de geest van de mens verenigt met de Geest Gods, en zijn natuur, die door de zonde gewond was, geneest.

Als de mens niet geformeerd was naar het "beeld" Gods, voorbestemd tot gemeenschap met de Oorzaak van zijn leven, dan zou het gebed niet slechts overbodig en nutteloos zijn, maar zelfs in praktijk onbereikbaar. God echter, in Zijn oneindige barmhartigheid, verlangt dat de mens onvergankelijk en eeuwig zou zijn, en het gebed is het meest kostbare en noodzakelijke middel voor de vervulling en de vervolmaking van deze heerlijke bestemming.

Het is voor de mens natuurlijk te dorsten naar God en zich tot Hem te richten, aangezien Deze zijn Formeerder is, de bron en de oorzaak van zijn bestaan. Waarlijk, Hij is het begin en het fundament van heel de mens. Van de andere kant, nadert God tot ons uit goedheid en medelijden, en Hij doet ons leven door Zijn aanwezigheid. Voor ons, Zijn redelijke schepselen, bestaat er geen grotere zaligheid dan deze aanraking met onze Formeerder. Vóór de Val was deze band voortdurend en zeer nauw, lichtend en rechtstreeks, omdat de mens zijn blik gericht had op Gods eigen Aangezicht, tot Hem sprak, en door Hem geleid werd op de rechte weg, door Zijn woord alleen – de mens schouwde Gods heerlijkheid en streefde ernaar Hem na te volgen, en dit was zijn leven van gebed. Doch de val in de zonde ruïneerde deze levenschenkende omgang met God, en de mens raakte vervreemd van de goddelijke heerlijkheid.

Maar de Zoon van God, in Zijn oneindig medelijden, kwam om te leven en om te gaan met hen die verwijderd waren van Zijn genade, om de luisterrijke dialoog met de mens te hernieuwen die begonnen was in het Paradijs, maar die verbroken werd vanwege de overtreding van Adam.[5] Christus is de waarachtige Hypostase, de volmaakte Goddelijke Persoon, en de mens draagt in zich het hypostatische beginsel, daar hij geschapen is naar het beeld van Christus. Aldus bezit de mens het buitengewone voorrecht samen te werken met God voor het herstel en de vervolmaking van zijn

---

[3] Cf. 2Kor.5:9.
[4] Cf. "On Prayer", hfst.1.
[5] Cf. "On Prayer", GK p.241, EN p.110-111.

persoon. De mens neemt dit werk op zich door het gebed, waarin hij staat in aanwezigheid van de Levende God en Diens scheppende energie ontvangt voor zijn hernieuwing en vervolmaking.

Naar het inzicht van Oudvader Sophrony wordt de eerste beslissende stap in het gebied van het gebed verwezenlijkt, wanneer de mens de genade ontvangt van de gedachtenis aan de dood. Dan neemt een paradoxale innerlijke gewaarwording intrek in zijn 'diepe hart', die zijn geest de zekerheid schenkt van de "ijdelheid van alle aardse verworvenheden".[6] Tegelijkertijd worden de innerlijke ogen van zijn ziel gemarteld door de aanblik van zijn absolute nietigheid, terwijl hij schouwt hoe heel zijn bestaan ertoe veroordeeld is te verdwijnen. Al wat zijn bewustzijn tot dan toe heeft omvat, en al wat hem voorheen inspireerde en vreugde schonk, blijkt nu verstoken van betekenis, getekend met het zegel van de ijdelheid, overgeleverd aan de dood. Met andere woorden, heel de geschapen wereld blijkt volstrekt ontoereikend om te voldoen aan de diepe dorst van zijn ziel naar het eeuwige leven. De geest van zulk een mens ontwikkelt de neiging niet te streven naar de zichtbare dingen, en tegelijkertijd verlangt hij naar die dingen, die onzichtbaar en eeuwig van aard zijn – zodat zelfs eeuwen van aardse zaligheid in deze wereld hem niet zouden kunnen aantrekken. Als hij nu met geloof Christus aanvaardt, "Die het eeuwige Evangelie heeft",[7] dan zal de genade van de gedachtenis aan de dood een bron van inspiratie worden voor het gebed, toereikend om de hartstochten te overwinnen en hem te herstellen in het waarachtige leven.

Het is dus onmogelijk het waarachtige gebed te bereiken zonder de energie van de goddelijke genade. De biddende is niet in staat in gemeenschap te treden met de Geest Gods, als de waarachtige God Zich niet tot hem nederbuigt. De wegen van het gebed zijn veelvormig, en de biddende ontmoet van vele kanten tegenstand. Zijn sterfelijk lichaam heeft niet de kracht zich op te heffen tot het niveau van de Geest; zijn verstand is niet voldoende verlicht of geïnspireerd om zich over te leveren aan de Grote God en Heiland, "Die de doden opwekt",[8] zodat hij over de obstakels heen zou kunnen stappen van

---

[6] Cf. "We Shall See Him", GK p.17, EN p.11.
[7] Cf. Openb.14:6.
[8] 2Kor.1:9.

de vrees, de twijfel, de leugen en de onwetendheid. Bovendien is zijn sociale omgeving, met het hoogmoedige ethos van de zelf-rechtvaardiging – die "een gruwel voor God"[9] is – niet gunstig voor het gebed. Ook de geesten der boosheid kunnen het heilbrengende werk ervan niet verdragen.[10] Want het gebed trekt heel de geschapen wereld omhoog uit zijn val, en bewerkt de heiliging van de mens.

Gebed dat de kracht heeft de mens met God te verenigen en tegelijkertijd de wereld in stand te houden, vereist inspiratie en energie. Wij hebben gezien hoe de genade van de gedachtenis aan de dood op krachtige wijze het perspectief van de mens op het leven verandert, terwijl dit hem voorbereid om zich met heel zijn wezen in gebed tot God te richten. Dit gebeurt doordat de eeuwig-heid klopt aan de deur van zijn ziel, en getuigt van de ondraaglijke waarheid dat elk geschapen iets, dat bezoedeld is door de zonde, verstoken is van de heerlijkheid Gods, en daarmee van het waar-achtige leven. Hij ziet nu duidelijk dat hij voortkomt uit het niets, en dat hij geen bestaansgrond heeft buiten het welbehagen en de goede intentie van God. Deze bewustwording maakt hem vrijwel onvermijdelijk nederig gestemd en verwekt in hem het standvastige geloof in Gods openbaring, en zijn ziel wordt voorbereid voor de verlichting der genade. Deze nederige gestemdheid vormt een kost-baar fundament; dit zal hem inspireren zich op het gebed te richten in de hoop "op de Levende God, Die de Heiland is van alle mensen, inzonderheid van de gelovigen".[11] Op dit punt begint de mens de energie te herkennen van de Rechterhand van de Allerhoogste. Zijn hart wordt vervuld van de verlichting "der kennis van de heerlijkheid Gods in het aangezicht van Jezus Christus".[12] In het begin verlicht God de mens "op onzichtbare wijze en van achteren", daar hij nog niet in staat is zijn bron te zien, het Aangezicht van Christus. Doch gaandeweg wordt hij begenadigd met het geloof in de goddelijkheid van Christus. Hij verwerft een steeds groeiende gewaarwording van zijn geestelijke armoede en nietigheid, doordat de goddelijkheid van Christus de waarachtige aard van de zonde openbaart. De mens

---

[9] Lk.16:15.
[10] Cf. "On Prayer", GK p.19, EN p.12.
[11] 1Tim..4:10.
[12] 2Kor.4:6.

verstaat nu de metafysische dimensie van zijn val "als een wegvallen uit het zalige en onbedorven leven in het Licht dat voorkomt uit het Aangezicht van de Vader van allen",[13] en de gewaarwording van zijn geestelijke armoede en zondigheid schept ruimte in hem voor een gebed van nog diepgaander bekering.

Hoewel de gedachtenis aan de dood een genadegave is, is het toch ook nodig deze te cultiveren, want hierdoor wordt de mens verenigd met de persoonlijke God der openbaring. Zodra de mens de omvang van zijn val beseft en de gevolgen van de zonde begint te vrezen, hecht hij zich aan God met een vreze die hem tot in het diepst van zijn hart nederig maakt. Dit openbaart zijn hart en doet het ontvlammen, en wakkert het gebed der bekering aan. Heel de mens wordt tot een "diep hart", zoals de Bijbel het uitdrukt.[14] Hij dorst naar de noëtische en goddelijke gewaarwording, want alleen deze kan zijn geest verzadigen.[15]

De heilige Silouan en oudvader Sophrony benadrukken in hun geschriften voortdurend het grote belang van het gebed der bekering, waardoor de hernieuwing en het heil van de mens bewerkt worden. Het gebed is heilbrengend, omdat het de harmonische samenwerking consolideert van de wil van de mens met Gods wil. De geschapen energie van de mens levert zich over aan de ongeschapen energie van God, en zo wordt zijn eenvoudige menselijke bestaan volledig getransfigureerd. In de wereld die ons omringt, is er niets dat dit werk van het gebed en de bekering begunstigt. Inspiratie ontspringt alleen aan de gewaarwording van de zonde en het gevoel van de eigen geestelijke armoede, en deze beide worden slechts waargenomen in het licht van de relatie tussen de mens met God, die gefundeerd is op het geloof in de goddelijkheid van Jezus Christus.

In eerste instantie komt de mens tot besef van zijn eigen zonde, doch langzamerhand bemerkt hij, dat hij met zijn eigen val de oorspronkelijke overtreding van Adam herhaalt, zoals deze beschreven wordt in de Heilige Schrift. Door de verlichting der genade verstaat de biddende mens de wijsheid van de Schriften in relatie tot de menselijke staat, en hij begint het plan en het doel te onderscheiden

---

[13] "On Prayer", GK p.247-248, EN p.115.
[14] Cf. LXX Ps.63:7 (64:6/7).
[15] Cf. Spr.15:14 (LXX).

waartoe de mens was voorbestemd door de Goddelijke Raad "vóór
de tijden der eeuwen".[16] In zijn hart neemt hij het beeld van Christus
waar, overeenkomstig waarmee hij gevormd is, en vanwaar hij
gevallen is. Dan komt hij tot besef van de bredere ontologische
dimensie van zijn zonde – als een misdaad jegens de liefde van de
Vader,[17] als afvalligheid jegens het vóóreeuwig Aangezicht van de
Formeerder, en als zelfmoord op het eeuwige vlak.[18]

De bewustwording van de zonde en de duisternis die in hem zijn,
maakt hem ontvankelijk voor de energie van de goddelijke genade.[19]
Hij geeft nu gehoor aan het getuigenis van de gewijde Geschiedenis
die begint met het derde hoofdstuk van Genesis en eindigt met het
boek der Openbaring. Hieraan ontleent hij het ideale perspectief
waarin het werk van zijn bekering zijn plaats krijgt – want hij verstaat
ten volle, dat te volharden in het zondige leven de grootste zelf-
misleiding zou zijn, en van zijn kant een gewilde mislukking. In zijn
wanhoop zendt hij vurig gebed op tot God, en zijn smeekbeden bereiken werkelijk de troon van de Allerhoogste.[20] Immers, de Heer
kwam uit de hemel neder, niet om hen te behouden "die bij zichzelf
vertrouwen dat zij rechtvaardig zijn",[21] en die derhalve "zichzelf
misleiden",[22] maar juist hen "die er slecht aan toe zijn"[23] – dat is,
diegenen die hun zondigheid erkennen en weten dat zij nood hebben
aan genezing en heil. In een dergelijk gebed van het hart vindt de
mens wezenlijke winst. Hij wordt waarachtig, omdat hij de werkelijkheid van zijn eigen staat belijdt, die elke afstammeling van Adam
kenmerkt, en derhalve algemeen is. Voor Gods aanschijn belijdt hij
de waarheid, en trekt zo de Geest der Waarheid Zelf aan, de Heilige
Geest. Dit verschaft de mens die zich bekeert de mogelijkheid God
eredienst te bewijzen "in geest en waarheid",[24] met een geest van
nederigheid en belijdenis, en zo volbrengt hij het vreeswekkende

[16] 2Tim.1:9; Tit.1:2; zie "On Prayer", GK p.38-39, 83, EN p.26, 57.
[17] Cf. "On Prayer", GK p.84, EN p.57.
[18] Cf. "We Shall See Him", GK p.57, EN p.37.
[19] Ibid., GK p.40, EN p.26.
[20] Ibid., GK p.63, EN p.41.
[21] Cf. Lk.18:9.
[22] Cf. 1Joh.1:8.
[23] Cf. Mt.9:12.
[24] Joh.4:24.

werk van zijn bekering en van zijn volledig herstel. Zijn gebed tot de
Heer betoont zich God waardig, nu het geschiedt met een profetische
geest: hij rechtvaardigt God, en hij veroordeelt met beslistheid zijn
zondig leven. Zijn gebed wordt tot "het gerechtshof en het gericht
en de rechterstoel des Heren, vóór de toekomstige Rechterstoel".[25]
Zoals oudvader Sophrony schrijft, oordeelt de Heer niet tweemaal.[26]
De grote Paulus geeft dezelfde bevestiging: "Indien wij onszelf oor-
deelden, zo zouden wij niet geoordeeld worden".[27] Wij weten dat er
een uiteindelijk oordeel zal zijn, en dat alle mensen – of zij dit willen
of niet – gesteld zullen worden voor de Rechterstoel van Christus.[28]
Niettemin heeft de mens de mogelijkheid op dit oordeel vooruit te
lopen, door zichzelf vrijwillig te veroordelen, in zijn gebed van belijdenis en bekering. Hij oordeelt zichzelf op basis van Gods geboden,
met een nederige houding van zelfberisping. En de Heer, volgens
Zijn leugenloze belofte, geeft hem dan "een mond en wijsheid,
welke al [zijn] tegenstanders niet zullen kunnen weerleggen, noch
weerstaan".[29] In hem wordt de genade van de Heilige Geest geopenbaard, die hem reinigt van zijn zonden, hem rechtvaardigt voor
Gods aanschijn, en hem plaatst op de weg van Diens waarheid.
Laten wij ons de woorden van de Evangelist herinneren: "Indien wij
zeggen dat wij geen zonden hebben, misleiden wij onszelf, en de
waarheid is in ons niet. Indien wij onze zonden belijden, Hij is
getrouw en rechtvaardig, dat Hij ons de zonden vergeeft en ons
reinigt van alle onrechtvaardigheid".[30] Deze waarheid vormt de
essentie van het woord van de Heer tot de heilige Silouan: "Houd
uw geest in de hel, en wanhoop niet".[31] Dit wordt bevestigd in de
beschrijving van de persoonlijke ervaring van de Heilige door
hemzelf: "Ik dacht: 'Ik ben een gruwel, en elke straf waardig.' Doch
de Heer, in plaats van straf, schonk in mij de Heilige Geest."[32] En
de aanwezigheid van de Heilige Geest ontbindt de banden der

---

[25] Cf. H. Johannes Klimakos, in: "The Ladder", step 28:1.
[26] "On Prayer", GK p.76, EN p.52.
[27] 1Kor.11:31.
[28] Cf. Rom.14:10.
[29] Lk.21:14-15.
[30] 1Joh.1:8-9.
[31] "Saint Silouan", GK p.275-280, EN p.208-221, NL p.227-231.
[32] Ibid., GK p.544, EN p.435, NL p.458.

zonden, en plant in de diepten van de ziel van de mens haat jegens de zonde – een teken van de zekerheid van zijn vergeving – en zo schenkt de Geest in de ziel het getuigenis van het heil.[33]

Aldus opent het gebed der bekering de weg tot de vergeving der zonden, en loopt het op Gods oordeel vooruit, terwijl het de mens rechtvaardigt door de zelfberisping. Bovendien brengt dit het scheppende werk teweeg van zijn vervolmaking als hypostase, hetgeen slechts volbracht kan worden door de verwerving van de goddelijke genade. Oudvader Sophrony bevestigt dit, wanneer hij zegt dat de menselijke natuur alleen herschapen kan worden door het vuur van de berouwvolle bekering.[34] De hernieuwing van de mens is een uiterst gecompliceerd proces, om reden van de Val en de rampzalige gevolgen daarvan. De natuur van de mens als zodanig onderging verderf – deze brak in scherven, en dit verlies van integriteit vernielde de harmonie van zijn eenheid met zijn hypostatische beginsel. Wanneer de gelovige strijdt om de geboden te bewaren, dan bemerkt hij zijn wanordelijke gesteldheid. Hij merkt, dat hij zijn waarachtige natuur niet volledig in bezit heeft. Hij heeft het één in zijn gedachten, hij verlangt iets anders in zijn hart, en hij wordt tot weer iets anders aangetrokken door zijn zintuigen. In zijn natuur bestaat geen eenheid, die hem zou toelaten het eerste en grote gebod te vervullen: "Gij zult liefhebben de Heer uw God, uit geheel uw hart, en uit geheel uw ziel, en uit geheel uw verstand, en uit geheel uw kracht".[35] Evenmin weerspiegelt hij de waarheid van het tweede gebod, dat gelijk is aan het eerste: "Gij zult uw naaste liefhebben als uzelf".[36]

Zoals wij reeds genoemd hebben, wekt de gedachtenis aan de dood de mens op uit de eeuwenlange slaap der zonde en ontrukt hem aan al wat geschapen is, inclusief zijn eigen innerlijke gehechtheden. Het begeestert hem met de gewaarwording dat hij een absolute nood heeft aan Gods eeuwigheid. Terzelfder tijd leidt deze genade tot zijn persoonlijke gemeenschap met God, zowel als met alle mensen, temeer daar zij van dezelfde natuur zijn als hijzelf. Tevens wordt hij verenigd met heel de schepping, die "tezamen zucht"

---

[33] Ibid., GK p.440, EN p.347, NL p.369.
[34] Cf. "On Prayer", GK p.196, EN p.175.
[35] Mk.12:30.
[36] Mk.12:31.

onder dezelfde veroordeling tot de dood.[37] Zijn dorst naar het eeuwige leven en de vrees te falen in de verwezenlijking van dit grootste doel van zijn bestaan, verwekken gebed tot de Oorzaak des levens, terwijl de vrees verloren te gaan, de geest tot verbrokenheid brengt en het hart onthult.

De vrees voor de veroordeling in het goddelijk gericht van het gebed concentreert al zijn gedachten in slechts deze éne zorg: "zulk een God niet te verliezen, en op te houden Hem onwaardig te zijn".[38] Hoe meer verbrokenheid hij voelt, wanneer hij in gebed in Gods aanwezigheid staat, des te vuriger wordt het gebed van zijn bekering.

Wil dit gebed vrucht dragen, door de genade van de berouwvolle bekering die ontspringt aan het Kruis en de Opstanding van Christus, dan dient de mens het inzicht in zijn zondigheid steeds verder te verdiepen. Door zichzelf te berispen, en geholpen door de genade van de Alheilige Geest, geraakt hij tot de diepe overtuiging en gewaarwording dat hij erbarmelijker en geringer is dan alle schepselen.[39] Doch juist vanwege deze zelfvernedering, wordt zijn gebed door God aanvaard, Die hem verwaardigt tot een nog grotere gave van genade.

De vrees en de nederigheid bereiden het intellect van de mens voor op de kruisiging door middel van de Evangelische geboden. Gekruisigd, en daardoor in vrijheid, geeft het intellect zich volledig over aan de roeping door Christus. De mens plaatst zich standvastig op de weg des Heren en verkleint zichzelf, waarin het Diens nederige nederdaling volgt. Het intellect daalt neder in het hart, verenigt zich daarmee, en ontdekt zo de 'plaats' van zijn inwijding in het mysterie van de gemeenschap van de mens met God. In deze plaats bidt de Geest des Heren, en volbrengt zo de eenwording van heel het wezen van de mens.

Tijdens zijn nederdaling en zijn eenwording met het hart wordt het menselijk intellect verfijnd door Gods genade. In de vurige hitte van de bekering wordt hij ontrukt aan al het geschapene, hij wordt bevrijd van elke gehechtheid, en ontkleed van elk verlangen en elke gedachte met betrekking tot zijn tijdelijke bestaan. De scherpe pijn die de gewaarwording van de zonde in hem teweegbrengt, concen-

---

[37] Rom.8:22.
[38] "On Prayer", GK p.32, EN p.21.
[39] Ibid., GK p.174, EN p.157.

treert de aandacht van het intellect in het hart. Zo lang als het intellect in het hart verblijft met het gebed der bekering, zo lang vermeerdert de genade van de Heilige Geest de vlam van de liefde voor Christus, en verlicht het intellect van de mens met het schouwen van Diens Aangezicht. De zachtmoedige en nederige Gedaante van Christus verwondt de ziel, die in haar vervoering vervuld wordt van grote vreugde en van de hoop op de uiteindelijke opheffing van haar sterfelijkheid. Aldus raakt de mens begeesterd, en zijn geest wordt opgeheven uit zijn voorafgaande verbrokenheid.

Wij hebben gesproken over de kruisiging van het intellect, zijn ontkleed worden van alle gehechtheden, en tenslotte zijn nederdaling in het hart. Deze tocht van de menselijke geest, gedurende het gebed der bekering, is vol smart en menigvuldig lijden. Het betreft een "luisterrijke tocht", zoals oudvader Sophrony schrijft, doch het woord van de Heer daarover blijft onveranderlijk: "In de wereld hebt gij verdrukking".[40] Desondanks verwerft de biddende een grote geestelijke vrijheid in zijn vermogen de God van zijn heil lief te hebben, omdat tijdens het lijden dat hij doormaakt de zachte bries van het woord van Christus op troostende wijze overheerst.

Degene die zich bekeert, gevoelt een zeer sterke aantrekking tot God, die heel zijn wezen in beslag neemt en aan zijn hart en zijn intellect een bijzondere en vurige dorst schenkt naar de Heer – hij begint "de Heilige der Heiligen" te zoeken.[41] Het sterke verlangen van de mens tot God te naderen, gepaard aan de spanning en de vurige hitte waardoor het gekenmerkt wordt, reinigt het hart van elk vreemd element – zo kan het in vrijheid heel zijn gedrevenheid richten op het zoeken van de Heer, Die het "uiterste" verlangen is van hen die Hem liefhebben.[42] Volgens oudvader Sophrony bestaat er een "onstuitbare drang tot God uit verlangen naar Hem, tot de dood toe".[43]

Hoe meer de mens in gebed verblijft, hoe meer de spanning en de vurige hitte van zijn bekering de rijke genade van de Heilige Geest aantrekken. Zijn lichaam wordt door de genade versterkt om nog

---

[40] Cf. "We Shall See Him", GK p.393, EN p.222; Joh.16:33.
[41] Ibid., GK p.103, EN p.67.
[42] Troostcanon tot de Moeder Gods, Irmos 3ᵉ Ode: «τῶν ἐφετῶν ἡ ἀκρότης».
[43] "We Shall See Him", GK p.274, EN p.178.

verregaander ascese te verduren, terwijl de energie van het gebed zelf zijn hart wijd opent, zodanig dat zelfs de meest duistere geheimen ervan worden onthuld en hij daarvan wordt gereinigd. Elke hoek van zijn ziel zal uiteindelijk de verlichting en de geheimnisvolle leiding des Heren ontvangen op de weg tot zijn volledige hernieuwing. Iets dergelijks zal misschien diegenen ontmoedigen, die hoogmoedig zijn en vervreemd van de genade. Daarentegen schenkt het rust en inspiratie aan diegenen, die zich waarlijk met geloof hebben toevertrouwd aan God; want Deze kent hun innerlijk verlangen naar Hem, dat zij misschien niet eens kunnen uitdrukken. Derhalve pleit de Heilige Geest Zelf voor ons "met onuitsprekelijke verzuchtingen".[44]

Als het gebed van berouwvolle bekering nog langer aanhoudt en aldus evenredige genade opeenhoopt, zal het hart nog verder worden gezuiverd en gereinigd. Ongemerkt doch gestadig wordt het woord van Christus tot de enige wet van het bestaan van de mens die leeft in waarachtige bekering.[45] Overeenkomstig de ervaring van oudvader Sophrony is het natuurlijke gevolg van het bewaren van de geboden van Christus "onszelf tot het uiterste te verkleinen, dat is, onze kenosis".[46] Met andere woorden, wij ontledigen ons van onze zelfminnende toewijding aan onszelf, opdat het verbond hernieuwd moge worden dat wij met Christus zijn aangegaan in de Doop, "om niet langer dienstbaar te zijn aan de zonde",[47] "opdat zij, die leven, niet meer voor zichzelf zouden leven, maar voor Hem, Die voor hen is gestorven is en opgewekt".[48] Het aanhoudende gebed der bekering, met als uitsluitende zorg de eenheid met Christus "Die ons heeft liefgehad tot het einde",[49] verenigt al de vermogens van de ziel en alle neigingen van zijn intellect en zijn hart, zodat deze op waardige wijze beantwoorden aan de goddelijke liefde van de Verlosser.

Wanneer het werk van het gebed der bekering de volheid bereikt, die door God tevoren gekend was en voorbestemd, dan is het "tijd voor de Heer om te handelen".[50] Dan heeft de mens die in

---

[44] Cf. Rom.8:26-27.
[45] Cf. "We Shall See Him", GK p.404, EN p.229.
[46] Ibid., GK p.228, EN p.145.
[47] Rom.6:6.
[48] 2Kor.5:15.
[49] Cf. Joh.13:1
[50] Cf. LXX Ps.118(119):126.

bekering leeft God ervan overtuigt dat hij Hem toebehoort, naar de woorden van de Profeet: "Ik ben de Uwe, behoud mij".[51] En de Heer antwoordt: "Gij zijt mijn zoon, heden heb ik u verwekt".[52] De ontmoeting met de Heer lijkt op een donderslag uit de hemel – op Godwaardige wijze schudt deze het hart van de mens tot op haar grondvesten en raakt zijn bewustzijn als een bliksemstraal. In het begin bracht het woord des Heren het heelal tot stand; nu draagt Zijn stem goddelijke kracht over, die het hart van de mens opent en doet leven. Dit openen van het hart betekent de genezing van zijn persoon; het is zijn geestelijke wedergeboorte en zijn aanname als zoon door de beginloze Vader.

Oudvader Sophrony spreekt herhaaldelijk met vrome verbazing over dit "lichtdragende ogenblik",[53] waarin de algehele bekering beantwoord wordt door de goddelijke tussenkomst.[54] Het is een "wonder", dat zich "onverwacht" en "onvoorzien" voltrekt.[55] Het kan vergeleken worden met de 'Big Bang', waar de hedendaagse astronomen over spreken, of nog beter, met het ogenblik dat in het begin van het boek Genesis beschreven wordt: "En God zeide: Daar zij licht! En het geschiedde: licht."[56] In dat uur wordt de mens vaak overschaduwd door het ongeschapen Licht – dat is, hij treedt binnen in de levende eeuwigheid van het Koninkrijk Gods.

Wanneer de gelovige in het werk van zijn bekering de "vuurgloed" verdraagt van zijn deelname aan "het lijden van Christus",[57] dan trekt hij voort door de "dorre, trooteloze plaats" van deze wereld, "totdat de dag aanlicht en de morgenster opgaat in [zijn] hart", overeenkomstig het woord van de apostel Petrus, de eersttronende der Apostelen.[58] Dan wordt de mens waarachtig, en voor de rest van zijn dagen wijdt hij zich aan het werk van zijn hernieuwing. Zijn leven wordt een weerklank van het profetische woord van de Psalm-

---

[51] LXX Ps.118(119):94.
[52] LXX Ps.2:7.
[53] "We Shall See Him", GK p.393, EN p.222.
[54] Ibid., GK p.71-72, EN p.46-47.
[55] "On Prayer", GK p.132, EN p.128; "We Shall See Him", GK p.103, 253-255, EN p.67, 164-165.
[56] Gen.1:3.
[57] 1Petr.4:12-13.
[58] 2Petr.1:19.

dichter: "De zon gaat op [en] de mens gaat uit naar zijn werk, naar zijn arbeid tot aan de avond".[59] Met betrekking tot de universele geestelijke crisis is het woord van oudvader Sophrony uiterst hoopgevend: De verwoesting en de tragedie van al het lijden kunnen bijdragen aan een wijd verbreide en diepe geestelijke wedergeboorte van een grote menigte zielen. Het licht van deze hoop zal steeds duidelijker blijken, tot uiteindelijk het vele lijden de weg opent voor het krachtige gebed van supra-kosmische dimensies. Een dergelijk gebed is God waardig – het brengt de mens onophoudelijk tot grotere kennis van zijn Formeerder en wekt Gods energieën op in het hart: "De dag stort sprake uit aan de dag, en de nacht maakt kennis bekend aan de nacht."[60] Dit gebed wordt tot geleider van goddelijke openbaring, terwijl het ons leven vrijkoopt en het bestaan van de wereld rechtvaardigt: "'Vanaf het uiterste des hemels is [de] uittocht [van dit gebed], en [de] uitloop [van dit gebed] tot aan het uiterste des hemels, en er is niets verborgen voor zijn hitte'. Het verwarmt en verblijdt ons. Het is de geleider waardoor de Openbaring vanuit den hoge wordt overgebracht."[61]

De luisterrijke opgang van de geestelijke Zon in het hart van de mens vormt het wonder van zijn geestelijke wedergeboorte, de 'Big Bang' van zijn hernieuwing. Bovendien schenkt dit hem de volmaakte kennis van het hemels Licht en van de maat van de waarachtige mens, wiens hart zodanig is uitgebreid dat zijn gebed de uitersten der aarde omvat en alle geslachten der mensen door alle tijden heen. Nu hem het zien van het goddelijk Licht verwaardigd is, en de ervaring van de eeuwigheid, bekleedt hij zich met het beeld van de Hemelse mens, van "de tweede Mens, [Dat is,] de Heer uit de hemel".[62] Tegelijkertijd beseft hij, dat hij verschuldigd is het beeld van de aardse mens terzijde te leggen, daar zijn waarachtig doel is te verblijven bij God, "in Hem, in Zijn eeuwigheid".[63] Om deze reden schrijft oudvader Sophrony: "Ik dien Christus te zien 'zoals

---

[59] LXX Ps.103(104):22-23.
[60] LXX Ps.18(19):2/3
[61] "On Prayer", GK p.133-134, EN p.129; LXX Ps.18(19):6/7
[62] 1Kor.15:49 en 15:47.
[63] Cf. "We Shall See Him", GK p.104, EN p.68.

Hij Is', opdat ik mijzelf moge vergelijken met Hem, en vanuit deze vergelijking wordt ik mijn 'mis-vorming' gewaar".[64]

De ascetische vorm van bekering, die voorafgaat aan deze goddelijke nederdaling, dient de voornaamste plaats in te nemen in het geestelijk leven van de mens, zolang hijzelf strijdt om zijn geest te onderwerpen aan het oordeel van Gods woord. Het onophoudelijk en strikt onderzoeken van de neigingen van zijn hart herinnert hem steeds aan het feit dat hij nog niet de hoogte heeft bereikt van de twee grote geboden, wat hem brengt tot nog grotere verbrokenheid en berouwvolle bekering. Dit gebed wordt gekarakteriseerd door de psychologische marteling die voortkomt uit de erkenning van zijn overtredingen, zijn onvolmaaktheden, zijn mislukkingen en zijn onwetendheid.[65] Doch na de opgang van de geestelijke Zon neemt de bekering van de gelovige een meer stabiel en charismatisch karakter aan. Van nu af neemt hij niet meer als referentiepunt de beginselen en de gezagsdragers van deze wereld, maar hij refereert alles aan de Heer Zelf, de Heer des hemels en der aarde; hij richt zijn blik naar Diens Beeld in zijn hart en hangt Hem aan. In deze vorm van bekering overheerst het goddelijke element, want daaraan voorafgaand is de menselijke geest overgegaan van het psychologische naar het ontologische niveau, dat van de goddelijke energie. Het is niet meer de mens die zwoegt, maar de genade Gods die in hem woont.[66]

In dit stadium wordt de mens door God Zelf onderricht. De bewustwording van zijn zondigheid wordt meer en meer verdiept, doordat hij zichzelf niet meer vergelijkt met mens of engel, maar met zijn Formeerder, de Almachtige God. Elke energie of neiging van zijn hart die de gewaarwording van de genade afstompt of verzwakt, wordt beleefd als een wegvallen van de liefde Gods die hij gekend heeft. In zijn streven de genade te bewaren krijgt zijn bekering een specifiek ascetisch karakter. Daarbij heeft de beoefening van de ascetische nederigheid de overhand, waarvan het hoogste punt is dat de mens zichzelf ziet als erger dan allen. De nederigheid die de mens inspireert in deze charismatische vorm van bekering is onbeschrijfelijk. Het is een eigenschap van God Zelf. De mens schouwt

---

[64] Ibid., GK p.92, EN p.59.
[65] Cf. ibid., GK p.64, EN p.42.
[66] Cf. 1Kor.15:10.

in zijn hart de uiterst zachtmoedige en nederige gedaante van Jezus, en levert zichzelf over aan de goddelijke liefde. Zijn profetisch verlangen is een weerklank van de woorden van Johannes de Doper: "Hij moet groeien, doch ik moet minder worden".[67] Hij staat zodanig versteld over de gedaante van de Heer, dat hij erkent dat hij waarlijk onwaardig is zulk een God toe te behoren, Die zo uitermate nederig is, en ons heeft "liefgehad tot het einde".[68]

De overgang van het psychologische tot het ontologische niveau, die volgt op het gebed van berouwvolle bekering, gaat niet alleen vergezeld van de uitstorting van het goddelijk Licht, maar ook van een vloed van goddelijke liefde, die het hart opent en uitbreidt – om hemel en aarde te omvatten. Bewogen door de goddelijke liefde treedt de mens als hypostase in contact met God. Hij brengt heel de schepping voor Gods aanschijn, en doet voorspraak voor elke menselijke ziel. In hem wordt een soort 'transformator' geplaatst, die werkzaam is door de goddelijke liefde, en die hem in staat stelt elke geschapen energie om te vormen in geestelijke energie. Op deze wijze bewerkt hij om te beginnen zijn eigen heil, en vervolgens het heil van heel de wereld. Nu worden de woorden van de Apostel vervuld: "dat voor hen die God liefhebben alles medewerkt ten goede".[69] Elke energie, van vreugde of verdriet, wordt omgevormd tot een energie van bekering; alle lijden wordt tot materiaal voor het gebed en tot een uitdrukking van liefde.[70]

Naar het inzicht van oudvader Sophrony heeft de mens, tenzij hij de Levende God ontmoet, niet de mogelijkheid de noodzakelijke kennis te verkrijgen voor de omvorming van zijn psychologische gesteldheden tot geestelijke ervaringen, tenminste niet in deze diep ontologische betekenis. Alleen de liefde heeft de kracht elke ervaring in zijn leven, zij het aangenaam of smartelijk, te maken tot iets wat nuttig is en hem niet terneer drukt. Elke dergelijke omvorming draagt bij aan de verwerving van de eeuwigheid, die de werkelijke levende inhoud wordt van de mens tijdens zijn ontwikkeling als persoon (in de zin van 'hypostase'). Oudvader Sophrony benadrukt, dat "heel

---

[67] Cf. Joh.3:30.
[68] Joh.13:1.
[69] Rom.8:28.
[70] Cf. 2Kor.7:10; Jak.5:13.

de veelvormige ervaring van ons leven, alle beproevingen in de
wereld die zich aan ons bewustzijn hebben voorgedaan, zouden
moeten dienen als voorbereiding op de ontmoeting met God van
aangezicht tot Aangezicht." [71] Een kiem van ditzelfde onderricht
vinden wij bij de Woestijnvaders. Deze Vaders leggen uit, dat die
verandering verwezenlijkt wordt wanneer elke gewaarwording of
energie die voortkomt uit de geschapen wereld, gebruikt wordt om
onze aandacht te wenden tot de gedachtenis aan God. Wanneer hij de
kennis bezit waarmee diegenen begenadigd worden die de gezindheid van Christus hebben, dan verandert de mens alle begrensde,
eindige aardse energieën die hem belagen, in een energie die hem
in staat stelt zijn dialoog met God te intensiveren: Hij maakt "elk
denkbeeld krijgsgevangen [..] tot gehoorzaamheid aan Christus". [72]
Voordat de mens echter deze opvoedende tuchtiging van Gods
genade heeft ondergaan, is hij niet toereikend om gevoed te kunnen
worden met de "vaste spijze" van het Godwelgevallige lijden; noch
kunnen zijn zintuigen geoefend worden om de rechtvaardigheid van
het Kruis te onderscheiden, die ons met zekerheid kan leiden tot het
hemels Koninkrijk. [73] Deze tuchtiging wordt ons aangeboden door de
Heer Zelf, Die de vervolging en de wonde des doods heeft aanvaard
als de Beker van Zijn Vader, tot Wie Hij bad zonder Zijn aandacht
te wenden tot degenen die Hem kruisigden. In plaats daarvan vertrouwde Hij Zichzelf toe aan Hem, Die rechtvaardig oordeelt, met
het volgende gebed: "Vader, vergeef het hun, want zij weten niet
wat zij doen". [74]

Wanneer de bekering voltrokken wordt op het psychologische
niveau, biedt de mens zijn vrijheid en zijn wil aan als offer aan God,
en Deze aanvaardt dit en vergeldt de mens met genade. Dit schenkt
hem de kracht de grenzen van zijn aardse bestaan te overstijgen en
zich in te voegen in de stroom van de eeuwigheid. [75] Deze ontologische verandering is voor de mens een openbaring. Zijn geest wordt
'krijgsgevangen' door een nieuwe diepgang van gebed, dat hem op

---

[71] "We Shall See Him", GK p.377, EN p.214.
[72] 2Kor.10:5.
[73] Cf. Hebr.5:14.
[74] Lk.23:34.
[75] Cf. "We Shall See Him", GK p.239, EN p.152.

definitieve wijze uitleidt tot voorbij de benauwende keten van deze wereld, in de vrijheid van Gods oneindigheid.[76] Op de laatste bladzijde van zijn geschriften beschrijft de heilige Silouan de gevolgen van deze openbaring met een eenvoud die het kenmerk is van de echtheid van zijn woorden. Zoals hij het stelt, wordt de mens dan tot krijgsgevangene van de liefde Gods: "Mijn ziel, o Heer, houdt zich bezig met U, heel de dag en heel de nacht... niets aards schenkt mij vreugde en mijn ziel verlangt slechts de Heer".[77]

Deze krachtdadige gebeurtenis van de vernieuwing van de mens door het goddelijk Licht, en zijn overgang van het psychologische tot het ontologische niveau, resulteert in dit leven niet in een permanente gesteldheid. Enerzijds verschaft deze de waarachtige kennis van de medelijdende minneliefde van Gods nederdaling tot de mens, doch anderzijds bestendigt dit in hemzelf de gewaarwording van zijn waardeloze nietigheid. Het zien van de eeuwige heiligheid van God doet zijn ziel overvloeien van een tot dan toe onbekende dankbaarheid en kracht, doch tegelijkertijd wordt de mens bevangen door een ondraaglijke schrik bij het zien van zijn geestelijke armoede. Hij weet bovendien hoe ernstig het zou zijn, als hij zou falen in zijn vóóreeuwige bestemming – zijn eenheid met de God der liefde, voor alle eeuwigheid. De gewaarwording van de reine liefde van Christus, die aan de mens wordt medegedeeld bij het zien van Diens Beeld, brengt een volstrekt ander soort bekering teweeg, een nog vollediger bekering, die heel het wezen van de mens beheerst. Het licht der genade helpt de mens dieper door te dringen in het mysterie van zijn geestelijke armoede. Hij wendt zich af van zichzelf, terwijl hij bittere tranen vergiet vanwege zijn erbarmelijke staat. Hij verzinkt in volledige wanhoop over zichzelf, maar terzelfder tijd vertrouwt hij volstrekt op God "Die de doden opwekt".[78] Het betreft hier een 'charismatische wanhoop', want deze activeert het gebed en geeft het vleugels, terwijl dit heel het wezen van de mens opheft tot de sfeer van de eeuwige Geest. Dit opwaartse elan wordt ook overgedragen op het lichaam, dat dorst naar de Levende God – gevolg is de heiliging van het

---

[76] Cf. ibid., GK p.305, EN p.198.
[77] "Saint Silouan", GK p.622, EN p.504, NL p.526-527.
[78] 2Kor.1:9.

lichaam, dat versterkt wordt door de genade om de goddelijke liefde te kunnen verdragen.

De wisseling tussen deze twee dimensies van het schouwen die wij hiervoor hebben beschreven, brengt de mens tot een uiterste intensiteit van berouwvolle bekering. Met zijn geest dringt hij door tot het eeuwige plan van zijn God en Heiland voor Diens redelijke schepselen, en dit verwekt in hem een ondraaglijke dorst om de nauwe grenzen van zijn begrensde, gevallen natuur te overstijgen en te verzinken in de onpeilbare afgrond van het geestelijk gebied. In deze geestelijke atmosfeer "bestaat niets en niemand, behalve de God der liefde en het aanschouwen van Zijn oneindigheid".[79] Dan staart de mens in zijn innerlijke hel, onder het licht van de heiligheid Gods en van het vuur van Diens goddelijke liefde, hetgeen in zijn ziel de onuitblusbare dorst verwekt om "de banden te verbreken van de verstikkende omhelzing van de Val" en zich volledig over te leveren aan God, die het Licht is van de heilige Liefde.[80]

De geestelijke kracht van deze tweevoudige visie versterkt en inspireert de mens in zijn bekering, die nu ontologische, 'adamitische' dimensies aanneemt. In eerste instantie leeft hij de "hel" van zijn eigen persoonlijke bekering, om het eerste grote gebod te vervullen – van de liefde tot God. Naar de mate waarin hij de gelijkenis aanneemt van het beeld en de geest van de Tweede Adam, ontdekt hij zijn ontologische eenheid met heel het geslacht der stervelingen. Nu verstaat hij de liefde "tot het einde" van Christus voor de wereld, en hij raakt ervan verzekerd dat hijzelf niet in staat is het tweede gebod te vervullen – van de liefde tot de naaste, dat is, tot al zijn medemensen. Zoals Christus Zijn eigen leven opofferde, daalt ook de mens nu af in een waarachtige "hel der liefde", in overeenstemming met de geest van Christus, en hij draagt een standvastig gebed van bekering op namens de gehele Adam. Naar het inzicht van oudvader Sophrony zou de uiterste graad van deze bekering – al is dit onbereikbaar op deze aarde – iemand leiden tot de volheid van de kennis van "de Ene God in drie Hypostasen, zowel als onze onsterfelijkheid".[81]

---

[79] "We Shall See Him", GK p.68-69, EN p.44-45.
[80] Ibid., GK p.34, EN p.22.
[81] Ibid., GK p.55, EN p.36.

Deze tweevoudige visie is de enige die de mens kan opwekken uit de eeuwenlange slaap der zonde.[82] Door deze visie zweeft hij tussen de "hel" van zijn zelfkennis en de afgrond van de kennis van God, en zo wordt hij geleid tot een volheid van kennis die al de dimensies omvat van de geestelijke wereld. De sterke gedrevenheid van zijn bekering volstaat om hem over te brengen "tot onvoorziene grensgebieden, waar hij de voorsmaak ontvangt van de goddelijke universaliteit"[83] Als hij de weg der bekering tot het einde toe doorloopt, dan zal zijn geest kennen "hetgeen des mensen is"; en de Heilige Geest, Die hij nu ontvangen heeft, zal hem in staat stellen "de diepten van God" te onderzoeken.[84] Het zien van enerzijds de heiligheid van God en anderzijds zijn eigen nietigheid, maakt dat de mens op God gaat lijken. Deze uiterst krachtige gelijkenis kent geen einde, noch op de aarde noch in de hemel, daar niemand kan reiken aan de mate van Christus en de volmaaktheid van Diens liefde.

Vragen & Antwoorden

Vraag 1: Is er een verschil tussen gebed en eredienst? Met andere woorden: Wanneer wij bidden, is dat dan ook eredienst? En wanneer wij eredienst verrichten, is dat dan ook gebed, of kan dat verschillend zijn? U hebt ook genoemd, dat wij door te lijden onze liefde wedergeven aan God. Als Orthodoxe Christenen, dienen wij dit zo te verstaan dat wij niet onze liefde aan God kunnen wedergeven of ons geloof ten volle kunnen uitoefenen, als wij niet lijden, of als wij door perioden heengaan waarin wij zelfs luxe ervaren?

Antwoord 1: Dit zijn twee heel grote vragen. Daar zullen we nog een voordracht voor nodig hebben! Laten wij de eerste nemen: gebed en eredienst. 'Eredienst' is een meer algemene term en een alles omvattend leven, terwijl gebed een daad van eredienst is. Eredienst is meer de uitwisseling van het leven van de mens voor het leven van God, wat bijvoorbeeld plaatsvindt in de Goddelijke Liturgie. De Goddelijke Liturgie is eredienst; er is daar gebed en

---

[82] Ibid., GK p.33, EN p.21.
[83] Ibid., GK p.137-138, EN p.88.
[84] 1Kor.2:11.

een heel leven, het leven van Christus. In de Heilige Dankzegging[85] voltrekken wij de 'ruil' van ons beperkte en tijdelijke leven voor het onbegrensde en oneindige leven van God. Wij bieden God een stukje brood aan en een beetje wijn, maar in dat brood en die wijn leggen wij al ons geloof, onze liefde, onze nederigheid, ons verwachten van Hem – heel ons leven. En wij zeggen tot God: "Het Uwe uit het Uwe bieden wij U aan, in alles en voor allen." Wij bieden God heel ons leven aan, nadat wij onszelf hebben voorbereid om voor Zijn aangezicht te komen staan en deze handeling te verrichten. En God doet hetzelfde: Hij aanvaardt het offer van de mens, en Hij legt Zijn leven – de Heilige Geest – in de gaven, en maakt ze tot Zijn Lichaam en Bloed, waarin heel de volheid van de Godheid aanwezig is; en Hij zegt tot de mens: "Het Heilige voor de heiligen". God aanvaardt onze gaven en vervult ze met Zijn leven, en dan geeft Hij ze aan ons terug. Wij zouden dus kunnen zeggen dat 'eredienst' een meer volledig iets is. In het gebed doen wij ook die uitwisseling, maar het is meer eenzijdig.

Uw tweede vraag is zeer moeilijk. God heeft ons Zijn liefde getoond door Zijn dood, die Hij voor ons geleden heeft. En Hij geeft ons de mogelijkheid om Hem, door het lijden, onze liefde te betonen. In deze wereld is Christus "lijdende", zegt de heilige Paulus,[86] en als wij ledematen zijn van Zijn Lichaam, dan kunnen wij niet zonder pijn zijn wanneer het Hoofd van dit Lichaam een doornenkroon draagt. Als wij dat begrijpen, dan wordt het lijden tot een voorrecht voor diegenen die tot dat Lichaam behoren: het voorrecht om hun harmonische eenheid te tonen met het Lichaam. Dat is waarom de heilige Petrus zegt in zijn brief: "Het oordeel moet beginnen bij het huis Gods... en indien de rechtvaardige nauwelijks behouden wordt, waar zal dan de goddeloze en zondaar verschijnen?"[87] Zoals God Zijn Eniggeboren Zoon heeft overgeleverd aan de dood, zo levert Hij Zijn eigen volk – Zijn uitverkorenen – over aan het lijden, om te bewijzen dat zij "Zijn huis" zijn, dat wil zeggen, Zijn woonplaats, want Hij leeft in hen. Dus als wij het lijden beschouwen in dit perspectief, dan wordt het een groot voorrecht en een eer, en het teken van onze

---

[85] D.w.z. de liturgische dankzegging, in de Anaphora. *Noot vert.*
[86] Hand.26:23.
[87] 1Petr.4:17-18.

uitverkiezing door onze Hemelse Vader, om hetzelfde oordeel te ondergaan dat Zijn Zoon in deze wereld gedragen heeft, en eveneens te worden overgeleverd aan de dood. De dood omwille van God, omwille van Zijn geboden, is een dood die de dood veroordeelt, net zoals de dood van onze Heer de dood veroordeeld en vernietigd heeft. Al de heiligen Gods worden aan een dergelijk lijden overgeleverd. Het gebeurt zeer vaak, door Gods voorzienigheid, dat de Heer hen toestaat de hel te smaken, niet om vernietigd te worden, maar om het mysterie te peilen van Christus' nederdaling in de Hades, om *'totus Christus'* te kennen (de gehele Christus) en Zijn pad van de Hemel der Hemelen tot de nederste delen der aarde. "Dit nu: Hij is opgestegen – wat is het, dan dat Hij eerst is nedergedaald, zelfs tot de nederste delen der aarde", zegt de heilige Paulus in verwondering.[88] Dit is het pad van Christus: eerst daalde Hij neder, en toen steeg Hij op – en al Zijn heiligen hebben, door te lijden, het voorrecht zichzelf te betonen als het huis van God, en kennis te ontvangen van de gehele lengte van de weg van Christus. Dus als wij het lijden op deze manier beschouwen, dan is het wonderbaarlijk, een grote eer en een bovennatuurlijke gave. Dat is waarom wij niet onder de indruk zijn van mooie Boeddhistische theorieën, die manieren proberen uit te vinden om zich los te maken van het lijden – want wij hebben de mogelijkheid om, door te lijden, zonen van God te worden, te delen in de overwinning van de Zoon van God over de dood.

Wat belangrijk is, zoals de heilige Petrus zegt in zijn brief, is dat wij onschuldig lijden, niet op een zondige manier.[89] In Nicomedië waren twintigduizend martelaren op weg naar het martelaarschap. Zij stonden allemaal op het punt de dood te ondergaan omwille van Christus, maar op weg naar hun martelaarschap verscheurde één van hen het portret van de keizer. Daarom rekende de Kerk hem niet onder de heiligen. Hij had een overtreding begaan die bestraft kon worden door de wet van de staat, terwijl de anderen als schapen ter slachting werden geleid, en men erkende de heerlijkheid van hun martelaarschap. Degene die het portret verscheurde werd mét de anderen ter dood gebracht, en waarschijnlijk heeft God zijn martelaarschap aanvaard. Maar omdat hij een daad beging waarin

---

[88] Ef.4:9.
[89] 1Petr.2:19.

een zeker "weerstaan" van de boze lag, telde de Kerk hem niet bij de anderen. Christus zegt: "Weerstaat de boze niet",[90] en Hijzelf heeft ons een voorbeeld gegeven. Hij werd als een Lam ter slachting geleid en als een schaap voor de scheerder, zegt de profeet Jesaja,[91] en Hij werd gehaat zonder reden.[92] Het is belangrijk dat wij de zede, de levenswijze leren, die geïnspireerd wordt door de Goddelijke Liturgie. Wij priesters beginnen de 'prothesis' met te zeggen: "als een schaap werd Hij ter slachting geleid, en als een lam dat stom is voor zijn scheerder; in Zijn nederigheid werd zijn oordeel weggenomen..." Dit is de zede (de 'ethiek'), waartoe de Heilige Liturgie inspireert; en dit is de zede die de dood overwint! Dat is hoe de Heer, in onze plaats, de dood heeft overwonnen en de wereld heeft veroverd die in zonde gevallen was. Wij moeten ons niet laten aantrekken door de geest van deze wereld, en wraak nemen of vechten voor onze rechtvaardiging; wij zouden veeleer onrecht moeten lijden. Zoals de heilige Paulus zegt: "Waarom lijdt gij niet liever onrecht, dan naar de wereldse gerechtshoven te gaan?"[93] Hij had liever dat zijn leerlingen onrecht leden, dan dat zij zouden vechten voor hun rechtvaardiging, zelfs wanneer zij menselijk gesproken in hun gelijk stonden. Dit volmaakte principe wordt geïnspireerd door de weg des Heren. Natuurlijk, levend in deze wereld moeten wij in elk specifiek geval handelen naar onze maat. Maar ons hoogste voorbeeld en onze referentie is wat de Heer Zelf ons heeft getoond.

Als u wilt, zou ik hierover zelfs nog meer kunnen zeggen, in antwoord op uw tweede vraag. De Moeder Gods bijvoorbeeld, zou niet gestorven zijn – volgens de overlevering van de Heiligen – omdat zij nimmer gezondigd had, zelfs niet in gedachten; en wie niet zondigt, sterft niet. Niettemin aanvaardde zij de dood, maar slechts voor drie dagen; toen werd zij opgewekt, en overgebracht naar de hemel. Zij ging door de dood heen, om het pad van haar Zoon te volgen, zodat ook haar dood een veroordeling van de dood zou zijn, aangezien het een onschuldige dood was vanwege haar zondeloosheid. De heilige Maximos de Belijder zegt, dat diegenen die gedoopt

---

[90] Mt.5:39.
[91] Cf. Jes.53:7.
[92] Cf. Joh.15:25.
[93] Cf. 1Kor.6:7.

worden en daarna niet zondigen, normaal gesproken niet zouden
sterven, zelfs geen lichamelijke dood. Toch staat God toe dat zij
sterven, maar hun dood is een veroordeling van de dood, net zoals
Christus' dood een veroordeling van de dood was.

Vraag 2: Wij leven in een context waarin ons lijden in feite
verminderd wordt afhankelijk van hoe welvarend wij zijn in deze
samenleving. Bovendien, in een cultuur als deze, wordt ons verteld
dat het lijden vermeden dient te worden, te worden bestreden met
medicijnen enzovoort. Ik dacht, misschien zou u hier iets over
kunnen zeggen?

Antwoord 2: De cultuur van deze wereld is om het lijden te vermijden en comfort te creëren. Dat weten wij allemaal, en wij zijn
kinderen van deze wereld. Maar in het Evangelie is er een omgekeerd
perspectief: alle dingen die door de mens gewaardeerd worden zijn
een gruwel voor God. Ik herinner me een prachtige uitdrukking van
de heilige Isaak de Syriër, die zei dat niemand ooit in comfort ten
hemel is gestegen. Allemaal proberen wij de pijn en het lijden te vermijden, en ik doe hetzelfde. Maar wij zouden tenminste de waarheid
moeten kennen wat het lijden betreft, zodat wij het moedig zullen
verdragen wanneer wij het niet kunnen vermijden. Dan kan God ons
de genade schenken daar bovenuit te stijgen. Het is goed te weten wat
waarachtig is en goddelijke waardering heeft bij God. Wij kunnen
op een punt komen in ons leven, waarin wij deze theorie toepassen,
en dan zullen wij de waarheid ervan kennen. Ik las in de Heilige
Vaders dat God drie dingen waardeert: het reine gebed, de monastieke gehoorzaamheid, en de dankzegging wanneer wij bedreigd
worden door de dood vanwege ziekte, vervolging of verdrukking.
Ooit ging ik naar het ziekenhuis voor een operatie. Ik moest daar een
week lang blijven, en de gedachte kwam mij voor de geest dat ik
nu de mogelijkheid bezat een van deze drie dingen uit te proberen.
Ik nam het besluit dat ik gedurende al die tijd geen enkel ander gebed
zou zeggen dan alleen: "Ere zij U, o God, ere zij U. Ik dank U voor
alle dingen". Ik bad enkele dagen lang op die wijze, en tegen het
einde van de week was het zo prachtig, zo troostrijk en lichtend, dat
ik het spijtig vond het ziekenhuis te moeten verlaten. Dus het feit
dat ik ergens gelezen had dat dankzegging in ziekte God welgevallig
is, was belangrijk, omdat ik – toen de nood aan de man kwam – de

theorie kende – en ik paste deze toe, en God kwam mij te hulp. Dus het is goed te weten wat volmaakt is en door God gewaardeerd wordt. Al de waarheid van het Evangelie die ons verteld wordt, en waar wij over lezen, zal ons te pas komen op het ogenblik van onze nood, en ons behouden.

Als het lijden een teken is van Gods uitverkiezing, waarom bidden wij dan dat wij voor het lijden gespaard mogen blijven, en een pijnloos en vredig einde mogen hebben? Dit is hetzelfde als met de verzoekingen: in het Gebed des Heren bidden wij God, dat wij niet in verzoeking zullen worden geleid, maar de heilige apostel Jakobus zegt, dat als wij in verzoeking belanden, wij dit moeten beschouwen als een vreugde, omdat wij zo de kans krijgen God onze trouw te betonen.[94] In verzoekingen en lijden zijn wij het niet, die de plannen maken; wij kiezen ons kruis niet, maar wij aanvaarden het kruis dat Gods alwijze Voorzienigheid in ons leven toestaat. God weet hoe groot of klein het kruis is, dat wij nodig hebben. Hij zal ons precies dat kruis geven, dat voor ons exact het juiste is om losgemaakt te worden van al onze gehechtheden in dit tijdelijke leven, en met een vrij hart achter Christus aan te snellen. Wij zijn het dus niet die kiezen; het is de goddelijke Voorzienigheid die het plan maakt voor ons leven. Natuurlijk bidden wij dat wij voor het lijden gespaard mogen blijven, en een vredig en pijnloos einde mogen hebben, want wij weten niet of wij in staat zullen zijn het lijden te verdragen, of dat wij kleinmoedig zullen worden. Net als met betrekking tot de verzoekingen, bidden wij dat het leed ons bespaard moge blijven; maar als het komt, dan zullen wij het verdragen, in de kracht van Gods Geest. In hovaardigheid kiezen veel mensen hun kruis, en dan worden zij kleinmoedig en komen ten val. Wij herinneren ons, hoe de grote en heilige apostel Petrus zijn les leerde. Als wij getrouw zijn in wat klein is, en wij dat dragen, dan zal ons kracht worden toegevoegd om ons te helpen te dragen wat zwaar is, en zelfs nog standvastiger trouw te zijn aan God.

---

[94] Cf. Jak.1:2,12.

7

Het bewerken van het hart door
de genade der bekering

et Evangelie van Christus begint met de woorden "Bekeert u, want het Koninkrijk Gods is nabijgekomen".[1] Met deze woorden wordt de dialoog tussen God en de mens hervat, die verbroken werd in het Paradijs door de ongehoorzaamheid van de Eerstgeschapene.[2] Zij worden nu uitgesproken met het oog op een nieuwe schepping: een geslacht, waarvan de Stamvader – Christus – de Schepper Zelf is. De bekering is dus het middel waardoor de zonde wordt uitgewist, en waardoor uiteindelijk de oorspronkelijke uitspraak van God over de mens verwezenlijkt wordt: "Laat Ons de mens maken naar Ons beeld en naar Onze gelijkenis".[3]

Er komt een tijd waarin de mens voelt dat al de werken, die hij in zijn leven verricht heeft, het zaad der vergankelijkheid in zich dragen, en onmogelijk de blik van de Eeuwige Rechter kunnen doorstaan. Dit gevoel leidt tot een heilbrengende wanhoop (door vader Sophrony ook wel "gezegende wanhoop" genoemd), en vervolgens tot berouwvolle bekering. Dit is de goede droefheid, die "een onberouwelijke bekering tot heil" bewerkt, zoals de Apostel zegt.[4]

In het leven van de heilige Ambrosius van Optina wordt verhaald dat de heilige gevraagd werd, vlak voor zijn sterven, welke gebedsregel hij gevolgd had, en hoe hij antwoordde: "Er bestaat geen betere regel dan de regel der bekering die de Tollenaar ons heeft geleerd: "O God, wees mij zondaar genadig".[5] Het gebeurt vaak dat grote heiligen, zoals abba Sisoë, vlak voor hun sterven God vragen hun leven te verlengen, zodat zij langer de tijd zullen hebben voor de berouwvolle bekering. Dit toont dat de bekering niet alleen het

---

[1] Mt.4:17.
[2] Cf. "On Prayer", GK p.138, EN p.133.
[3] Gen.1:26.
[4] 2Kor.7:10.
[5] Lk.8:13.

begin van het geestelijk leven kenmerkt, maar ook de gehele tocht en het einde daarvan.

De eerste stap van de mens tot de bekering is de banden door te snijden die hem verbinden met de buitenwereld, opdat hij kan binnentreden in zijn diepe hart. De tweede stap is zich te vestigen in het diepe hart, om te kunnen worden genezen door Gods genade, en zijn wezenlijke eenheid te vinden met heel de wereld.

Het leven van de Christen begint met het geloof in Christus en de berouwvolle bekering, die ten overstaan van de Kerk de voorwaarden vormen voor de Doop. Volgens het onderricht van de Vaders volgt na de vleselijke geboorte van de mens uit zijn ouders de tweede geboorte, die geestelijk is en die in het Mysterie van de Doop verwezenlijkt wordt. Doch er bestaat ook nog een derde geboorte, die onze eigen medewerking vereist en die verwezenlijkt wordt in ons innerlijk, door het wenen in berouwvolle bekering.[6]

Het Christelijk leven is niet statisch; het groeit en is dynamisch. Het is noodzakelijk voor de gelovige de houding van bekering ook na de Doop in stand te houden, om de genade te kunnen benutten die hij ontvangen heeft. Dit gebeurt door het bewaren van Gods geboden. De geboden duiden de weg des Heren aan, en wie Diens weg betreedt vindt de Heer Zelf als zijn Metgezel. Naar de woorden van de heilige Markus de Asceet bevindt de Heer Zich op verborgen wijze in Zijn geboden.[7] Aldus, door deze te bewaren, wordt de gelovige zijn God en Vader welgevallig; hij toont dat hij een wedergeboren kind van God is. Hij vervult Diens wil en verblijft in het huis van zijn Vader.

Volgens de profeet Jesaja bestaan er twee niveaus van leven en denken, het goddelijke en het menselijke. Deze zijn even ver van elkaar verwijderd, als de hemel verwijderd is van de aarde.[8] Door de genadegave der bekering verblijft de mens op het goddelijke niveau – in het schouwen dat de goddelijke geboden in hem inspireren. Op deze wijze blijft hij bewaard en groeit hij als kind van God.

De bekering is een alomvattende genadegave, omdat deze alle

---

[6] Cf. H.Gregorius de Theoloog, «Ἔπη Ἱστορικά» 2,3, PG37, 1498A; Archim. Sophrony, «ΑΣΚΗΣΙΣ ΚΑΙ ΘΕΩΡΙΑ» (*Over de ascese en het schouwen*), GK p.75-76; "Principles of Orthodox Asceticism", EN p.285.

[7] "Philokalia" (ed. Faber & Faber), vol.1: "On the Spiritual Law" (*Over de geestelijke Wet*) §190, p.123.

[8] Jes.55:9.

deugden omvat. Abba Ammonas vergelijkt de bekering van de monnik met een vurige cirkel die hem omringt, en die hem beschermt tegen de zonde. De bekering bewaart hem op de hoogte van die andersoortige denkbeelden, het begenadigt hem met een andere visie: het bevrijdt hem van het menselijk perspectief, dat een gruwel is in de ogen van God, en het plaatst hem in het perspectief van de Hemel. Mogelijke drijfveren in de mens tot een diepgaande bekering zijn ofwel de erkenning van zijn zonden, ofwel het bewustzijn van zijn ontoereikendheid te beantwoorden aan de grootheid van zijn roeping door God. Karakteristiek zijn de voorbeelden van de eersttronende apostelen Petrus en Paulus. Zij bekeerden zich bij de herinnering aan hun zonde, maar de genade van hun bekering openbaarde tevens het vóóreeuwige plan van God voor de mens, en dit leidde hen tot een nog grotere volheid van bekering. Met andere woorden, zij begonnen met hun persoonlijke bekering, en dit opende voor hen de visie van Gods vóóreeuwige plan voor de mens.

Vanaf de beginstadia van de bekering gaat deze gepaard met grote vertroosting. De vervulling van het gebod gaat samen met het loon van Godswege. Bekering is zich te onthouden van de dode werken der zonden, en zich te hechten aan de Levende God. Dit wordt geïnspireerd door het levendmakende geloof, en leidt tot "overvloed des levens".[9] De bekering heft de vervreemding van de mens op en verbindt hem opnieuw met God, zijn Oerbeeld. (Zodra de mens de weg der bekering betreedt, vindt er een ontmoeting plaats met de Heer, Die de Weg des levens is.)

Op deze wijze geeft de bekering, die wordt opgedragen met geloof en een nederige gezindheid, de gelovige de levende hoop dat hij niet zal sterven in zijn zonden. Degene die in waarachtige bekering leeft, kan niet lijden aan een ziekelijke wanhoop. Hij kent slechts één wanhoop: de wanhoop over zijn geestelijke armoede. En hij leeft deze charismatische wanhoop alleen, met de Ene God. Wie daarentegen somber is in de omgang met zijn medemensen, toont dat hij zijn wanhoop niet alléén leeft, voor Gods aanschijn. Hij bezwaart zijn broeders, terwijl hij het gebod heeft hen aangenaam te zijn.[10]

---

[9] Cf. Joh.10:10.
[10] Cf. Kol.3:15. [Het Griekse woord *'eucháristos'*, dat in deze tekst gewoonlijk vertaald wordt met 'dankbaar', betekent daarnaast ook 'aangenaam'. Vandaar

Oudvader Sophrony benadrukte de bekering als een wijze van leven, waardoor de mens zijn hart kan vinden, de plaats waar hij God ontmoet. Door de bekering worden de muren verbroken die het hart omringen. In de eerste stadia van de bekering zijn de tranen gewoonlijk psychologisch. Daar zij echter worden opgedragen aan God, en de psychische vermogens van de mens mobiliseren, zijn ze lofwaardig. (Ik herinner me dat ooit een Grieks meisje tegen de Oudvader zei: "Vader, ik ween heel gemakkelijk, misschien is het psychologisch, misschien doe ik het verkeerd?" De Oudvader antwoordde: "Laat de tranen maar komen, en verander ze in gebed." Dat wil zeggen, het geeft niet als de tranen psychologisch zijn, want als wij het gebed erbij mengen, dan worden ze geestelijk.) Niettemin is het wenen dat geschied wanneer het hart zich opent, anders van aard. Het is gelijk aan de profetische aardbeving (zoals in het leven van de profeet Elia). Deze aardbeving is noodzakelijk, opdat de stille bries erop kan volgen.[11] De geweldige windvlaag gaat daaraan vooraf, en vormt de voorbereiding voor de komst van de Trooster. De aardbeving en de geweldige windvlaag zijn de pijn van de bekering die het hart van de mens reinigt van de onreinheid en het bederf van de dood, en het toebereidt om de onvergankelijke troost van de Geest te ontvangen.

De bekering opent het diepe hart van de mens voor Gods aanschijn, opdat de genade van de Heilige Geest in hem moge wonen. Wanneer de mens deze genade aanvaardt, dan beleeft hij het begin van de derde geboorte – die geboorte waarin hijzelf tot medewerker wordt van God voor zijn hernieuwing. Dan verwerft de mens de innerlijke staat van Christus – hij ontvangt Christus in zijn hart, Die Zelf de Dienaar wordt van het heil van de mens. De ogen van zijn ziel worden geopend, en hij ziet God en zijn naaste op andere wijze.

Door de bekering wordt het eerste gebod der liefde vervuld, want daarmee richt de mens heel zijn gedrevenheid op God; de bekering verenigt al zijn vermogens, en hij wendt zich tot God met heel zijn wezen. Hij wordt verheven tot het niveau van Gods grote gebod: God lief te hebben met geheel zijn ziel, zijn verstand en zijn hart. Dan begint hij zijn broeder en heel de wereld te zien zoals God dat

---

deze verwijzing. *Noot vert.*]
[11] 1Kon.20:11-12 (LXX 3Kon.).

wil, en hij heeft slechts één verlangen: "Dat allen door Hem mogen worden behouden", zoals de heilige Silouan gewoon was te zeggen. Hij verlangt en bidt, dat het deel der barmhartigheid dat hem is toebedeeld, het erfdeel moge worden van alle mensen. Zo begint de mens 'pan-kosmisch' te worden en wordt hij geleid "tot de maat van de grootte der volheid van Christus".[12]

En tenslotte, door de bekering wordt de mens waarachtig, als hij ten volle de zondigheid erkent van zijn gevallen natuur. Zoals de apostel en evangelist Johannes zegt: "Indien wij zeggen dat wij geen zonde hebben, misleiden wij onszelf, en de waarheid is in ons niet".[13] De zondigheid is een pan-kosmisch gegeven, vanwege de kosmische dimensies van de gevolgen daarvan, en tegelijkertijd is deze de erfenis en de smartelijke 'bijdrage' van elke mens. "Want allen hebben gezondigd, en schieten tekort in de heerlijkheid Gods".[14] Zodra de gelovige zijn zonde onderkent verbergt hij deze niet, maar hij belijdt zijn val voor het Aangezicht van God. Hij brengt zijn zonde aan het licht, en deze wordt uitgewist. Hier ligt ook de kracht van het Mysterie van de Biecht. De mens die zich bekeert en zijn val belijdt voor Gods aanschijn, belijdt een kosmische waarheid. Daarom kunnen wij zeggen, dat als er een geval bestaat waarin de mens onfeilbaar wordt – en dat in de ogen van de Heer – dan is dit, wanneer hij zijn zondigheid belijdt. Want dan, meer dan op elk ander moment, is hij waarachtig. En wanneer hij waarachtig wordt, dan trekt hij de Geest der Waarheid aan, Die hem transformeert door de genade der bekering. De genade van de Heilige Geest brengt de gelovige tot een diep bewustzijn van zijn geestelijke armoede, en dit leidt hem vervolgens weer tot bekering. De Heilige Geest Zelf is dus tegelijkertijd het geneesmiddel en de rechtvaardiging.

Bovendien, door zijn berouwvolle bekering en zijn belijdenis erkent de Christen Gods heil, en getuigt hij dat hij zijn hoop niet stelt op een mens of een engel, maar op Christus Zelf, Die hem heeft vrijgekocht door het Bloed van Zijn Offer.

Tenslotte, de bekering en de belijdenis zijn het kruis dat de gelovige opneemt omwille van zijn rechtvaardiging en zijn heil.

---

[12] Ef.4:13.
[13] 1Joh.1:8.
[14] Rom.3:23.

Dit kruis is de schande die hij draagt wanneer hij zijn zonden open-baart voor Gods aanschijn, in aanwezigheid van een liturg van de Kerk. Door dit te doen plaatst hij zichzelf op de weg van de Heer. En de Heer komt en aanvaardt zijn schaamte, klein of groot, als een offer van dankbaarheid, en schenkt hem als wedergave Zijn genade, die de mens hernieuwt. Al wie zichzelf door de vrijwillige schande plaatst op de weg des Heren, vindt de Heer als Metgezel – want, zoals Hij gezegd heeft, Hijzelf is de Weg: de Weg van zowel de Waarheid als het Leven. Aldus ontvangt de gelovige, die er nederig naar streeft te wandelen met de Heer, zowel de genade als het leven van de grote Mede-reiziger Zelf. Kort gezegd, door de vrijwillige schande in de Biecht ontkomen wij aan de onvrijwillige schande van het Laatste Oordeel, en daarbij ontvangen wij van God Zijn eeuwige lofprijzing.

Doch de volheid der genade ontvangt de mens door de 'adami-tische' bekering. Zodra zijn persoonlijke bekering vrucht draagt, openbaart God aan de mens de "gehele Adam", en dan draagt de mens zijn gebed en zijn berouwvolle bekering op als een kreet tot God van heel de aarde. Dit komt vaak naar voren in het leven der rechtvaardigen, zowel vóór als na Christus. Een karakteristiek voor-beeld uit het Oude Testament is dat van de Drie Jongelingen, die ongedeerd bleven in het midden van de vuuroven terwijl zij hun bekering opdroegen, en daarbij de zonde op zich namen van de af-valligheid van Israël in Babylon. Zij aanvaardden de helse vlammen van de vuuroven als de rechtvaardige vergelding van God voor de zonden van Zijn volk.[15] Vergelijkbare voorbeelden vinden wij ook in de levens van de Heiligen. De heilige apostel Paulus wenste de banvloek ('anathema') over zichzelf, omwille van zijn volk.[16] Mozes bad voor zijn volk en smeekte God hem uit Zijn Boek te schrappen, tenzij heel het volk zou worden behouden.[17] En in onze dagen heft de heilige Silouan een gebed van bekering op tot God voor heel het wereldrijk.[18]

---

[15] Dan.3:5-7.
[16] Cf. Rom.9:3.
[17] Cf. Ex.32:32.
[18] Zie "De weeklacht van Adam", in "Saint Silouan", GK p.559-567, EN p.448-456, NL p.471-480.

8

Over de bekering

Als wij willen spreken over de bekering, zouden wij moeten beginnen bij het allereerste begin, vanaf de schepping van de mens door God. In het paradijs genoot Adam grote eer. Zijn leven was gelijk dat van een engel. Hij was in direct contact met God en leefde in Diens aanwezigheid. Hij sprak met Hem van aangezicht tot Aangezicht en verheerlijkte Hem in een onophoudelijke doxologie, samen met de engelen. Hij werd gevoed door elk woord dat uitging uit de mond van God. Ondanks dit alles werd hij misleid door de slang, zoals wij weten, en hij gehoorzaamde aan de demonische ingeving – hij volgde de geneigdheid van de boze, zich tegen God te verheffen, in het verlangen Diens plaats in te nemen. En net zoals de vijand als een bliksemstraal uit de hemel viel vanwege zijn hovaardige verlangen zijn troon te stellen boven die van God, evenzo kwam Adam spoedig ten val. De Psalmdichter zegt: "De mens die in ere was begreep dit niet; hij is te vergelijken met het verstandloze vee, en hij werd aan hen gelijk".[1]

De verbanning van Adam uit het paradijs versnelde de rampzalige scheiding tussen de zichtbare en de onzichtbare wereld. Hij was gevallen ondanks de waarschuwing van Godswege, en zijn val kon niet groter zijn geweest. Toch zouden wij onze eigen val moeten beschouwen als nog groter dan die van Adam, want wij weten wat er toen gebeurde, en toch gaan wij voort dezelfde fout te herhalen.

De mens werd geschapen naar Gods beeld en gelijkenis, als een 'spiegel' die bedoeld was om al de goddelijke deugden te weerkaatsen. Deze deugden moeten niet verstaan worden in morele zin, maar als goddelijke eigenschappen of energieën, zoals wijsheid, licht en schoonheid. In het paradijs was de mens transparant voor Gods genade; doch toen hij viel, werd de spiegel van zijn ziel verduisterd, en hij was niet meer in staat zelfs maar de minste straal van de heerlijkheid van Gods licht te weerspiegelen. Niettemin was de genadegave die God hem geschonken had zo groot, dat sommige

---

[1] LXX Ps.48(49):20/21.

rechtvaardigen uit het Oude Testament af en toe een glimp konden opvangen van het Goddelijk Licht. Zij zagen de geestelijke wereld en getuigden daarvan. Herinneren wij ons de profeet Jesaja die, nadat hij Gods heerlijkheid had aanschouwd, door de Heer tot bekering werd geroepen met de woorden: "Mijn raadslagen zijn niet als uw raadslagen, noch zijn Mijn wegen als uw wegen, maar zo ver als de hemel verwijderd is van de aarde, zo is Mijn weg verwijderd van uw wegen, en uw gedachten van Mijn denken".[2] De Heer openbaarde aan Zijn profeet de uiterste spanning die er bestaat tussen de gevallen wereld en "het land der levenden",[3] zowel als de bodemloze afgrond die deze beide scheidt. Van toen af aan zag de profeet het licht van deze wereld als duisternis, in vergelijking met het licht van de geestelijke wereld dat hem geopenbaard was,[4] en dit bracht hem tot een diepe innerlijke treurnis: "Ellendig mens dat ik ben!"[5]

Een andere profeet bad in dezelfde geest, met een gebed dat eigen is aan al de rechtvaardigen van het Oude Testament: "God, wees ons genadig en zegen ons, doe Uw Aangezicht over ons lichten, en ontferm U over ons, opdat wij Uw weg mogen kennen op aarde, Uw heil onder alle natiën".[6]

En toen tenslotte de volheid der tijden gekomen was, zoals wij lezen in de Schriften,[7] en de Heer zag dat er één mens was die op aarde rechtvaardigheid werkte en Hem in waarheid waardig was, toen boog Hij de hemelen en daalde neder[8] en straalde voort uit de Maagd. "Het volk dat in duisternis zat, zag een groot licht, en voor hen die gezeten waren in het land en de schaduw des doods is een licht opgegaan", zo lezen wij in de beschrijving van deze gebeur-

---

[2] Jes.55:8-9 (LXX).
[3] Jes.38:11; 53:8.
[4] Zie "The Letters of Ammonas", p.13-14. [Dit laatstgenoemde kenmerk is eigen aan elke geestelijke opgang. Verschillende Griekse Vaders verbinden dit met het gebed van de profeet Elia. Doch hedendaags onderzoek verwijst in dit verband naar "De opgang van Jesaja" (8:21), een apocrief Joods-Christelijk geschrift, waar iets dergelijks wordt gezegd over de tocht van de profeet tot in de zevende hemel, na zijn martelaarschap. *Noot vert.*]
[5] Cf. Rom.7:24.
[6] LXX Ps.66(67):2-3/1-2.
[7] Cf. Gal.4:4.
[8] Cf. LXX Ps.143(144):5.

tenis, in het Evangelie bij monde van de apostel Matthéüs.[9] En dit "grote licht" begon opnieuw tot de mens te spreken, en zette zo de dialoog voort die ooit abrupt beëindigd was, in het paradijs.

Toentertijd had het Licht aan onze voorvaders gevraagd: "Adam, waar zijt gij? Eva, waar zijt gij? Wat hebt gij gedaan?" Maar geen van deze beide had geantwoord: "Hier ben ik, Heer. Ik heb mij verborgen, want ik heb tegen U gezondigd, door mijn eigen fout, en het berouwt mij. Vergeef mij!" Geen van beide had iets dergelijks gezegd; in plaats daarvan schoof Adam de verantwoordelijkheid af op Eva, en Eva op de slang. Adam ging zelfs zover God de schuld te geven. "De vrouw die *Gij* gegeven hebt om bij mij te zijn, zij heeft mij van de boom gegeven, en ik heb gegeten", zei Adam,[10] als om te zeggen: "Het is *Uw* fout". En de Heer, Die nimmer iemand dwingt en Zichzelf aan niemand oplegt, trok Zich terug. Hij liet hen de gevolgen ondergaan van hun ongehoorzaamheid – te moeten zwoegen om de aarde te bewerken – om zo "tot zichzelf te komen", zoals dat gebeurde met de verloren zoon.

Nu straalt dit Licht voort uit de Maagd, om de dialoog met de mens te hernieuwen. Maar deze keer vraagt God niet: "Adam, waar zijt gij?" In plaats daarvan gebiedt Hij: "Bekeert u, en gelooft in het Evangelie".[11] Er zijn veel plaatsen in het Nieuwe Testament waar de Heer ons oproept tot bekering. Hij verlicht de wereld door Zijn woord, waarvan de centrale boodschap is dat wij ons nimmer tevreden zouden stellen met de zichtbare orde der dingen, daar deze in de gevallen staat een gruwel zijn in de ogen van God. Hij leert ons, dat het leven – en wel de "overvloed" des levens[12] – verworven wordt door een levenswijze die volstrekt tegengesteld is aan die van de natiën, wiens regeerders hen overheersen, hoewel zij hun weldoeners worden genoemd.[13] De Heer keert de zichtbare orde der dingen om, en verkondigt: "Wie de eerste wil zijn, laat hem de laatste zijn".[14] Hij roept ons tot bekering: "Want Ik ben niet gekomen om

---

[9] Mt.4:16.
[10] Gen.3:12 (LXX).
[11] Mk.1:15.
[12] Cf. Joh.10:10.
[13] Cf. Mt.20:25.
[14] Cf. Mt.19:30; 20:26-27.

rechtvaardigen te roepen, maar zondaars, tot bekering".[15] Want Hij weet dat de bekering op zich toereikend is om de menselijke natuur te genezen die door de zonde gewond is. "Zij die sterk zijn hebben de geneesheer niet nodig, maar zij die er slecht aan toe zijn,"[16] zegt de Heer. Om het anders te stellen, Christus is niet gekomen voor diegenen die ervan overtuigd zijn dat zij gezond zijn en zichzelf rechtvaardigen, maar voor de zondaars die nood hebben aan genezing. Hij komt om hen te behouden en hen te herstellen in hun oorspronkelijke waardigheid.

En deze oproep van Christus tot bekering bleef niet onbeantwoord. Nog vóór Zijn Opstanding uit de doden droeg de Rover zijn bekering op aan het kruis – hij aanvaardde de roep van het Evangelie. In tegenstelling tot Adam koos hij ervoor zichzelf te vernederen, en om deze reden heeft de Heer hem verheven en hem nog diezelfde dag begenadigd met het paradijs. Zo toont de Heer ons, dat degene die verlangt omhoog te gaan, om mét Hem te zijn, niet moet vrezen om eerst neder te dalen. Want dit is de waarachtige weg, die Hijzelf als eerste heeft getraceerd, waardoor Hij ons bevrijd heeft van de zonde en de dood.

Al degenen die in aanraking zijn gekomen met God, zowel vóór als na de vleeswording van Christus – hetzij door het horen van Zijn woord, hetzij door het schouwen van Zijn heerlijkheid, hetzij door het ontvangen van een negatieve openbaring in de vorm van de bewustwording van de diepte van hun val – zij allen werden zonder uitzondering geleid tot de berouwvolle bekering. En op de dag van Pinksteren, onmiddellijk na de uitstorting van de Heilige Geest, nam de apostel Petrus het woord en begon Christus' Evangelie te verkondigen aangaande de bekering en de vergeving der zonden.

In de Brief van de heilige Jakobus vond ik een uiterst treffende definitie van de bekering. De Apostel stelt het als volgt: "Leg daarom af alle vuilheid en alle overvloed van kwaad, en aanvaardt met zachtmoedigheid het in u geplante woord, dat uw zielen kan behouden".[17] Uit deze woorden van de Apostel begrijpen wij dat de bekering een terugkeer inhoudt tot al wat God ons in het begin geschonken had.

---

[15] Mt.9:13.
[16] Mt.9:12.
[17] Jak.1:21.

In de bekering ontvangen wij opnieuw de levenschenkende adem van de Heer, diezelfde adem waarmee de mens geschapen werd naar Gods beeld en gelijkenis – dat wil zeggen, naar het beeld en de gelijkenis van Zijn goddelijke energieën: Zijn liefde, Zijn genade en Zijn wijsheid. En alvorens in staat te zijn die levendmakende adem te ontvangen, dat ingeplante en inwonende woord, en deel te kunnen nemen aan die goddelijke energieën, dienen wij onszelf te reinigen door uit ons binnenste alles te verwijderen wat uit den boze is, en door alles wat vreemd is aan onze ziel te ontwortelen.

Elke keer dat de mens in aanraking komt met dit Woord wordt iets in hem tot leven gewekt, en wordt de oorspronkelijke genade-gave aangewakkerd die hem als erfdeel geschonken was op het ogenblik van zijn schepping. Tevens verwerft hij dan het diepe be-wustzijn van zijn weerzinwekkende staat en wordt hij zich bewust van de grote waarheid, dat hij zonder de goddelijke genade gelijk is aan redeloos vee. Dan begint in hem het werk der bekering. Met andere woorden, de mens kan pas tot waarachtige bekering komen als hij tevoren een zekere mate van verlichting heeft ontvangen, die voortkomt uit de andere wereld. Dan is hij in de positie om zijn zondigheid te zien in het licht van die staat, waarin hij zich eigenlijk zou moeten bevinden.

Het is bij uitstek in de "andere wereld" van de Goddelijke Litur-gie, dat wij de uitnemende mogelijkheid bezitten om Christus te zien. In de Goddelijke Eucharistie raken wij 'krijgsgevangen' door het zien van Hem, Die terwijl Hij rijk was, arm geworden is omwille van ons, opdat wij door Zijn armoede rijk zouden worden.[18] Wij worden beheerst door het schouwen van Hem, Die Zijn leven geof-ferd heeft, opdat wij eeuwig zouden leven.[19] Al hetgeen in de God-delijke Liturgie wordt uitgesproken, alles waarvoor wij bidden en al wat in de Liturgie voltrokken wordt, brengt ons ertoe onze zon-digheid te haten. Wij voelen de nood onszelf te vernederen ten overstaan van de luisterrijke Icoon van zachtmoedigheid en liefde, die in de Goddelijke Eucharistie vóór ons wordt gesteld. De Godde-lijke Liturgie zou ons moeten inspireren tot een nimmer opdrogend verlangen tot bekering, een verlangen ons leven te beteren. In de

---

[18] Cf. 2Kor.8:9.
[19] Cf. Joh.10:15; 4:9.

Liturgie leren wij Christus kennen, en ons hart ontvangt Zijn woord. En wanneer wij de Heilige Schrift overwegen, komt vaak een klein zinnetje in ons tot leven dat het vuur der bekering ontsteekt. Wij weten uit de levens van de heiligen, dat een enkel woord genoeg kan zijn om iemand naar de woestijn te leiden, hem te sterken in het werk der bekering, en hem tenslotte groot te maken voor Gods aanschijn. Dit was het geval met de heilige Antonius de Grote, die ooit in de Goddelijke Liturgie dit Evangelie hoorde lezen: "Ga heen, verkoop uw bezittingen en geef het aan de armen, en gij zult een schat in de hemel hebben; en kom hierheen en volg Mij".[20] In het verlangen dit woord in praktijk te brengen, trok hij onmiddellijk de woestijn in, waar hij uiteindelijk werd als een god onder de Woestijnvaders.

De waarachtige bekering is werkelijk een geschenk van God. (Ik herinner me hoe vader Sophrony over iemand zei: "Die man heeft de genadegave der bekering".) Deze gave wordt in ons werkzaam wanneer wij de zachtmoedigheid en de liefde van Christus zien; terzelfdertijd worden wij bevangen van het vurige verlangen Hem te kennen met nog grotere volheid. Onze dorst naar onze Formeerder wordt vooral beleefd op het ontologische vlak, en niet op een psychologisch niveau. Daarom vormt dit schouwen ook een ontologische oriëntatie, zodat wij ophouden onszelf te vergelijken met onze sterfelijke medemensen, en beginnen onszelf te zien in het licht van onze Formeerder Zelf. Net zoals het vleesgeworden woord een tweevoudige natuur heeft, zo wordt ook de menselijke natuur tweevoudig: de mens dient de goddelijke natuur van zijn Formeerder aan te nemen – niet naar Diens wezen (dat alleen aan God eigen is), maar in de vorm van Diens energie. En wanneer de mens begint te leven op deze ontologische wijze, dan beseft hij dat de bekering geen einde kent. Oudvader Sophrony was gewoon te zeggen, dat de bekering zonder einde is, naarmate wij voortgaan elke smet op te merken die in ons is. Want God is Licht, en dus moeten wij even transparant worden als Hij. "Hoe helderder ik God 'zie'," zegt vader Sophrony, "des te vuriger wordt mijn bekering, want dan wordt ik mij des te duidelijker bewust van mijn onwaardigheid voor Zijn aanschijn".[21]

Bekering is de wending van heel ons wezen tot God, zelfs

---

[20] Mt.19:21.
[21] "We Shall See Him", GK p.239, EN p.152.

wanneer dit gepaard gaat met een zekere pijn in onszelf. Deze pijn is in het begin bitter, daar wij in onszelf de wonden der zonde dragen; maar als onze wonden beginnen te genezen, dan wordt de bekering zoet. Eén van de heiligen heeft gezegd, dat honing zoet is voor de tong, maar wanneer deze gewond is, voelt hij pijn in plaats van de zoetheid te proeven. Precies hetzelfde geldt voor de bekering. Wanneer wij onze armoede zien, dan weeklagen wij daarover, totdat onze smarten getransformeerd worden tot tranen van liefde voor onze grote God.

Zoals wij eerder hebben gezegd, zal onze bekering nimmer voldoende zijn, daar deze in verband staat met het zicht op onszelf in het licht van het ontologisch Koninkrijk der hemelen. Om dezelfde reden kunnen wij God ook nimmer genoeg danken. Oudvader Sophrony bevestigt dat elke vorm van zelfgenoegzaamheid de bekering doet afstompen en de ziel verlamt. De heilige Paulus waarschuwt de Korinthiërs: "En wat hebt gij, dat gij niet hebt ontvangen? Doch indien gij het ontvangen hebt, wat roemt gij, alsof gij het niet ontvangen had? Gij zijt reeds voldaan, gij zijt reeds verrijkt, zonder ons heerst gij als koningen – en was het maar zo, dat gij als koning heerste, opdat ook wij met u samen als koningen zouden heersen".[22] De Apostel vermaant hen vanwege hun val in precies dezelfde dwaling als onze voorvader Adam, die verlangde als koning te heersen onafhankelijk van God. Impliciet benadrukt hij bovendien de waarde van het besef van onze geestelijke armoede. In het boek "Wij zullen God zien zoals Hij is" beschrijft oudvader Sophrony de genadegave om onze geestelijke armoede te zien, als volgt:

De woorden van Psalm 33 werden ook in mij gerechtvaardigd, en dat meer dan eens: 'Deze arme heeft geroepen, en de Heer heeft hem verhoord... Vreest de Heer... want voor wie Hem vrezen is er geen gebrek.' Het is geenszins aangenaam zichzelf te zien als 'arme', zijn eigen blindheid te leren kennen. Het is een grote, ondraaglijke pijn mijzelf te horen veroordelen 'tot de dood', omdat ik mij in deze staat bevind. Toch ben ik zalig in de ogen van mijn Formeerder, juist dankzij deze kennis van mijn nietigheid (cf. Mt.5:3). Dit geestelijk schouwen is verbonden met de openbaring van het 'Koninkrijk der hemelen' in ons. Ik dien

---

[22] 1Kor.4:7-8.

Christus te zien "zoals Hij is", opdat ik mijzelf moge vergelijken met Hem, en vanuit deze vergelijking wordt ik mijn 'mis-vorming' gewaar. Ik kan mijzelf niet kennen, als ik Zijn Heilige Gedaante niet vóór mij zie. Zeer sterk was, en blijft nog altijd, mijn weerzin tegen mijzelf. Maar uit deze verschrikking werd in mij het gebed geboren van een bijzonder soort wanhoop, die mij deed verzinken in een zee van tranen. Nergens zag ik toen enige weg tot mijn genezing – het scheen mij toe dat mijn misvorming onmogelijk kon worden getransformeerd tot de gelijkenis van Zijn schoonheid. En dit waanzinnige gebed, dat mijn diepste wezen doorschokte, trok het medelijden van de Allerhoogste God tot mij aan, en Zijn Licht begon te lichten in mijn duisternis. In diepe stilte werd mij gegeven Zijn goedheid, Zijn wijsheid, Zijn heiligheid te schouwen.[23]

Met andere woorden, onze weeklacht komt voort uit het besef van onze armoede en neemt de vorm aan van een geestelijke treurnis. De tranen zijn een geschenk van God, dat al de vermogens van onze ziel verenigt, en ons opheft tot het niveau van Gods geboden, die bepalen dat wij Hem zouden liefhebben met heel ons hart, met heel ons verstand, met heel ons wezen. En terwijl wij strijden om ze te vervullen, worden wij ons ervan bewust dat niet wij het zijn die ze bewaren, maar Christus Zelf, Die ons bewaart door Zijn geboden en in ons Gods beeld herstelt.

In het paradijs leefde Adam in de volheid van de geboden, maar alleen zolang hij gehoorzaam was en niet at van de boom der kennis van goed en kwaad. Hij was toen in het bezit van Gods genadegave, Diens eigen adem, en genoot grote zekerheid, want hij was bevestigd in alle goed. Doch door zijn ongehoorzaamheid verloor Adam elk spoor van die wonderbare zaligheid. En God, in Zijn onzegbare goedheid, plantte een andere boom – niet in het paradijs, maar in het hart van de mens – die in leven gehouden zou worden dankzij de "sprengen der wateren die neerstromen uit de ogen der mensen".[24] Deze rivieren van tranen nu, zijn de genadegave van de geestelijke treurnis, de wond van het hart, de hoogste vorm van bekering. Want wanneer de mens uit vrije wil die wond in zijn hart aanvaardt, wordt

---

[23] "We Shall See Him", GK p.92-93, EN p.59; LXX Ps.33(34):6,9/7,10.
[24] Cf. Ps.118(119):136 (zie ook LXX Ps.1:3).

hij genezen; zijn wezen herwint zijn integriteit en hij vervult Gods geboden, naar de mate van het mogelijke. Zoals oudvader Sophrony benadrukt, is het voor de mens onmogelijk om Gods geboden tot het uiterste te vervullen, doch hij is tot op zekere hoogte in staat vooruitgang te maken in het volbrengen daarvan, en zo te worden genezen.

Al de Vaders roemen de geestelijke treurnis. Wij zien dit bijvoorbeeld in de geschriften van de heilige Simeon de Nieuwe Theoloog, of in de brief van de heilige Gregorius Palamas aan de moniale Xenia. Maar het is niet gemakkelijk te leren treuren op de juiste wijze. Als wij wenen op het psychologische niveau, dan zal heel ons innerlijk leven verdorren en gaandeweg sterft het af. Als wij echter op geestelijke wijze treuren, dan zullen wij niet alleen geen enkele schade oplopen, maar bovendien herboren worden. In het boek "Wij zullen God zien zoals Hij is" legt oudvader Sophrony het verschil uit tussen de psychologische en de geestelijke treurnis.[25] Naar zijn inzicht houdt de psychologische treurnis verband met de beperking van ons leven tot het niveau van de zichtbare dingen. De geestelijke treurnis, daarentegen, wordt geboren wanneer wij al onze ervaringen refereren aan God, van Wie wij in alles afhankelijk zijn – want wij kunnen alleen maar weeklagen over onze afvalligheid die ons afscheidt van Hem.

Vaak lijden wij vanwege pijn en wonden op het psychologische niveau, wanneer wij energieën tegenkomen die ons hart vermorzelen. Maar wij dienen boven deze negatieve ervaringen uit te stijgen, waarin wij zullen slagen wanneer wij de hartepijn benutten, die door een bepaalde omstandigheid veroorzaakt wordt, en deze omvormen in geestelijke energie. Oudvader Sophrony benadrukte vaak, dat wij moeten leren om elke psychologische gesteldheid – of deze nu te wijten is aan ziekte, of de minachting der mensen, aan verdrukking of aan de zwakheid van onze natuur – op te heffen tot het geestelijke niveau, door middel van positieve gedachten. Dit lukt, als wij eenvoudig ons intellect bewaren in de plaats van de Aanwezigheid van de Zoon van God en in dialoog met Hem – als wij denken aan al wat uit den hoge is, zoals de heilige Paulus de Filippenzen aanraadt.[26]

Ooit werd aan één van de Woestijnvaders gevraagd, door zijn

---

[25] Zie "We Shall See Him", GK/EN, hfst.4.
[26] Zie Fil.4:8.

jonge discipel, hoe de tranen in het gebed verworven kunnen worden. Hij antwoordde: "Het is een gewoonte; om deze te verwerven dient de mens lange tijd te volharden, waarbij hij te allen tijde de zonden die hij begaan heeft in gedachten houdt, zowel als de gedachtenis aan de hel. Hij dient altijd te denken aan het graf, aan de wijze waarop onze voorvaderen dit leven hebben verlaten, en aan de plaats waar zij zich nu bevinden." De broeder, in zijn verlangen meer te leren, vroeg verder: "Is het goed voor de monnik zich zijn verwanten te herinneren die gestorven zijn, en andere dergelijke dingen?" En hij ontving van de oudvader het volgende antwoord: "Houdt vast aan elke herinnering die uw ziel tot verbrokenheid brengt. Als er tranen komen, dan kunt gij de kern van uw gedachten, die u tot tranen heeft gebracht, overbrengen op uw zonden of op welke andere gedachte dan ook, die u tot bekering leidt".[27]

(Het omvormen van psychologische gesteldheden tot geestelijke is de grote cultuur van het monnikschap, en als de monnik deze praktijk niet leert, dan zal hij nimmer werkelijk vervulling vinden in zijn monastieke roeping, want hij komt voortdurend in aanraking met dit soort gesteldheden. Bijvoorbeeld, een broeder voegt mij een ruw woord toe waarmee hij mij verwondt. Er bestaan twee manieren om te reageren op deze energie, die mijn hart zozeer vermorzelt. Ik kan er bitter op reageren, en zeggen: "Hoe ondankbaar van hem! Ik ben jarenlang zo vriendelijk tegen hem geweest, ik bid voor hem en zorg voor hem, en zie hoe onrechtvaardig hij mij behandelt. Hij is een slecht mens!" Dit is de normale psychologische reactie van de mensen in de wereld. Maar er bestaat nog een andere reactie. De pijn is echt, en gaat rechtstreeks naar het hart, maar zonder er zelfs maar aan te denken waar deze vandaan komt, verander ik de richting van mijn gedachte en ik zeg: "Heer, Gij hebt mijn traagheid en mijn zorgeloosheid gezien, en Gij hebt Uw engel gezonden om mij op te wekken. Ontferm U over mij." Ik gebruik de energie van deze emotie om mijn gedachte op God te richten, en ik bid voor datgene wat ik nodig heb. Wij kunnen altijd deze energie van innerlijke bitterheid gebruiken om te bidden voor de vergeving van onze zonden. Ik verander dus de psychologische energie in geestelijke energie, en ik

---

[27] "Evergetinos", vol.2, 32; in de uitgave van «Τὸ Περιβόλι τῆς Παναγίας» (2003), p.270, of de oudere uitgave te Constantinopel (1861), p.101.

treed in gesprek met God, en aan het eind voel ik mij zo verkwikt, dat ik me niet eens herinner hoe ik begonnen was, of wie mij deze slag had toegebracht. Dus, alles wat ons hart in verdrukking brengt is bruikbaar om ons tot verbrokenheid te brengen. Vader Sophrony moedigt deze houding aan door te verwijzen naar het feit dat Christus, telkens wanneer Hij bedreigd werd door de dood, er niet aan dacht of dit afkomstig was van de Romeinse soldaten, of van de Joden of de Grieken; Hij beschouwde dit altijd als de Beker die de Vader Hem gaf. Zijn geest was onophoudelijk in gesprek met Zijn Vader, en Hij zag voorbij aan de wijze waarop de dood Hem bedreigde. Zoals altijd vinden wij ons voorbeeld in de Persoon van Christus, voor alle mogelijke situaties die wij zouden kunnen tegenkomen.)

Iemand zou kunnen tegenwerpen: "Hoe kan ik dan leven, als deze genadegave van de Heilige Geest mij niet geschonken is?" Laten wij ons het woord van de Heer herinneren: "Bekeert u, en gelooft in het Evangelie".[28] Het geloof wekt in ons het verlangen het woord van Christus te bewaren, het te beproeven en de levende Waarheid te bewijzen die daarin verborgen ligt. Wij beproeven Hem, en zo leren wij Hem kennen. Het is aanvaardbaar voor God en Hem zelfs welgevallig, dat wij met Hem een 'experiment' uitvoeren, dat wij met Hem 'de proef nemen'. God Zelf roept ons daartoe: "Komt en ziet," zegt Hij tot de apostelen Andreas en Johannes.[29] "Kom en zie," stelde de apostel Filippus voor aan Nathanaël, die twijfels had.[30] En via hen wordt deze zelfde uitnodiging gericht tot al diegenen onder ons die aarzelen. In zijn Brief aan de Romeinen refereert de apostel Paulus aan mensen die "God niet hebben beproefd", die niet 'het experiment hebben uitgevoerd' met Hem, en die Hem daarom niet hebben leren kennen.[31] Het is dus vanuit het geloof en het verlangen Hem te kennen, dat wij God vragen "de poorten der bekering" voor ons te openen, en ons te begenadigen met de gave der tranen.

---

[28] Mt.1:15.
[29] Joh.1:39.
[30] Joh.1:46.
[31] Cf. Rom.1:28. De eerste zinsnede (οὐκ ἐδοκίμασαν τὸν Θεὸν) wordt op uiteenlopende wijze vertaald, doch het Grieks spreekt hier werkelijk over 'beproeven, de proef nemen met' (*dokimázô*/δοκιμάζω) – en kan hier dus verstaan worden als 'de proef nemen met God', 'het experiment uitvoeren met God'.

De geestelijke treurnis wordt versterkt door de zelfberisping, door onszelf te veroordelen, een houding die rechtstreeks tegenovergesteld is aan het antwoord van Adam aan God, toen hij was weggevallen uit het paradijs. Adam was niet in staat zichzelf te berispen, en in plaats daarvan gaf hij zelfs God de schuld. Zo maakte hij zichzelf de genadegave der bekering onwaardig, en God liet hem over aan de verbanning uit het paradijs, opdat hij dit voor zichzelf zou ontdekken. Daarom moeten wij het voorbeeld van Christus volgen, de Nieuwe Adam, en door onszelf te berispen vrijwillig de verantwoordelijkheid op ons te nemen voor al onze daden. Deze werkwijze verenigt ons met het Kruis van Christus Zelf, dat Hij geheel uit vrije wil opnam, niet voor zijn eigen nut – de Heer was immers "onberispelijk en vlekkeloos"[32] en Hijzelf had absoluut geen nood aan bekering – maar omwille van ons heil.

De zelfberisping loopt dus vooruit op Gods oordeel en matigt dit. In Zijn rijke barmhartigheid is het Hem welbehaaglijk ons te bevrijden van de rechtvaardige veroordeling die ons te wachten staat. Bovendien, door de zelfberisping en de vertroosting, die de geestelijke treurnis in ons bewerkt, worden wij geestelijk uitgebreid. Wij ontvangen grote hoop. Ondanks het feit dat de genade der bekering overvloedig licht werpt op de diepten van onze val, vervallen wij toch niet in wanhoop, omdat deze zelfde genade ons vertroost. Daarom zal degene, die de bekering op de juiste wijze op zich neemt, zijn kreet tot God intensiveren – tot Hem Die ons kan bevrijden van de dood die vanaf het allereerste begin het menselijk leven dreigde te vernietigen. Volgens de apostel Paulus is het vanwege de vrees voor de dood, dat allen dienstbaar zijn geworden aan de zonde.[33] Deze vrees heeft ons allen zelfzuchtig gemaakt. Verblind door onze eigenliefde overtreden wij de Wet, om ver van God te kunnen overleven, voortgaande op de verdraaide en eigenzinnige wegen van onze eigenwil.

Vóór ons openen zich twee afgronden, zoals wij eerder hebben gezegd: Aan de ene kant de onmetelijke diepte van de barmhartigheid en de liefde van God, zoals deze geopenbaard werd in het mysterie van het Kruis – waarmee wij ons verenigen wanneer wij

---

[32] 1Petr.1:19.
[33] Cf. Hebr.2:15.

vrijwillig treuren over onze overtredingen. Aan de andere kant de duistere afgrond van onze gevallen staat, waarin wij verzonken zijn. Het schouwen van deze twee afgronden brengt ons ertoe onze kreet tot God nog meer te intensiveren, in overeenstemming met de weg van alle rechtvaardige zielen. Dan komt de genade ons te hulp en versterkt ons, want daarin ligt het zaad van het eeuwige Leven. Dit zaad en de vertroosting waarmee dit vergezeld gaat, inspireren ons ertoe de titanische strijd op ons te nemen tegen de duisternis die wij ontdekt hebben in ons diepste innerlijk, totdat deze "verslonden moge worden door het leven".[34] Wij zijn in verdrukking, staande tussen deze twee afgronden van enerzijds de liefde van Christus, van Zijn Kruis en Opstanding, en anderzijds onze val. De afgrond van onze val roept tot de afgrond van de barmhartigheid van de liefde van Christus,[35] en als wij ons deze tweevoudige visie eigen maken in ons leven, dan zullen wij – nacht en dag – nimmer zonder inspiratie zijn. Om te worden bevestigd in deze tweezijdige visie, weigeren wij onszelf te vergelijken met hetgeen aards is, ongeacht wat het is. Om te kunnen treuren met geheel ons verstand en ons hart, is het noodzakelijk ons op beslissende wijze uitsluitend te richten op de Aanvoerder en de Voleinder van ons geloof – de Oorsprong des Levens, Jezus Christus.[36]

Net zoals het paradijs bewaard gebleven zou zijn met behulp van Gods gebod, evenzo wordt onze gevallen natuur voortdurend hersteld door de berouwvolle bekering. De bekering kent geen einde op deze aarde. Immers, de voltooiing daarvan zou betekenen dat de gelijkenis met Christus-God – Die Licht is, en in Wie geen enkel spoor van duisternis is – volledig volbracht zou zijn. De waarheid is, dat wij zolang wij leven en gevoed worden door vergankelijk voedsel, nood hebben aan een onophoudelijke bekering, daar ons lichaam onderworpen is aan de dood. Naar de mate waarin wij hier op aarde in bekering leven, worden wij aan Hem gelijk, maar door Zijn genade zal onze gelijkenis oneindig veel groter worden in het toekomende leven.

Aan het eind van de zevende trap van "De Ladder", schrijft de heilige Johannes van de Sinaï dat wij niet veroordeeld zullen worden

---

[34] 2Kor.5:4.
[35] Cf. LXX Ps.41(42):7/8.
[36] Cf. Hebr.12:2.

omdat wij geen wonderen hebben verricht, of omdat wij geen grote theologen of Godschouwenden zijn geweest. Doch wij zullen wel verantwoording moeten afleggen waarom wij niet voortdurend hebben geweend over onze zonden, over onze staat van verderf en onze onvolmaaktheden.[37] Want wij weten zeer goed (en de Heilige Schrift en de gebeden van de Kerk bevestigen dit)[38] dat geen van ons in staat is om op aarde zelfs maar één dag te leven zonder te zondigen. Wij dienen dus al het mogelijke te doen om onszelf van zonde te bewaren, door de nieuwe boom van het geestelijk paradijs te cultiveren die nu wortelt in ons binnenste, en deze te bevloeien uit de bronnen van onze tranen. Dan zal Hij Die in ons hart woning wil nemen, sterker blijken dan degene die in deze wereld regeert.[39] Met andere woorden, om de vijand te overwinnen, die in deze wereld het gezag voert – de onbarmhartige, die onze zielen martelt – dient de aanwezigheid van God in ons werkzaam te worden. Gaandeweg wordt de waakzaamheid gemakkelijker, en zijn wij beter in staat ons hart te bewaken tegen de slechte gedachten die ons willen verstrikken. Dankzij de waakzaamheid maken wij werkelijk een begin met de bekering; wanneer het vuur van de bekering en de geestelijke treurnis merkbaar begint te branden in het innerlijk van de mens, dan werkt de waakzaamheid in hem op zulk een natuurlijke wijze, dat geen enkele slechte gedachte hem kan naderen – en als deze het toch probeert, dan kan hij de hitte van die innerlijke vlam niet weerstaan, en slaat op de vlucht. Op de Heilige Berg zei ooit een monnik tegen mij (hij was een zeer goed monnik, die nu als kluizenaar leeft): "Zolang ons hart de pijn der bekering in zich draagt, blijft de vrede in ons bewaard". Hiermee bedoelde hij, dat de pijn der bekering datgene is, wat het juk van Christus licht maakt om te dragen, zoals geschreven staat.[40]

Zij die ingewijden waren in het Goddelijk Licht, zoals Jesaja en de andere profeten, zowel als de heiligen, waren ontroostbaar wanneer zij terugkeerden in de werkelijkheid van deze (tijdelijke)

---

[37] Cf. "The Ladder", step 7:70, p.80
[38] Zie bv. Rom.3:23, de Knielgebeden met Pinksteren, en het gebed voor de overledenen.
[39] Cf. 1Joh.4:4.
[40] Cf. Mt.11:29-30.

wereld. Zij waren bereid tot alle mogelijke offers en inspanningen, om hersteld te worden in dat zalige schouwen van de vervoering in God. Dit wordt duidelijk beschreven in het leven van de heilige Silouan. Gedurende veertig jaar, na het schouwen van de Levende Christus, stond de Heilige zichzelf nimmer toe zich over te geven aan de slaap. Altijd stond hem de zachtmoedige en nederige Gedaante van Christus voor ogen, wat hem zelfs niet de minste verslapping toestond tot aan het eind van zijn leven. Zoals hijzelf bevestigde, als hij niet de Gedaante van de nederige Heiland had aanschouwd, dan zou hij nimmer in staat zijn geweest ook maar één van die eindeloze nachten van waken en strijd te verdragen – en toch doorstond hij talloze van zulke nachten, omdat hij wist wat hij zocht. Zijn ongewone inspiratie liet hem niet toe enige andere vertroosting te zoeken dan van God Zelf, een feit dat op karakteristieke wijze beschreven wordt in zijn poëtische tekst, de "Weeklacht van Adam".

Net zoals het gebed gebed voortbrengt, zo brengt ook de geestelijke treurnis een grotere geestelijke treurnis teweeg. En er komt een ogenblik, zegt de heilige Johannes Klimakos, dat deze overal en te allen tijde werkzaam is in het hart van de mens. Wanneer hij zich ergens alleen bevindt, dan stort hij deze innerlijke spanning uit in gebed onder tranen, en deze doen zijn persoon ten volle herboren worden. In zijn liefde tot God wordt hij één en al vuur, en de weerzin die hij tegen zichzelf voelt vermeerdert zijn treurnis, totdat de Heer komt om hem volledig te herstellen door de genade die voortvloeit uit Zijn Kruis.

Ik zou willen besluiten met een gedeelte uit de "Weeklacht van Adam", dat in feite de wonderbare klaagzang is van de heilige Silouan zelf:[41]

Adam weeklaagt: "De stilte der woestijn is mij niet lieflijk, de hoge bergen trekken mij niet, de schoonheid van bossen en weiden geeft mij geen rust, het gezang van de vogels verzacht niet mijn pijn. Niets, niets schenkt mij nu vreugde. Mijn ziel wordt verscheurd door een groot leed: 'Ik heb mijn geliefde God gegriefd.' En als de Heer mij wederom in het paradijs zou opnemen, dan zou ik ook daar weer pijnlijk weeklagen: 'Waarom heb ik mijn geliefde God verbitterd?' [...] "Waarom zie ik Hem

---

[41] "Saint Silouan", GK p.561, 566-567, EN p.450, 456, NL p.473, 480.

niet in mijn ziel? Wat weerhoudt Hem ervan in mij te wonen? Dit: Mij ontbreekt de nederigheid van Christus, en de liefde voor de vijanden." [...]

Adam had het aards paradijs verloren en weeklagend zocht hij dit. [...] Doch de Heer, door Zijn liefde aan het Kruis, begenadigde hem met een ander paradijs, beter dan dat wat hij verloren had: in de hemelen, waar het ongeschapen Licht is van de Heilige Drieëenheid. Wat zullen wij de Heer wedergeven voor Zijn liefde jegens ons?

Vragen & Antwoorden

Vraag 1: U hebt gesproken over de omvorming van psychologische energie in geestelijk schouwen, en daarbij gaf u het voorbeeld van de monastieke broederschap waarin iemand de ander een ruw woord toevoegt. Ik vroeg me af of u dit verder zou kunnen overwegen, om ons te helpen te begrijpen hoe wij hetzelfde kunnen doen als priesters in de wereld, die te maken hebben met een hele menigte mensen, voor wie wij voorbede moeten doen bij God. Hoe kunnen wij dit doen in zoiets aards als een vergadering met de tieners van de parochieraad, of in de omgang met onze parochianen?

Antwoord 1: Wij zouden onze psychologische gesteldheden niet alleen moeten leven; wij zouden ze moeten delen met God Zelf, met onze Heer en Heiland Jezus Christus. De Apostel geeft ons precies deze raad, wanneer hij zegt: "Als iemand blijde is, laat hij dan zingen. Als iemand verdrietig is, laat hij zich dan bekeren".[42] Dat wil zeggen, wij zijn in staat een psychologische energie om te vormen in een geestelijke – niet alleen de droevige energie, maar zelfs de vreugdevolle. Als wij opgewekt zijn, dan beleven wij onze blijdschap niet alleen op het menselijk niveau, maar wij heffen onze geest op tot God en wij verheerlijken onze grote Weldoener door Hem te danken. Als wij vol bewondering zijn, dan loven wij wederom de Alwijze Schepper. Steeds treden wij in contact met Hem, en deze houding is zeer nuttig, vooral op die ogenblikken waarin wij de "harde klappen" van het leven ontvangen, want dan zullen wij in zulke kritieke

---

[42] Cf. Jak.5:13.

134	DE VERBORGEN MENS DES HARTEN (8)

momenten een uitweg vinden, en God zal ons troosten. Het gebeurt vaak dat wij bidden en God ons niet verhoort, en de verzoeking of de moeilijkheid blijft. Maar er geschiedt één ding, dat nog kostbaarder is dan verlost te worden uit de verzoeking: wij ontvangen de kracht daar bovenuit te stijgen. Dat is een nog groter wonder! Allemaal zullen wij te zijner tijd voor de drempel van de dood komen te staan, en hierin ligt iets wat absoluut noodzakelijk is – want dan moeten wij onze keuze maken op de meest definitieve wijze. Als wij, wanneer wij oog in oog staan met de dood, verbonden blijven met Christus en Hem volgen, waarbij wij ons vertrouwen stellen op Zijn woord, dan betekent dit dat ons geloof sterker is dan de dood die ons bedreigt – en aldus overwint ons geloof de dood. "Dit is de overwinning die de wereld overwint, namelijk ons geloof," zegt de heilige Johannes de Theoloog.[43] Mettertijd zullen wij dat soort dingen tegenkomen die ons beproeven en toetsen, en wij moeten een zodanige vastberadenheid bezitten dat deze onveranderlijk is voor alle eeuwigheid. Dat was de reactie van de goede engelen, toen zij zeiden: "Laat ons goed staan. Laat ons met vreze staan." Zij bleven verbonden met God, terwijl de slechte engelen ten val kwamen. Dit alles werd eens en voor altijd beslist, want deze gebeurtenis vond plaats in de eeuwigheid. Terwijl voor ons, in de tijd, alles relatief is, en wij worden pas werkelijk getoetst wanneer wij voor de dood staan. En wanneer op dat ogenblik onze beslistheid om de Heer te volgen onwankelbaar is, dan treedt onze vastberadenheid binnen in de eeuwigheid en dan ontvangen wij "een onwankelbaar Koninkrijk", zoals de Brief aan de Hebreeën zegt.[44]

Vraag 2: Eerder haalde u een tekst aan uit de geschriften van Oudvader Sophrony, waar hij zegt dat hij na een periode van bekering Gods genade herkende die hem geschonken werd, en de verademing die dit teweeg bracht. Hoe herkende hij dat, en hoe kunnen wij dat herkennen in onze bekering, of wanneer wij proberen in bekering te leven? En als wij niet het gevoel hebben alsof wij die verademing hebben ontvangen, is dat dan een teken dat onze bekering niet echt is?
Antwoord 2: Ja, natuurlijk. Bijvoorbeeld, wij worden sterker

---

[43] 1Joh.5:4.
[44] Heb.12:28.

in het weerstaan van de verzoekingen. Als ons uithoudingsvermogen tegen de zonde versterkt wordt, dan is dit een teken dat
wij genade hebben gevonden. Als het ons gemakkelijker afgaat
ons voor onze broeder te vernederen, de ander de eerste plaats te
geven, en de tweede plaats voor onszelf te bewaren, dan is ook dat
een teken dat wij genade hebben gevonden. Als wij gemakkelijker
kunnen bidden, reiner en vromer, dan is dat opnieuw een goede
aanwijzing dat onze staat niet enkel psychologisch is, maar dat er
genade mee samengaat. Er zijn ook praktische manieren om onszelf
te toetsen. Wanneer de heilige Johannes van de Ladder ons bepaalde
criteria wil geven om onze vooruitgang na te gaan, dan zegt hij niet
dat degenen die drie uur lang nachtwake houdt op de eerste trap van
de geestelijke ladder staat, en degene die vijf uur lang nachtwake
houdt op de tweede trap, enzovoort. Nee, zijn onfeilbare criterium
is onze reactie op berisping en correctie. Hij zegt, dat als wij onszelf
dwingen niet tegen te spreken, wanneer wij vermaand worden, dan
staan wij op de eerste trap van de ladder tot volmaaktheid. Als wij
niet alleen stilzwijgen, zonder negatief te reageren, maar ook beseffen dat wij het verkeerd hebben, en onszelf beschuldigen voor
deze fout, dan staan wij op de tweede trap. Als wij God danken dat
wij berispt zijn tot ons nut en onze verbetering, dan staan wij op de
derde trap. Als wij bidden voor degene die ons kwaad heeft aan-
gedaan en hem beschouwen als onze weldoener, dan staan wij nog
een trap hoger op de ladder tot volmaaktheid. Bovendien zegt hij,
dat als iemand een opmerking maakt en wij tegenspreken, wij onze
eigen ziel haten. Wij zouden niet het laatste woord moeten hebben.
Ons laatste woord zou "Amen" moeten zijn, of "Moge het gezegend
zijn", maar wij zouden daar niet onze eigen opmerking aan toe
moeten voegen.

Vraag 3: Ik heb zitten worstelen, terwijl ik naar de voordrachten
luisterde, met dit begrip van bij zinnen komen. Wij leven in een
samenleving die welvarend lijkt, die in wereldse zin een overvloed
kent als nooit tevoren in de geschiedenis, maar die in feite volstrekt
waanzinnig is. Wanneer wij uw woorden horen, dan beginnen wij
de waanzin overal om ons heen te zien – en waar ik mee worstel,
is de schijnbare spanning tussen de goedheid van de schepping die
nog altijd bestaat, ondanks dat zij gevallen is, en onze gehechtheid

aan de geschapen dingen. Uw woorden over de bekering en wat wij moeten doen wat ons innerlijk werk betreft, zijn nogal moeilijk te verkopen aan hen die in de wereld leven. Ik vraag me af, of u ons enige woorden van bemoediging zou kunnen geven, in de zin van hoe wij het Evangelie zouden kunnen aanbieden in de ons omringende wereld op een manier, die de mensen zou kunnen helpen te zien dat dit een herschikking van prioriteiten is – zodat wij kunnen overgaan van een tijdelijke visie op de wereld tot een eeuwige visie, en het Koninkrijk zouden mogen binnengaan.

Antwoord 3: U heeft de vraag gesteld, en aan het eind heeft u ook het antwoord gegeven! Het is belangrijk de mensen te leren hun prioriteiten in orde te brengen. In het Evangelie lezen wij, dat iedere schriftgeleerde die ingewijd is in het Koninkrijk, uit zijn schat oude dingen en nieuwe dingen voortbrengt.[45] Als wij waarachtige schriftgeleerden zijn, ingewijd in het Koninkrijk van onze Heer, dan zullen wij onze prioriteiten kennen, en dan kunnen wij alle dingen in het werk stellen voor het voornaamste doel van ons leven: God te dienen. Wij mogen dan in deze wereld leven, maar wij moeten niet van deze wereld zijn; onze geest is gericht op de dingen in den Hoge. Wij maken gebruik van deze wereld, en daar zijn wij God dankbaar voor, maar ons hart is niet in deze wereld, want "ons leven is verborgen met Christus in God",[46] zoals de heilige Paulus zegt. Wij zouden alles in deze wereld moeten gebruiken met mate en onderscheid, zonder onszelf aan iets daarvan dienstbaar te maken, want wij hebben ons hart gezet op de dingen die eeuwig en onzichtbaar zijn, en die werkelijker zijn dan de zichtbare dingen. Vergeef mij.

---

[45] Cf. Mt.13:52.
[46] Kol.3:3.

9

Over de bekering en de strijd tegen de hartstochten

ij hebben gezegd dat bekering een algemeen gebod is, dat alle andere geboden van het Evangelie omvat. Het houdt in alle vuilheid en kwaad af te leggen, en in zachtmoedigheid het in ons geplante woord van God te aanvaarden, dat ons in den beginne tot het zijn bracht,[1] en dat in staat is ons te behouden. Wij hebben ook gezegd, dat de uitnodiging van onze Heer ons te bekeren een voortzetting was van Zijn dialoog met Adam in het paradijs. Hij roept ons op te antwoorden, waar Adam erin faalde dit te doen toen de Heer hem vroeg: "Waar zijt gij? Wat hebt gij gedaan?" Hij vraagt ons bij zinnen te komen en te zeggen: "Heer, ik heb gezondigd, en het berouwt mij. Vergeef mij!" De Heer kwam in het vlees om Zijn dialoog met de mens te hervatten, en hij vermaande de mensen zich te bekeren en te geloven in Zijn Evangelie. Wij hebben ook genoemd, dat wij tot bekering komen door de genade van God, door die genade die voortvloeit uit het Kruis door de Opstanding van Christus, en die de Heer zijn Apostelen opdroeg te verkondigen.

Elke aanraking met de andere wereld brengt ons nader tot de bekering, en wanneer Gods vinger ons hart raakt, dan beginnen wij in juist die aanraking het patroon te zien van het goddelijk leven; wij schouwen de deugden Gods en Zijn energieën. De ziel ontvangt het waarachtige begrip, waardoor zij verlicht wordt, en op natuurlijke wijze volgt dan de berouwvolle bekering. Wij denken aan die vrouw uit het Evangelie, die toen zij haar drachme verloren had, een lamp aanstak en vervolgens het huis schoonmaakte om deze terug te vinden.[2] Een gedeelte uit de 11e homilie van de heilige Makarius de Grote drukt deze gedachte prachtig uit:[3]

---

[1] Cf. Jak.1:21.
[2] Zie Lk.15:8-10.
[3] "Fifty Spiritual Homilies", p.81.

De ziel heeft nood aan een goddelijke lamp, de Heilige Geest, die het duistere huis in orde brengt; aan de lichtende Zon der recht-vaardigheid, die opgaat in het hart en dit verlicht – zodat zij een wapenrusting bezit waarmee zij de strijd kan winnen. Die weduwe die haar drachme verloren had, stak eerst de lamp aan en bracht toen het huis in orde, en aldus – toen het huis in orde was en de lamp brandde – werd de drachme gevonden, begraven in vuil en aarde. Welnu, aldus kan de ziel niet uit zichzelf haar eigen ge-dachten vinden en ze ontwarren; maar wanneer de goddelijke lamp wordt aangestoken, dan verlicht deze het duistere huis, en dan schouwt de ziel haar gedachten, hoe zij begraven liggen in het vuil en het slijk der zonde.

Met andere woorden, de waarachtige genadegave der bekering wordt merkbaar, wanneer deze lamp in onze ziel ontstoken wordt door de energie van de Heilige Geest in ons, en zo begint Hij ons te herscheppen. In den beginne schiep God ons naar Zijn beeld en gelijkenis. Hij blies in onze neusgaten de adem des levens, en wij werden een levende geest (niet: een 'levendmakende' geest; immers, alleen de Heer is een levendmakende Geest).[4] En nu is deze nieuwe adem in ons hart het begin van een nieuwe schepping, de hernieuwing van onze persoon. Doch de vermogens van de ziel moeten gereinigd en versterkt worden door de genade van de Alheilige Geest, zodat de mens de genade van het goddelijk geschenk der bekering zal kunnen bewaren. En totdat dit proces voltooid is, loopt hij het gevaar de genade te verliezen. Niettemin, vanaf het moment dat hij de genade gesmaakt heeft en weet hoe deze werkt, weet hij wat hij moet zoeken. En hoewel de meesten van ons de genade verliezen, moeten wij bedenken dat de aansporingen van de Heer eeuwige kracht bezitten. Bijvoorbeeld, de Heer zeide: "Neemt, eet, dit is Mijn Lichaam; drinkt allen hieruit, dit is Mijn Bloed".[5] Elke keer wanneer wij dit gedenken en deze woorden herhalen in het gebed van de Goddelijke Liturgie, treden wij binnen in deze eeuwige werkelijkheid door het aanroepen van de Heilige Geest. Ook de oproep tot bekering die de Heer tot ons richt, behoort tot de eeuwigheid. En net zoals wij in de God-delijke Liturgie de gedachtenis voltrekken van die gebeurtenissen,

---

[4] 1Kor.15:45.
[5] Cf. Mt.26:26-27.

en God smeken ze nogmaals tegenwoordig te stellen in ons leven, op dezelfde wijze dienen wij ook Zijn eerste roeping te gedenken, en die eerste ijver en de vurige warmte van ons hart, en zouden wij God moeten smeken deze in ons te hernieuwen.

De apostel Paulus wakkerde op vergelijkbare wijze de ijver van de genadegave der bekering aan in zijn leerlingen, door hen te herinneren aan de vroegere ijver van hun geest. Hij schrijft bijvoorbeeld aan de Galaten: "Waar is dan uw zaligheid? Want ik getuig van u, dat gij zo mogelijk zelfs uw ogen zoudt hebben uitgegraven en ze aan mij gegeven zoudt hebben".[6] Hij wijst hen terecht, met als enig doel hen te helpen tot zichzelf te komen. Precies hetzelfde doet hij ook in zijn Brief aan de Hebreeën, die toen leden onder een dubbele vervolging: eerst van de kant van de Romeinen, en daarnaast ook door hun landgenoten. Zij bevonden zich in grote zielsangst en verdrukking, en om hen te sterken in de vreeswekkende vuuroven van hun beproeving, herinnert hij hen aan hun vroegere ijver: "Want God is niet onrechtvaardig, dat Hij uw werk zou vergeten en de inspanning van uw liefde, die gij in Zijn naam hebt betoond, terwijl gij de heiligen hebt gediend, en nog dient. Doch wij verlangen, dat elk van u diezelfde vlijt zou betonen, tot de volle verzekerdheid van de hoop, tot het einde toe, opdat gij niet traag wordt, doch navolgers zijt van hen, die door geloof en lankmoedigheid erfgenamen zijn van de belofte".[7] De heilige Johannes Klimakos raadt eveneens aan dat de herder van tijd tot tijd zijn kudde zou herinneren aan hun vroegere ijver, en in hen het verlangen zou hernieuwen deze te herwinnen.

Ook in het Boek der Openbaring spreekt de Heer over de bekering, bij monde van zijn Apostel. In het begin van zijn brief aan de bisschop van Efeze prijst Johannes hem voor zijn goede werken, voor de vervolging die hij heeft verduurd omwille van de Naam van Christus en voor de orthodoxie van zijn onderricht, om daar vervolgens echter aan toe te voegen: "Maar Ik heb tegen u, dat gij uw eerste liefde hebt verlaten. Gedenk dan vanwaar gij gevallen zijt, en bekeer u, en doe de eerste werken; maar zo niet, Ik kom spoedig en Ik zal uw lamp van zijn plaats nemen, indien gij u niet

---

[6] Gal.4:15.
[7] Hebr.6:10-12.

bekeert".[8] De heilige Johannes de Theoloog, of veeleer God Zelf bij monde van hem, benadrukt hier dat wij onze eerste liefde dienen te gedenken, om in ons de alomvattende genadegave der bekering te doen herleven.

Eén van de Egyptische heiligen uit de vierde eeuw, Abba Ammonas, raadt de monnik aan dag en nacht te bidden, dat God hem de genadegave der bekering moge schenken. En wanneer zijn gebed verhoord wordt en hij begenadigd wordt met de geest der bekering, dan omringt hem een vurige cirkel die hem ervan zal weerhouden in zonde te vallen.[9]

De bekering is het middel waardoor de spiegel van onze ziel gereinigd wordt – dit hernieuwt het beeld van God in ons, en bewerkt uiteindelijk onze gelijkenis met God. Zoals wij weten uit het boek Genesis, werd de mens geformeerd naar Gods beeld en gelijkenis. Dit beeld bestaat uit datgene wat God in ons gelegd heeft, uit wat Hij ons inblies, terwijl de gelijkenis het potentieel is dat verwezenlijkt wordt door te leven in overeenstemming met Gods genade. En het is juist vanwege deze schepping naar Gods beeld en gelijkenis, dat de mens in staat is tot berouwvolle bekering. Als die verwantschap met God niet bestond, dan zou het ons onmogelijk zijn de bekering op ons te nemen en een begin te maken op de weg des Heren. Maar daar God dit zo gezegd en gedaan heeft (want Zijn woord is daad: "Hij sprak, en zij kregen wording"[10]), is de mens in staat te werken aan het volbrengen van zijn gelijkenis met God. (Evenzo, als God niet had gezegd, "Neemt, eet, dit is Mijn Lichaam", dan zou dit feit nimmer werkelijkheid kunnen worden in de Goddelijke Liturgie. Het woord des Heren vormt het fundament van heel het 'zijn' – een feit, dat blijkt uit het gebed van de Kerk in de Heilige Geest.)

Wij dienen dus te beseffen, dat God ons de genadegave geschonken heeft geschapen te zijn "naar Zijn beeld", terwijl onze "gelijkenis" met Hem bereikt wordt door de vrijwillige strijd der bekering. De heilige Vaders interpreteren het beeld en de gelijkenis Gods op verschillende manieren: Sommigen herkennen het beeld Gods in de

---

[8] Openb.2:4-5.
[9] Cf. "The Letters of Ammonas", p.2
[10] LXX Ps.32(33):9.

redelijke aard van de mens, anderen in zijn vrijheid. Doch volgens de heilige Gregorius Palamas is heel het wezen van de mens geschapen naar het beeld en de gelijkenis Gods, niet alleen zijn ziel maar zelfs ook zijn lichaam. Want ook het lichaam ontvangt Gods adem en wordt geheiligd, zoals de heilige Silouan herhaaldelijk zegt.

Wij zijn geschapen met als enig doel om de deugden Gods te tonen in ons leven: "Doch gij zijt een uitverkoren geslacht, een koninklijk priesterschap, een heilige natie, een volk ten eigendom, zodat gij de deugden zoudt vermelden van Hem, Die u uit de duisternis geroepen heeft tot Zijn wonderbaar licht".[11] En ook het Evangelie zegt, op meer eenvoudige wijze, dat het licht van God in ons leven zou moeten schijnen, zodat de mensen dit zouden zien en God verheerlijken.[12] Helaas is het beeld Gods in ons zodanig bezoedeld, dat het nauwelijks herkenbaar is. En toch zijn wij geroepen om de waarachtige gelijkenis met Hem te verwerven – wat ook wel *'theosis'* genoemd wordt, 'vergoddelijking'.

Laten wij in het kort bezien, hoe de heilige Gregorius Palamas de goddelijke energieën classificeert, opdat wij de val van de mens beter begrijpen, zowel als de noodzaak van het soort bekering dat het beeld Gods in ons kan herstellen en onze gelijkenis met onze Schepper kan voltooien. De Heilige onderscheid vier categorieën van goddelijke energie: De eerste bestaat in de energieën van God die wezen of bestaan schenken aan de dingen. De onbezielde schepping neemt slechts deel aan dit soort energie van God. De bomen, de dieren en de menselijke wezens nemen ook deel aan een tweede type energie, de levenschenkende energie van God. Zij bezitten de energie die hun het wezen schenkt en de energie die leven schenkt. Maar alleen de mens bezit ook de derde soort energie, die hem maakt tot een redelijk schepsel. De vierde en laatste energie, tenslotte, is de vergoddelijkende energie, die alleen geschonken wordt aan de Christenen, wanneer zij levende ledematen worden van het Lichaam van Christus – degenen die werken aan hun heil, aan hun gelijkenis met God, en deelgenoot worden aan Zijn goddelijke natuur. De engelen en de mensen die behouden worden hebben deel aan deze vierde soort energie.

---

[11] 1Petr.2:9.
[12] Cf. Mt.5:16.

In de terminologie van de heilige Gregorius Palamas kunnen wij dus zeggen dat toen Adam viel, hij de vergoddelijkende energie verloor, terwijl het beeld onaantastbaar bleef – het is onuitwisbaar, en kan niet worden verminderd of verwoest. Ondanks dat het beeld Gods in de mens bezoedeld werd, bezit de mens nog altijd de derde soort energie, aangezien hij blijft voortbestaan als redelijk wezen. Doel van de bekering is het verwerven van de vierde soort goddelijke energie, die de mens vergoddelijkt en hem gelijk maakt aan de engelen.

Anders gezegd, toen de mens door de ongehoorzaamheid wegviel uit het paradijs, werd de aarde vervloekt en begon doornen en distels voort te brengen.[13] De mens, die geformeerd was "uit het stof der aarde",[14] onderging hetzelfde lot, dat wil zeggen, ook in de aarde van zijn ziel begonnen de doornen en distels van de hartstochten te ontkiemen. Daarom is de bekering erop gericht dat de mens zijn oorspronkelijke staat van hartstochtloosheid zou herwinnen, door de strijd voor de goddelijke gelijkenis.

Vanwege zijn val uit de genade is de mens verzwakt en niet in staat Gods geboden te vervullen. Doch de bekering versterkt de vermogens van zijn ziel voor het vervullen van de goddelijke wil. In het begin ontvangt hij voldoende genade om een begin te kunnen maken met het werk van zijn herschepping. De waarachtige charismatische bekering is echter een geschenk van de Heilige Geest, Die komt om de lamp van de ziel aan te steken. Doch wat gebeurt er met diegenen van wie de Heilige Geest het licht niet heeft aangestoken? Volgens de heilige Gregorius Palamas dienen zij in geloof vrijwillig de geestelijke treurnis op zich te nemen. Wij herhalen en benadrukken hierbij, dat de geestelijke treurnis geen enkel verband houdt met de ziekelijke introspectie van de puur psychologische treurnis, die een mens geheel kan verwoesten. De geestelijke treurnis neemt men vrijwillig op zich, en deze is gegrondvest op de hoop dat het aanroepen van Hem, Die alles geschapen heeft, de ziel een zekere vertroosting zal schenken – zoals het Evangelie verzekert: "Zalig de treurenden, want zij zullen worden vertroost".[15] Wij treuren, omdat

---

[13] Cf. Gen.3:18.
[14] Gen.2:7.
[15] Mt.5:4.

wij bij zinnen zijn gekomen, en onszelf hebben gezien in onze gevallen staat, en wij ontvangen vertroosting van Hem in Wiens Naam wij treuren. Wij worden getroost door de onbeschrijfelijke vertroosting van de Trooster, Die een zodanige genade schenkt dat deze elke wanhoop overstijgt. Hij herstelt in ons een zodanig sterke hoop, dat wij voortdurend worden aangetrokken door de wonderbare liefde van God.

De Heer zegt in het Evangelie: "[Wanneer zij] de handen aan u slaan, en... u vervolgen, en u overleveren in de synagogen en gevangenissen, en u wegleiden tot koningen en stadhouders, omwille van Mijn Naam... Neemt dan in uw harten voor, niet vooraf te overwegen hoe gij u zult verantwoorden. Want Ikzelf zal u een mond en wijsheid geven, welke al uw tegenstanders niet zullen kunnen weerstaan of weerspreken."[16] Dit woord was bedoeld om te worden toegepast door Christenen die onderworpen zouden zijn aan vervolging, terwijl wij zeer weinig te verduren hebben en daar zelfs voor geprezen worden. In welke zin dan, blijft dit woord van de Heer voor eeuwig?[17] Het blijft werkelijk, in zoverre wij de houding aannemen van de zelfberisping. Wanneer wij tot God bidden en onszelf voor Zijn Rechterstoel plaatsen, en uit eigen vrije wil de volledige verantwoordelijkheid op ons nemen voor onze zwakheid en onze zonde, dan geeft God ons een mond en wijsheid "tot bekering",[18] wat ons tegelijkertijd rechtvaardigt voor Zijn aanschijn. Hijzelf geeft ons het woord van het gebed der bekering, en Hijzelf rechtvaardigt ons, en wij worden waarlijk getroost. Bovendien worden wij bevestigd in het geloof, doordat wij worden verenigd met het Kruis en de Opstanding van Christus, in de genade en het heil die voortvloeien uit dit Mysterie. Doch dit alles gebeurt niet in één enkel ogenblik; het betreft een proces, een stadium, waar de Vaders over spreken als de 'reiniging' (*katharsis*), het gezuiverd worden van de hartstochten, van al de doornen en distels die in de aarde van onze ziel begonnen te ontkiemen na onze ongehoorzaamheid aan Gods gebod.[19] En net zoals wij uit eigen vrije wil hebben toegegeven aan

---

[16] Lk.21:12-15.
[17] Cf. 1Petr.1:23.
[18] Cf. Rom.2:4.
[19] Cf. Mt.13:7, 22.

de verzoeking, zo ook nu, als wij het werk der bekering op ons nemen, keren wij in vrijheid terug tot God. Waarlijk, het werk van onze reiniging en zuivering kan alleen worden volbracht, wanneer de mens dit vrijwillig op zich neemt.

De term 'katharsis' lijkt vooral te verwijzen naar een grotendeels negatief proces om onszelf ergens van te ontdoen, zoals wij lezen in de Brief aan de Kolossenzen: "daar gij de oude mens met zijn daden hebt *afgelegd*".[20] In werkelijkheid is dit proces niet enkel beperkt tot de reiniging van onze ziel van de geesten der boosheid, die daarin wonen, zoals de Heer zeide. Want als wij niets anders doen dan strijden tegen de hartstochten, dan maken wij uiteindelijk alleen maar ons huis schoon, zonder ooit de genade Gods toe te staan zich daar te vestigen; en zo laten wij het leegstaan om bezet te worden door een nog groter aantal boze geesten.[21] In plaats daarvan zouden wij moeten "opwassen met een goddelijke wasdom,[22] en beginnen om, stap voor stap, ons huis te sieren met de gaven Gods.

Het afleggen van de oude mens met zijn daden, dat wil zeggen, de strijd tegen de hartstochten, is inderdaad een negatief aspect van de reiniging; maar wij worden tevens vermaand een positief werk op ons te nemen: ons te *bekleden* "met de nieuwe mens, die vernieuwd wordt tot kennis, naar het beeld van Hem Die [ons] geschapen heeft".[23] Dit brengt ons tot het begrip dat Christus, de Nieuwe Adam, Zelf het authentieke Beeld van God is in de mens. Christus openbaart Zich als het "Zegelbeeld" van God,[24] want in Zijn vlees wordt God aan ons geopenbaard. En dit doet ons beseffen dat de mens geschapen is "naar" het Beeld Gods – de mens is een icoon van Christus, "het beeld van het Beeld", zoals de Vaders zeggen. (Wij zijn niet "*het* Beeld" van God, want wij zijn niet van hetzelfde wezen als Hij; maar wij zijn geschapen "naar" Zijn beeld, dat wil zeggen, wij zijn reflecties van God die voortkomen uit Zijn energieën).

Wanneer het beeld Gods in de mens gereinigd wordt, dan komt

---

[20] Kol.3:9.
[21] Cf. Lk.11:24-26.
[22] Cf. Kol.2:19.
[23] Kol.3:10.
[24] Heb.1:3, zie ook de Anaphora van de Basilius-Liturgie.

de mens bovendien al de gevolgen van de Val te boven, die hem
verdeeld hadden – zodanig, dat in hem "niet [meer] is Griek en
Jood, besnijdenis en onbesnedenheid, barbaar, Scyth, dienstknecht,
vrije – maar alles en in allen is Christus".[25] Met andere woorden,
Christus wordt ons leven, en zoals de heilige Paulus zegt, wij zijn
het niet langer die leven, maar Christus leeft in ons.[26] De Brief aan
de Kolossenzen spreekt over Hem als het Hoofd van Zijn lichaam,
door Wie al de "gewrichten en banden" hun voedsel ontvangen. Wij
behoeven enkel vast te houden aan Christus, Die het Hoofd is van
Zijn Lichaam, het Hoofd van de Kerk. En als Zijn leven en Zijn
energie overvloedig stromen in de ledematen van de Kerk, dan zullen
wij allemaal gaandeweg vervuld worden van de goddelijke zuiver-
heid van het Hoofd. En wanneer wij de genadegave van deze goddelijke reinheid ontvangen, dan verkrijgen wij tevens kennis van de
staat van hartstochtloosheid. In de Efezenbrief drukt de Apostel
zijn verlangen uit, "dat wij niet langer onmondige kinderen zouden
zijn... omgedragen door iedere wind van lering", maar dat wij "de
waarheid sprekende in liefde, in alles zouden groeien in Hem, Die
het Hoofd is: Christus", totdat "wij allen komen tot de eenheid des
geloofs en der kennis van de Zoon van God, tot de volmaakte Adam,
tot de maat van de grootte der volheid van Christus".[27] Deze
ontologische groei is het resultaat van onze reiniging en van ons
herstel als schepselen naar het beeld van God, Die ons rijkelijk
begiftigt met de volheid en zelfs met de grootte en de maat van
Christus Zelf.

De heilige Vaders, en in het bijzonder de heilige Gregorius
Palamas, spreken over twee kruisen en twee soorten hartstochtloosheid. Het eerste kruis bestaat uit al de inspanningen die wijzelf op
ons nemen, in de zin van het ascetisch streven, zoals het vasten, de
geestelijke treurnis, de buigingen, het gebed – dit is het kruis van de
'werkzaamheid' (*praxis*). In één van de troparia voor de heiligen
zingen wij: "Gij, die door God begeesterd werd, hebt in de werkzaamheid een opgang gevonden tot het schouwen".[28] Het kruis van

---

[25] Kol.3:11.
[26] Cf. Gal.2:20.
[27] Ef.4:14-15, 13.
[28] «Τὴν πρᾶξιν εὗρες, θεόπνευστε, εἰς θεωρίας ἐπίβασιν».

de werkzaamheid betreft ons persoonlijk streven de zondigheid van het vlees te doen sterven. Als wij de daden van het vlees volbrengen, zullen wij sterven, zegt de apostel Paulus. Als wij echter door de Geest de werken van het lichaam ter dood brengen, dan zullen wij eeuwig leven.[29] Door dit eerste kruis te dragen pogen wij de harts-tochten te overwinnen, omdat wij nog niet de volledige hartstocht-loosheid hebben bereikt. Wanneer de mens het kruis op zich neemt van de reiniging van de werken en de lusten van het vlees, dan zal in hem plotseling een nieuw schouwen worden verwekt: Christus zal Zichzelf openbaren in al Zijn Schoonheid – en dan levert de mens zichzelf geheel over aan Zijn genade. Dit is precies wat de apostel Paulus in gedachten heeft, wanneer hij zegt dat wij "elk denkbeeld krijgsgevangen [moeten] maken tot gehoorzaamheid aan Christus".[30] Met andere woorden, wij dienen als krijgsgevangen te zijn door de schoonheid, de reinheid, de nederigheid en de zacht-moedigheid van Christus, ons Oerbeeld.

Hiermee komen wij aan het tweede kruis, het kruis van de harts-tochtloosheid, waarin geen enkel streven meer van onszelf afhangt, omdat heel ons handelen dan geleid wordt door de Geest. Zoals een priester in Griekenland ooit tegen mij zei, wordt de mens tot "paard van God", dat wil zeggen, hij is geheel gevangen door het schouwen van God, en wordt gedreven door Diens Geest, en dan ontvangt hij de voorsmaak van de volmaakte hartstochtloosheid, die goddelijk is.

In de ascese van het eerste kruis, tijdens de periode van de reiniging, is geen enkele hartstochtloze staat die wij soms kunnen ervaren permanent; onze geest ondergaat vele wisselingen, daar de vermogens van onze ziel nog niet gereinigd noch genezen zijn. In het begin bijvoorbeeld, wanneer de genade ons omringt, hebben wij de neiging veel te bidden, en gedurende een bepaalde tijd lijkt het alsof ons intellect rein is – het is alsof wij in een andere wereld leven. Maar wij moeten niet denken dat wij reeds op de veilige oever van de hartstochtloosheid staan. Dankzij het onophoudelijk gebed hebben wij misschien een zekere reinheid bereikt van onze psychische ver-mogens, maar noch onze verlangens noch ons lichaam zijn volledig gereinigd. Als wij gaan geloven dat wij de hartstochtloosheid

---

[29] Cf. Rom.8:13.
[30] 2Kor.10:5.

hebben bereikt, dan lopen wij het gevaar in dwaling te vervallen (*prelest*). Volgens de heilige Simeon de Nieuwe Theoloog kunnen wij alleen vasthouden aan de genade en het onophoudelijk gebed, en gestadig voortgaan op de weg van God, als het Goddelijk Licht komt om onze ziel te genezen van haar wonden.

In het leven van de heilige Gregorius van de Sinaï lezen wij dat hij jarenlang leefde zonder een leermeester in het geestelijk werk van het gebed des harten. Maar hij bezat een vurige ijver, en elke nacht las hij het hele Psalterion en maakte vele buigingen. Hij bad voortdurend, maar hij had nooit gehoord over het hesychastische gebed, zoals dat onderricht werd door de heilige Gregorius Palamas, de heilige Païsius Velichkovsky, de heilige Nikodemus de Athoniet, en de Russische 'startsi' van de 19ᵉ eeuw. Wel gaf hij zich over aan alle mogelijke ascetische inspanningen en aan het vasten – waarvan gezegd wordt, dat dit reeds de helft is van het gebed. Hij blonk uit in deugden, maar zelfs in de kloosters zijn zulke mensen een stilzwijgend oordeel voor de tragen. Sommige broeders begonnen zich ongemakkelijk te voelen in zijn aanwezigheid, en tenslotte moest hij de Sinaï verlaten. Eerst ging hij naar Kreta, waar hij enkele oudvaders ontmoette die bekend waren met de ascese van het hart en hem het Jezusgebed leerden. In zijn biografie wordt gezegd, dat ondanks zijn onwetendheid daaromtrent, het gebed na slechts twee weken wortelde in zijn hart – want door de ascetische inspanningen die hij tevoren had verricht, onder het eerste kruis van de hartstochtloosheid, was zijn hart reeds voorbereid en waren al de vermogens van zijn ziel gereinigd. In de heilige Theophan de Kluizenaar en bij andere Vaders van de Kerk lezen wij, dat sommige mensen de gave van het gebed onmiddellijk ontvangen, vanwege hun reinheid van hart. Datgene wat werkelijk telt is dus de reinheid van hart; wij kunnen van 's morgens vroeg tot 's avonds laat wenen, maar het gebed zal slechts wortelen in een ziel die geheel gereinigd is. De heilige Gregorius van de Sinaï verwierf het meesterschap in deze kunst in slechts twee weken tijd, doordat hij reeds tevoren het werk der bekering volbracht had. Van Kreta ging hij naar de Heilige Berg, waar hij tot inspiratie werd voor een hele wolk van arbeiders van het gebed des harten; het Jezusgebed verspreidde zich, en hernieuwde het leven van de gehele Kerk.

Maar – om terug te keren tot het eerste kruis van de hartstochtloosheid – het gebed als zodanig is niet voldoende om de ziel te reinigen. De geestelijke treurnis echter verbreekt werkelijk al de hartstochten en geneest de vermogens van ons wezen. Wanneer de mens vrijwillig treurt en de genade Gods aanroept, dan worden intellect en hart verenigd. Heel zijn wezen wordt verenigd, en aldus kan het gelijkvormig worden aan de geboden van Christus. De treurende kan bijvoorbeeld liefhebben, want de geestelijke treurnis is het antwoord van onze liefde op de aanraking van de goddelijke liefde. Volgens de heilige Gregorius Palamas wordt zelfs het lichaam van de mens vederlicht door de heiliging daarvan, wanneer de mens de weg gaat van de geestelijke treurnis. Zo worden de geboden van Christus vervuld, die ons leren God lief te hebben met geheel ons verstand, geheel ons hart, en geheel onze kracht.[31] Hoe zouden wij God kunnen liefhebben met heel ons hart en heel ons verstand, als het intellect en het hart van elkaar gescheiden zijn, en de vermogens van de ziel geheel versnipperd? Alleen door de werkzaamheid van de geestelijke treurnis raakt het intellect in staat af te dalen en zich te verenigen met het hart, zodat heel ons wezen genezen wordt. En juist hierom waarderen de Heilige Vaders dit als een alomvattende deugd.

Deze strijd tot reiniging is zeer rijk. Wij lezen in het boek van vader Sophrony over de heilige Silouan, dat toen de heilige Johannes Kolovos ('de Korte', of 'de Dwerg') tenslotte gereinigd was van de hartstochten, hij bad dat iets daarvan tot hem mocht terugkeren, want hij begreep dat zijn strijd daartegen een Godwelgevallig offer was geweest.[32] Dit doet denken aan de woorden van de apostel Paulus: "Troostend vermaan ik u dan, broeders, omwille van al Gods mededogen, uw lichamen te stellen tot een levend, heilig, aan God welgevallig offer, als uw redelijke eredienst, en niet gelijkvormig te worden aan deze wereld, maar getransfigureerd te worden door de vernieuwing van uw intellect, zodat gij moogt beproeven wat de wil van God is, die goed is en welgevallig en volmaakt".[33]

Het streven naar de reiniging als zodanig vormt dus onze

---

[31] Cf. Mt.22:37; Mk.12:30; Lk.10:27.
[32] Cf. "Saint Silouan", GK p.83-84, EN p.67-68, NL p.79-80 (zie: "The Sayings of the Desert Fathers", John the Dwarf, §13).
[33] Rom.12:1-2.

redelijke eredienst aan God; het is ons dagelijks offer van berouwvolle bekering, dat aan God wordt opgedragen in het gebed. Dit is
de aanvang van het koninklijk priesterschap, dat uiteindelijk in ons
voltooid wordt, wanneer wij die geestelijke staat bereiken die het
gebed voortbracht van de heilige Silouan, dat geschreven staat op
de boekrol van zijn icoon: "Ik smeek U, barmhartige Heer, dat al
de volkeren der aarde U mogen kennen in de Heilige Geest".[34] Dat
wil zeggen, wij offeren onze bekering aan God, en wanneer God
deze vruchtbaar maakt door Zijn genade, dan opent Hij onze ogen,
en wij zien dat heel de wereld nood heeft aan de Heilige Geest, want
heel het wereldrijk zou moeten worden behouden – en dit is ook
wat God zou willen. En daarop wordt ons hart overweldigd door
een verschrikkelijke pijn voor heel de wereld, zoals de Heer Zelf
die voelde. Wij zien deze diepe pijn van Christus in de woorden
die Hij uitsprak tijdens het Mystiek Avondmaal: "O Rechtvaardige
Vader, en de wereld heeft U niet gekend".

Om te besluiten: Wanneer de mens genade vindt voor Gods aanschijn, vanwege het offer dat hij opdraagt voor zijn reiniging, dan
roept God hem tot een nog groter offer, het opdragen van het gebed
voor het heil van heel de wereld – in overeenstemming met de weg
van al de heiligen. Dit is de volmaaktheid van de gelijkenis van God
in ons. Dit is de volmaaktheid van het koninklijk priesterschap.

---

[34] «Δέομαί Σου, ἐλεῆμον Κύριε, ἵνα γνωρίσωσί Σε ἐν Πνεύματι Ἁγίῳ πάντες οἱ
λαοί τῆς Γῆς». Sommige teksten zeggen "door de Heilige Geest" (δια...) in plaats
van "in de Heilige Geest" (εν...); dit verschil berust op variaties in de bronteksten.
Cf. "Saint Silouan", GK p.355, EN p.274, NL p.296. *Noot vert.*

10

Over de bekering
binnen het Lichaam van de Kerk

ij hebben gesproken over bekering en geestelijke treurnis, over gereinigd worden van de hartstochten en de strijd deze te overwinnen. En wij hebben gezegd, dat wij in de bekering en de strijd voor onze reiniging niets anders beogen dan het 'opgraven' van de genadegaven die ons geschonken werden in de heilige Doop. In al onze inspanningen streven wij om het zegel te herwinnen van de gave van de Heilige Geest, die ons toen geschonken werd. In de heilige Doop werden ons al de genadegaven van de Heilige Geest geschonken. Hierin verschillen wij in geen enkel opzicht van zelfs de grootste heiligen: wij hebben dezelfde genadegaven ontvangen als zij, en niets minder.

Door de heilige Doop worden wij levende ledematen van het Lichaam van Christus, omdat wij deelgenoot worden van het leven van het Hoofd daarvan, dat via dit Lichaam uitstroomt tot al zijn ledematen. Wij zijn met Christus verenigd; wij hebben ons "met Christus bekleed"![1] Helaas wordt, vroeg of laat, deze genade in ons begraven door het hardnekkig misbruiken van onze vrije wil. Onze inspanning en de ascetische strijd moet daarom gericht zijn op het reinigen, het afschrapen van de laag vuil die zich boven het geestelijk hart heeft opgehoopt. Zoals wij eerder hebben gezien, schept deze strijd voor onze reiniging gaandeweg een plaats in het hart voor geestelijke activiteit, waarin ieder van ons de gave van het koninklijk priesterschap kan cultiveren – één van de vele gaven die wij in de heilige Doop hebben ontvangen.

Een vriend van mij vertrouwde mij ooit toe, hoe hij de kracht had ontdekt van deze schat van het koninklijk priesterschap, wat hem bevrijdde van zelfs maar de minste gedachte aan de wens om tot priester te worden gewijd. Want door de berouwvolle bekering had hij de betekenis leren kennen van de waarachtige Liturgie; zijn

---

[1] Gal.3:26.

bekering was zijn Liturgie geworden. De tranen die hij elke nacht in zijn cel vergoot werden zijn vurige doxologie en zijn smeekbede tot God. Ik geloof, dat wanneer wij in bekering leven, wanneer wij treuren en worstelen om onszelf te reinigen van de hartstochten, wij inderdaad een welgevallig offer opdragen aan God. Dit is onze redelijke eredienst, zoals de heilige Paulus het noemt,[2] die niet onderworpen is aan de materiële realiteiten van de zichtbare wereld, maar door de inspanning van de bekering leidt tot de vernieuwing van ons bestaan, tot onze wedergeboorte als beeld van Hem Die ons geschapen heeft.

Laten wij op dit punt nader beschouwen wat het verschil is tussen bekering en geestelijke treurnis. De bekering omvat alles, inclusief de geestelijke treurnis en de tranen. Bekering wordt door de Vaders in algemene zin gedefinieerd als een zich onomkeerbaar afwenden van de zonde; de werken der bekering zijn daarom veelvoudig, en de geestelijke treurnis is daar slechts één van – en wel een werk dat God zeer welgevallig is. Zijn welbehagen blijkt uit de tranen die Hij ons schenkt, want deze zijn een vast teken van de werking van de goddelijke liefde in een persoon. Zoals vader Sophrony bevestigt, bestaat er geen liefde zonder tranen.

Wanneer een mens deze liefde beantwoordt, dan beseft hij dat hij bovenal een wezen van aanbidding is. De genade Gods die zijn hart heeft aangeraakt, stelt hem in staat het Beeld van God waar te nemen, Die het waarachtige patroon van zijn leven is, Die in hem het verlangen wekt opnieuw te gaan leven volgens de oorspronkelijke bestemming waartoe hij geschapen was. Het is de genade die deze verandering in hem verwekt, maar wil deze genade vrucht dragen, dan zal hij moeten leven als een lid van dat Lichaam dat God aanbidt in haar eredienst: het Lichaam der Kerk – die de vergadering is van de heiligen, door wie God spreekt en in wie Hij weerspiegeld wordt. Onze gemeenschappelijke deelname aan Zijn Lichaam, als ledematen daarvan, verenigt ons met onze broers die voortdurend voor God staan. Hieraan kunnen wij onszelf veilig toetsen, want de heiligen zijn zelf deze weg van reiniging gegaan. En in het vieren van de eredienst, als ledematen van het Lichaam van de Kerk, nemen

---

[2] Cf. Rom.12:1.

wij deel aan de goddelijke reinheid, die nergens buiten dit Lichaam te vinden is, en zo worden ook wijzelf gereinigd.

Onze reiniging geschiedt niet automatisch, op mechanische wijze; het is een kwestie van samenwerking (*synergía*): De menselijke wil moet samenwerken met Gods genade. Als wij lid worden van een club (vergeef mij de vergelijking!), dan zullen wij normaal gesproken één van de secretarissen daarvan moeten spreken. Evenzo, in ons verlangen binnen te gaan in het werk der bekering, richten wij ons tot één van de 'secretarissen' van de Kerk, dat is, wij gaan op zoek naar een priester die het Mysterie van de Biecht bedient. Daarin hebben wij de mogelijkheid openlijk onze zonden te belijden, er de waarheid over te uiten, en door dit te doen slaan wij de hand aan de ploeg, die over de akker van onze ziel gaat en de aarde van ons hart omploegt met diepe voren. Terwijl wij zo arbeiden worden de doornen en distels in ons hart ontworteld, en de akker van onze ziel wordt toebereid om het zaad der genade te ontvangen. En als wij met de genade samenwerken, volgens de praktijk van de Kerk, dan zal dit zaad te zijner tijd vrucht dragen, en deze vrucht is niets minder dan het eeuwig heil.

De bekering is derhalve een voorwaarde voor onze deelname aan al de Mysteriën van de Kerk. Want de Mysteriën (sacramenten) zijn een mystieke plaats waar de wil van de mens de wil van God ontmoet, en zich daarmee verenigt – en in deze samenwerking ligt ons heil. Wij hebben eerder genoemd dat de bekering alomvattend is; als zodanig is het een vast fundament voor ons leven in de Kerk. In het Mysterie van de Doop bijvoorbeeld, door neder te dalen in het water, beloven wij God – en dit is ons verbond met Hem – dat wij van nu af aan dood zullen zijn voor de zonde. In de Doop ondergaan wij een dood, een werkelijke dood. Wij sterven werkelijk ten aanzien van de zonde, ten aanzien van onze vroegere levenswijze, de lusten van het vlees, de hartstochten, onze vleselijke blik op het leven. Wij laten dit alles achter, eens en voor altijd, en dit ligt vervat in de zinnebeeldige daad van het nederdalen in het water. En omdat wij een werkelijke dood zijn gestorven ten aanzien van de zonde ontvangen wij, wanneer wij uit het water opkomen, het waarachtige leven van de Opstanding. Wij sterven waarlijk ten aanzien van alles wat geen waarde heeft, opdat wij zouden mogen opstaan ten aanzien van alles wat kostbaar en eeuwig is. Er wordt een verbond gesloten, en heel ons Christelijk leven bestaat erin, onszelf trouw te betonen aan dit verbond van de heilige Doop, en te leven in overeenstemming met de eer die God ons bewezen heeft.

Het Doopverbond wordt hernieuwd in het Mysterie van de Biecht. In de Biecht wenden wij ons tot de Kerk, en wij brengen mét ons al onze vuiligheid, ons falen, en al onze tekortkomingen; wij leggen onszelf bloot ten overstaan van de Kerk, in alle nederigheid, en zij schenkt ons vrijelijk datgene wat wij uit onszelf nimmer verkregen zouden hebben, datgene wat wij nimmer zouden hebben bereikt. Ik zeg dat de Kerk vrijelijk schenkt – als het Lichaam van de heiligen, zowel in de hemel als op de aarde, draagt zij vrijelijk haar schatten van heiligheid en reinheid over op haar ledematen. In het Mysterie van de Biecht ontvangen wij de genade van Christus in de gemeenschap der heiligen.

De heilige Dankzegging (in de Goddelijke Liturgie) is de bekroning en de vervulling van ons verbond met God. De basis daarvoor is het *woord* van de Heer. En de volheid van Zijn woord vinden wij zeker in het Hogepriesterlijk gebed, in het zeventiende hoofdstuk van het Johannes-evangelie – een gebed dat nu bezegeld is met Zijn Bloed. Ook in het zesde hoofdstuk van het Evangelie bij monde van Johannes spreekt de Heer over het levende woord van Zijn verbond, en de eeuwige aanwezigheid daarvan in de Gaven: "Zoals de Levende Vader Mij gezonden heeft, en Ik leef door de Vader, zo zal ook hij, die Mij eet, leven door Mij".[3] Doch voordat de Apostelen deelnamen aan het Laatste Avondmaal waren zij door de Heer gereinigd. De Heer had dit Nieuwe Verbond in gedachten, toen Hij Petrus de voeten wilde wassen. Petrus, met zijn gebruikelijke impulsiviteit, zeide tot de Heer: "Gij zult mij nimmer de voeten wassen." En de Heer antwoordde: "Indien Ik u niet was, hebt gij geen deel met Mij." Petrus was ontsteld door dit vooruitzicht, en zeide: "Heer, niet alleen mijn voeten, maar ook mijn handen en mijn hoofd".[4] Doch in hetzelfde Evangelie horen wij de Heer zeggen tot Zijn Apostelen: "Gij zijt reeds rein, door het woord dat Ik tot u gesproken heb".[5]

---

[3] Joh.6:57.
[4] Cf. Joh.13:8-9.
[5] Joh.15:3.

Wij hebben gezien, dat wij niet waarlijk kunnen binnentreden in de Mysteriën, zonder onszelf daar eerst op voor te bereiden. Om deze reden zijn de Gebeden ter voorbereiding op de Heilige Communie vol van de nederige geest der bekering; want wij zullen de grote gave van het goddelijk leven nimmer waardig zijn. Wij kunnen slechts onze smeekbede opdragen aan de Heer, en Hem vragen ons te reinigen, opdat wij ons verbond met Hem mogen hernieuwen en ten volle mogen deelnemen aan Zijn heiligheid. Elke keer dat wij onze belofte aan God hernieuwen, stelt Hij ons in staat te wandelen op een wijze die onze roeping tot het eeuwige leven waardig is. Er zijn ogenblikken, waarin zelfs een wanhopige belofte in ons gebed tot de Heer zulk een hernieuwing teweeg kan brengen: "Heer, help mij een nieuw begin te maken", "Heer, ik heb gezondigd, help mij, en van nu af aan zal ik mijn best doen mij te beteren..." Het is waar dat de mens altijd enigszins een leugenaar is,[6] maar een nederige beweging van het hart zal nimmer onverhoord blijven, en de Heer zal ons elke genade schenken die wij maar nodig hebben om opnieuw te beginnen.

In het voorbijgaan willen wij opmerken, dat sommige mensen overvloedige genade hebben ontvangen voor zelfs maar de minste nederige gedachte, of het kleinste nederig gebed – een genade die hun in staat stelde te breken met een bepaalde hartstocht en daar nimmer naar terug te keren. Hoe komt het dat de Heer dergelijke bewegingen van het hart in zulk een 'onevenredige' mate beantwoord? De waarheid is, dat Hij trouw is aan Zijn beloften, trouw in Zijn verbond met ons, en "Hij kan Zichzelf niet verloochenen".[7] Zijn naam is "Getrouw" – in het Boek der Openbaring wordt Hij "de getrouwe getuige" genoemd.[8] Hij is getrouw, want Hij verandert niet[9] en daarom blijven Zijn beloften voor eeuwig en worden zij steeds weer vervuld. Het woord van God tot onze voorvader Abraham getuigt van deze waarheid: "En Ik zal Mijn verbond stellen tussen Mij en u, en uw zaad na u, in hun geslachten, tot een eeuwig-

---

[6] Cf. LXX Ps.115:2(116:11).
[7] 2Tim.2:13.
[8] Openb.1:5.
[9] Cf. Heb.13:8.

durend verbond, om uw God te zijn, en van uw zaad na u".[10] Als wij falen, dan is het omdat wij onecht zijn, wij zijn ontrouw, en wij houden ons deel van het verbond niet in ere. Doch Hij is betrouwbaar en waarachtig. Elke dag dat wij leven is een genadegave, alleen al omdat deze ons geschonken wordt voor de bekering, waardoor wij binnentreden in de volheid des levens – want het verbond van de Heer met Zijn volk is tot in eeuwigheid.

---

[10] Gen.17:7.

11

Het bewerken van het hart door
de kruisiging van het intellect

olgens het woord van de apostel Paulus is de wijsheid van God dwaasheid voor de wereld.[1] De wereld ziet het Kruis van Christus als dwaasheid. Doch diegenen die het heil smaken dat het Kruis van Christus in de wereld heeft gebracht, zijn ervan overtuigd dat Hij alle menselijke wijsheid overtreft, en dat de wijsheid en de kracht Gods sterk genoeg zijn om de mens te behouden.

Christus stierf aan het Kruis in gehoorzaamheid aan Zijn Hemelse Vader, en de gelovige neemt zijn kruis op door het bewaren van de geboden van God. De mens kan niet behouden worden, door het kruis en de dood te ontvluchten. (Zijn heil wordt juist verwezenlijkt door het kruis en de dood). Allereerst is Christus Zelf gestorven aan het Kruis omwille van het heil der mensen; en vervolgens nemen allen die ernaar verlangen de weg des Heren te volgen – de weg ten Leven – vrijwillig hun kruis op, ter vervulling van het goddelijk gebod. De gehoorzaamheid aan de wil van God, die verwezenlijkt wordt door het bewaren van de geboden, kruisigt het intellect, opdat in hem een ander intellect geboren wordt – het intellect van Christus. Om wijs te worden moeten wij eerst dwaas worden, zoals de Apostel zegt.[2] Door onvermoeibaar te zoeken naar nederige gedachten raakt ons intellect geboeid door Jezus Christus, en blijft het bewaard in deze zalige "krijgsgevangenschap". Hiertoe is het overwegen van de Heilige Schrift van bijzondere betekenis, omdat de gedachten daarin het intellect tot nederigheid brengen, doordat zij afkomstig zijn van de nederige Geest van God. Wanneer de woorden van de Schrift rijkelijk wonen in het hart van de gelovige, dan ontvlammen zij door de goddelijke genade, en brengen het intellect in overeenstemming met de wil van God.

---

[1] Cf. 1Kor.1:18.
[2] 1Kor.3:18.

De weg van Christus en Zijn aanwezigheid in de wereld werpt de menselijke criteria en waarden omver. Daarom ook lijkt het Evangelie in de ogen van de tegenwoordige wereld paradoxaal. De Heer Zelf zegt: "Tot een oordeel ben Ik in deze wereld gekomen, opdat zij die niet zien, zullen zien, en zij die zien, blind worden".[3] Dat wil zeggen, het licht dat Christus in de wereld heeft gebracht is zodanig, dat degenen die denken dat zij zien en die wijs zijn "bij zichzelf" voor altijd blind blijven, terwijl degenen die niet zien en weten dat zij blind zijn, de mogelijkheid hebben om waarlijk te zien.

De Mysteriën en de eredienst van de Kerk vormen een voortdurende inwijding en leerschool in het mysterie van het Kruis en de Opstanding van Christus. In de Doop sterven de gelovigen ten aanzien van de zonde en de elementen van deze wereld, en zij worden opgewekt tot "nieuwheid des levens"[4] in overeenstemming met de geest van Gods geboden. Het aanvaarden van het Kruis leidt de Christenen binnen in het mysterie van het goddelijk leven en in de Goddelijke Dankzegging. Daarin wordt het verbond van het Kruis hernieuwd: al wie deelneemt aan het levenschenkend Lichaam en Bloed van Christus dient te sterven ten aanzien van zichzelf en slechts te leven voor God. Het vrijwillig sterven door het geloof en de bekering vormt de beste voorbereiding voor de Goddelijke Liturgie, waarin de mens heel zijn leven opdraagt aan God, en het onvergankelijke leven ontvangt in ruil voor zijn tijdelijk en vergankelijk bestaan.

Volgens het onderricht van de Vaders wordt de kruisiging van de mens verwezenlijkt in twee stadia. Tijdens het eerste stadium verwijdert de mens zich van de wereld en de hartstochten, terwijl tijdens het tweede en verhevener stadium de hartstochten en de liefde der wereld tot aan de wortel verwijderd worden uit zijn hart. In het eerste stadium verwerft de gelovige een zekere mate van vrijheid, terwijl hij in het tweede volledig wordt vrijgemaakt. In het eerste stadium verlangt de gelovige over niemand gezag uit te oefenen; in het tweede wordt hijzelf door geen enkel gezag meer

---

[3] Joh.9:39.
[4] Rom.6:4.

overheerst, omdat hij nu ten opzichte van allen gekruisigd is: "voor mij is de wereld gekruisigd, en ik voor de wereld".[5]

Als de uiterlijke, zichtbare wereld ons aantrekt, dan zijn wij vijanden van het kruis, omdat wij daardoor onderworpen blijven aan de wereld. Als echter onze enige zorg is de geboden te bewaren, en het enige wat wij najagen de vervulling van Gods wil en al wat Hem welgevallig is, zelfs als dit niet overeenstemt met onze gevallen natuur, dan worden wij geteld onder de "vrienden" van het Kruis, want wij weten dat "God groter [is] dan ons hart".[6] Het is ons bekend, dat de volmaaktheid van de goddelijke liefde gegeven is als een gebod, en dit trekt de ziel aan. Dit verlangen verwekt pijn in de ziel – zij lijdt, omdat zij niet in staat is deze liefde te vervullen, met als gevolg dat zij de tijd van haar leven hier op aarde doorbrengt als een gekruisigde.

Het intellect van de mens, bezoedeld door de luciferische val en overgelaten aan zichzelf, is niet in staat zichzelf te vernederen en naar omlaag te gaan. Doch wanneer het intellect het natuurlijke verstand verloochent en de dwaasheid van het Kruis aanvaardt, dan volbrengt het deze nederdaling, en dan ervaart de mens in zijn hart de dwaasheid van het Kruis als de wijsheid en de kracht Gods. Zo kan hij met zijn intellect in zijn hart verblijven waar het met biddende aandacht de Naam aanroept van de Heer Jezus. Daarom benadrukt de hesychastische traditie de bekering als het fundament voor alle geestelijke opgang van de mens. Want de bekering is een tocht naar omlaag. Voorwaarde daarvoor is het geloof in de goddelijkheid van Christus, en het besef van de zondigheid en de geestelijke armoede van de mens. De bekering is een fundamentele genadegave van de Heilige Geest en kan het besef van de geestelijke armoede in zulke mate intensiveren, dat de mens in deze wereld leeft als een dwaas.

Het voornaamste middel voor de kruisiging van het intellect is de gehoorzaamheid, die de fundamentele deugd vormt van het monnikschap. In de praktijk wordt het kennen van de goddelijke wil en het verwerven van de gezindheid van Christus verwezenlijkt door de ascese der gehoorzaamheid. De afhankelijkheid die dit schept

---

[5] Cf. Gal.6:14. Zie "We Shall See Him", GK p.184-185, EN p.115-116.
[6] 1Joh.3:20.

brengt de nederigheid, die op haar beurt het hart versterkt. Het natuurlijke verstand wordt gekruisigd; het diepe hart wordt onthuld en toebereid om de genadegave van de Heilige Geest te ontvangen. Deze gave bestaat in wezen uit de vergeving der zonden, zodat het hart vrijelijk de Naam des Heren kan aanroepen "tot heil". Op deze wijze verheft de gehoorzaamheid de mens tot het niveau van het goddelijk leven en de goddelijke vrijheid.

Deze gehoorzaamheid is niet hetzelfde als discipline. De discipline wordt opgelegd aan de gevallen mens die onderworpen is aan de vergankelijkheid, maar "wat uit het vlees geboren is, is vlees" en "van geen nut".[7] Daarom dient de mens de sprong van het geloof te maken om het gebied van de gehoorzaamheid te betreden. De discipline leidt tot ongelijkheid, onrecht en uitzichtloosheid; zij gaat gepaard met een kilheid van hart, zowel in degene die de discipline oplegt, als in degenen die daaraan onderworpen zijn. De gehoorzaamheid daarentegen veronderstelt een relatie die geworteld is in gebed – zowel als het woord van God, dat geboren wordt in het nederig hart van degene die de mensen als een vader op zich neemt, en in het hart van degene die gehoorzaamt. Hier is de wrede meedogenloosheid verdwenen. De discipline beperkt het intellect tot het bewaren van uiterlijke vormen en houdt het vast in een menselijke wijze van denken, terwijl de gehoorzaamheid het hart zoekt en de innerlijke verzekering van God in de diepten van het hart. Door de discipline overheersen de sterken, terwijl de zwakken worden verwoest. Maar een dergelijk proces van "natuurlijke selectie" is niet de waarachtige overwinning van het Kruis. De weg van de gehoorzaamheid echter stelt elke gelovige in staat, hoe "klein" hij ook geacht moge worden, ten volle te worden ingevoegd in het Lichaam van Christus. Hij behoeft enkel het geloof te hebben dat vertrouwt op het Kruis van Christus, om in zijn hart de volheid der genade te bezitten.

Alle mensen, zowel de zwakken als de sterken dienen hun gezindheid te kruisigen, als zij verlangen op harmonische en organische wijze te worden samengevoegd in het Lichaam van Christus. Het mag ons niet ontgaan, dat Christus, het Hoofd van het Lichaam, een doornenkroon draagt en in deze wereld "lijdende" is. Daaruit volgt,

---

[7] Zie Joh.3:6; 6:63.

dat elk lid dat de pijn ontvlucht, afvallig wordt jegens dit Lichaam en zich afscheidt van het Hoofd. Doch als de mens het kruis van de gehoorzaamheid uit liefde aanvaard, dan ontvangt hij de besnijdenis van het hart en draagt hij in zijn boezem de Naam des Heren.

De praktijk om het intellect in het hart te houden leidt tot een staat van geestelijke kuisheid. Onze zintuigen kunnen geoefend worden ten dienste van deze kuisheid, die een kruisiging vormt op het geestelijke niveau – de geestelijke kuisheid ontstaat dus als de vrucht van zulk een gekruisigd leven. Overigens, zoals de apostel Paulus ons leert, wordt de waarachtige Christen niet gekenmerkt door de uiterlijke vorm van zijn leven, maar door het bewaren van Gods geboden.[8]

Maar de kruisiging van het intellect door het bewaren van de geboden wordt wel bijzonder moeilijk voor de mens in de hedendaagse samenleving, die doortrokken is van een geest van absolute autonomie en deze cultiveert. Het aanvaarden van de ander, en zoveel te meer de gehoorzaamheid aan de wil van een ander, lijkt pure dwaasheid voor de overheersende logica van de autonomie. Doch het is een feit dat deze egocentrische logica uiteindelijk leidt tot een uitzichtloze situatie, zowel in de samenleving als in het persoonlijke leven van de mens – en de kruisiging van het intellect blijkt dus bijzonder toepasselijk als geneesmiddel voor de mens van deze tijd.

Het intellect treedt binnen in het hart

Het waarachtige doel van de mens, bepaald "vóór de tijden der eeuwen", wordt bereikt door het bewaren van de geboden van de Formeerder. Doch voorwaarde voor de vervulling daarvan is de terugkeer van het intellect tot het hart en het herstel van de oorspronkelijke integriteit daarvan. Want alleen dan is de mens in staat God lief te hebben met heel zijn wezen, en zijn naaste als zichzelf. Dit was de staat van de mens in het paradijs: hij kende geen verdeeldheid van ziel noch innerlijke strijd. De natuurlijke, door God geschonken kracht van zijn intellect was voortdurend gericht op

---

[8] Cf. 1Kor.7:19.

Gods Aangezicht, en zijn jubelen in Gods heerlijkheid kende geen einde. Doch nu is de mens gevallen, en zijn intellect is over de gehele schepping verspreid. Hij zal dus terug moeten keren tot het hart om deze eenheid opnieuw te ontdekken.

Doch gezien vanuit dit perspectief, vormt de eigenliefde een groot obstakel, dat het intellect ervan weerhoudt terug te keren en binnen te treden in de plaats van het hart. De eigenliefde verwekt in hem de ijdele trots, die de nederigheid en het geloof in Christus in de weg staat. De ijdele trots verduistert het hart en doet dit verstenen, door het te vullen met het "ik" van de hartstochten zonder enige ruimte over te laten, noch voor God, noch voor de naaste. De mens is niet in staat in een levende relatie met God te treden, en hij ontbeert de vreugde van de omgang met de anderen. Zijn verstand is bezwaard omdat het verwijderd is van de mystieke uitgestrektheid van het diepe hart. Hij blijkt ongeschikt voor het scheppende werk van het gebed. Verstoken van de vertroosting van het gebed wordt hij nalatig, en innerlijk verwildert hij in zijn aldoor groeiende vervreemding van God.

Verbrokenheid en berouwvolle bekering zijn het meest effectieve geneesmiddel. De verbrokenheid van het hart concentreert de aandacht van het intellect, en de rouwmoedigheid die de mens voelt omdat hij God, zijn Heiland en Weldoener, verraden en gegriefd heeft, verjaagt al de slechte overdenkingen van het intellect. Door de genade van de Heilige Geest zijn de verbrokenheid en de rouwmoedigheid van een Christelijk hart voldoende om al de geesten der boosheid te overwinnen. Het was niet ongebruikelijk voor de heiligen om een aanval van de onreine geesten te weerstaan door een gebed van zelfberisping, veeleer dan door één of ander Schriftwoord – want het eerste was een daad van nederigheid, en daarom veiliger. Uiteraard, Christus, Die zonder zonde was, bestrafte de vijandige geest met gezag, en door te verwijzen naar de Schrift. Doch de mens, die diep gewond is door de zonde, lijdt aan een verborgen zwakheid die door de boze geest kan worden geëxploiteerd. Hij zal de demonische energie gemakkelijker verjagen, als hij zijn toevlucht neemt tot het nederig gebed van zelfberisping, waarbij hij zichzelf elk soort lijden en zelfs de hel waardig acht.

Het hart dat zich onderscheidt door haar nederige houding en een verbroken geest, zal zonder enige twijfel bezocht worden door de genade, en dan zal het intellect op natuurlijke wijze nederdalen in het hart, om zich daarmee te verenigen. Het hart wordt dan tot een geestelijke vesting, en de mens ontvangt goddelijke kracht om de vijandelijke krachten af te weren door het gebed. Dit stelt hem in staat de slechte gedachten op de vlucht te drijven met één enkele smeekbede, of met één enkele neiging van zijn geest. Doch de eenheid van het intellect met het hart is vóór alles de vrucht van de berouwvolle bekering. Hoe intenser de bekering, zoveel te groter is de vurige hitte van het hart, en des te sterker zijn de grondvesten van het intellect daarin. Hoewel de pijn der bekering het meest doeltreffend is voor de terugkeer van het intellect in het hart, kan elke pijn in het leven daaraan bijdragen, naar de mate waarin de mens deze ontvangt met vertrouwen in Gods voorzienigheid. Ziekte, vervolging, gebrek, en elke andere soort beproeving kan worden omgezet in een energie, die de ingang tot het hart reinigt.

Het menigvuldige lijden van de mensen is het gevolg van hun voortgaande scheiding van zulk een goede God. Vanwege de val van de mens in de zonde is het wereldrijk vol leed en ongeluk, en kan de nederige Geest des Heren daarin geen rust meer vinden. Door "het lijden des doods"[9] heeft Christus de wereld verlost uit deze zinloze, tragische keten van het lijden zonder einde. Maar het lijden van Christus, gepaard aan Zijn zelfontlediging, vanaf de dag dat Hij de menselijke natuur aannam tot aan het uur van Zijn offer op de vreeswekkende "Schedelplaats",[10] is naar zijn aard onbeschrijfelijk, onvatbaar en voor de mens onbereikbaar. Bovendien kan dit nimmer overtroffen of overwonnen worden, want Christus is de vóóreeuwige Liefde; Hijzelf, al werd hij gehaat en verworpen door de mensen, werd door God tot Hoeksteen gemaakt van het onvernietigbare leven en tot Aanvoerder van het eeuwig heil.

Ondanks de onvergelijkelijke ernst van het lijden van de Heer bestaat daarin geen enkel tragisch element.[11] De tragiek is een kenmerk van het lijden van de gevallen mens. Christus was nimmer gescheiden van Zijn Vader, en door Zijn vrijwillig offer vervulde Hij het tweevoudige gebod der liefde, zonder ooit te hebben gezon-

---

[9] Hebr.2:9.
[10] Mt.27:33.
[11] Zie de Griekse editie van "On Prayer", GK p.90, en "His Life is Mine", EN p.38.

digd. Desondanks nam Hij heel de tragedie van de mensheid op Zich, en door Zijn lijden openbaarde Hij Zijn liefde "tot het einde" en schonk Hij de wereld het heil. Sindsdien is dit pad duidelijk afgetekend, als het patroon van dat leven, dat de Geest der heerlijkheid Gods aantrekt om – op wonderbare wijze – te rusten in het lijdende hart van de mens.[12]

God "heeft ons eerst liefgehad",[13] en "zelfs Zijn eigen Zoon niet gespaard... maar Hem voor ons allen... overgeleverd"[14] tot de dood. En de gelovige die deze goddelijke roeping beantwoordt, omarmt de smart der bekering en toont zo de mate van zijn liefde tot God, onze Heiland en Weldoener. De mens die zich bekeert, verzinkt in een "oceaan van lijden"[15], en zoals de heilige Silouan getuigt, "zoveel te groter de liefde, zoveel groter is ook de smart" van de ziel.[16] Doch dit lijden is niet psychologisch van aard. Het komt niet voort uit een nerveuze stoornis, of uit één of andere menselijk ontbering of mislukking.[17] Het is een vrijwillig lijden, dat de mens op zich neemt omwille van het gebod van Christus.

De mens lijdt, omdat hij de onsterfelijke adem van de Heilige Geest heeft gesmaakt, Die in zijn hart de dorst naar God heeft ontstoken. Doordat hij nu verlangt naar de oneindige liefde van Christus, wordt hij dit aardse leven gewaar als een nauwe gevangenis, en zijn hart schreeuwt "met onuitsprekelijke verzuchtingen",[18] omdat het niet in staat is de volmaaktheid van de goddelijke liefde te bereiken, die ons gegeven is als een gebod.[19] Het lijden van de gelovige kan zich uitstrekken tot elk niveau van zijn wezen.[20] Doch deze smarten zijn niet verwoestend, zij zijn geestelijk. En daar zij het gevolg zijn van het eervol streven van de mens te beantwoorden aan Gods gebod, gaan zij op paradoxale wijze gepaard met die onvergankelijke troost, die leven schenkt aan het hart en het intellect vleugels geeft.

---

[12] Cf. 1Petr.4:14.
[13] 1Joh.4:19.
[14] Rom.8:32.
[15] "We Shall See Him", GK p.250, EN p.163.
[16] "Saint Silouan", GK p.430, EN p.338, NL p.360.
[17] "We Shall See Him", GK p.144, EN p.92.
[18] Rom.8:26.
[19] Zie Mt.5:48.
[20] "We Shall See Him", GK p.195, EN p.123.

Dergelijk soort smarten vormen de bevestiging van de geestelijke vrijheid van de mens, die hij verwerft door zijn gehoorzaamheid aan het goddelijk gebod, als hij zijn liefde betoont voor het grote offer van de Eniggeboren Zoon van God. Zij bezitten bovendien deze verrassende eigenschap: zij gaan gepaard met een vreugde, die de hartstochten overwint en "de wet der zonde"[21] in de leden van de mens teniet doet. En wanneer deze smarten een zekere maat bereiken, dan overtuigen zij God om Zijn "heilloze" dienstknecht het vuur te schenken van de Vaderlijke Liefde, en de rijkdom van het zoonschap.[22] Dan verblijft de gelovige in vervoering, bij de openbaring van de hem tot dan toe onbekende diepten van zijn bestaan, terwijl hij de kennis verwerft van zijn heerlijke vrijheid als persoon.[23] Hoewel hij niet in staat is dit goddelijk geschenk in zichzelf te bevatten – want "God is groter dan ons hart"[24] – opent zijn hart zich ten volle, om de verlichting te ontvangen "van de kennis der heerlijkheid Gods in het aangezicht van Jezus Christus".[25]

Zoals vader Sophrony zegt, ondanks het feit dat de nederdaling van het intellect in het hart gepaard gaat met smart, maakt het feest van de goddelijk liefde die zich dan in het hart vestigt, "het lijden van deze tegenwoordige tijd"[26] minimaal en onbetekenend. Zelfs een tragische val kan weldadig blijken, wanneer deze beschouwd wordt in het perspectief van de pijn der bekering, in zoverre dit de leegte openbaart van de woestenij van de ziel, en haar verwondt met een ondraaglijke dorst naar God. Dit verwekt een vurige hitte in het hart, die de nederdaling van het intellect vergemakkelijkt.

De terugkeer van het intellect in het hart is het tweede stadium van zijn beweging. In het eerste stadium van zijn beweging richt het intellect zich op de wereld en verspreidt zich daarover; het derde stadium breekt aan wanneer het intellect, gesterkt door de goddelijke genade, heel de mens refereert aan God.

---

[21] Rom.7:23.
[22] Cf. Lk.16:10-11; Joh.14:23. [De uitdrukking "heilloze dienstknecht" verwijst hier naar de verloren zoon, die zijn leven verkwist had in een "heilloze" levenswijze, vgl. hfst.1, noot 7. *Noot vert.*]
[23] "We Shall See Him", GK p.195, 146-147, EN p.123, 93-94.
[24] 1Joh.3:20.
[25] 2Kor.4:6.
[26] Rom.8:18.

Wanneer het intellect terugkeert tot het hart, dient het zich daarin te verschansen, gewapend met de Naam van Christus. De kracht van deze Naam geeft de mens de mogelijkheid heel zijn natuur te beheersen, en al zijn vermogens. Zo begint de genade van het hypostatische beginsel zichtbaar te worden, om uiteindelijk de volmaaktheid te bereiken door de verlichting van het ongeschapen Licht.

Nu is het intellect teruggekeerd in het hart, en God ziet erop toe. Het is verzonken in de vuuroven van het hart, en wordt gereinigd door het vuur dat de Heer op de aarde is komen werpen.[27] Wanneer het intellect volledig gereinigd is wordt het als een bliksemstraal en is dan gereed om het diepe hart te betreden.

---

[27] Zie Lk.3:16; 12:49.

LEREN LEVEN
VANUIT HET HART

168

12

"Ga in, en gij zult rust vinden"

Enige tijd geleden hoorde ik de biecht van een Russische dame, een beroemd schrijfster. Zij was enigszins verward. Ik zei tot haar: "Uw geest is als een vlinder; hij fladdert her en der, en heeft geen basis. Gij zult hier voortdurend door gehinderd worden". Zij antwoordde: "Een oude priester in Rusland heeft mij hetzelfde gezegd, en terwijl hij daar stond en mijn biecht aanhoorde, klopte hij op mijn hoofd met het kruis dat hij in zijn hand hield, en zei: 'Dwaze vrouw, *ga in*, en gij zult rust vinden!" Toen ik dit hoorde, bewonderde ik de prachtige uitdrukking van die oude priester; want waarlijk, tenzij wij ons hart vinden, zal ons intellect altijd verstrooid blijven en wij zullen nimmer rust vinden; wij zullen altijd door het één of ander verontrust raken, overgevoelig denken dat mensen ons niet mogen, of tegen ons zijn, enzovoort.

In antwoord op de vraag "Wat is de mens?" geeft het Oude Testament verschillende definities. De mens wordt gedefinieerd als een "diep hart".[1] Ook lezen wij dat het hart van de mens een "noëtische en goddelijke gewaarwording" zoekt,[2] Dat wil zeggen dat de mens, in zijn verlangen naar de waarheid, voortdurend zoekt naar deze "noëtische en goddelijke gewaarwording", want alleen dan kan hij de veranderingen waarnemen die bewerkt worden door de rechterhand Gods. Zonder deze gewaarwording van het diepe hart, zonder deze goddelijke en noëtische gewaarwording van Gods aanwezigheid, kan de mens niet vertroost worden; en zonder troost kan hij zijn taak niet vervullen. Wij allemaal hebben vreugde, vrede en vertroosting nodig om het werk van God te kunnen doen op een wijze die Hem welgevallig is.

In één van de Brieven van de heilige Paulus vinden wij de volgende tekst: "Gezegend zij God, de Vader van Jezus Christus – de Vader van alle mededogen, en de God van alle vertroosting. Die

---

[1] LXX Ps.63(64):6/7.
[2] «νοερὰν καὶ θείαν αἴσθησιν», cf. Spr.15:14 (LXX) – "Een oprecht hart zoekt een gewaarwording".

ons troost in al onze verdrukking, zodat ook wij diegenen kunnen troosten die in allerlei verdrukking zijn, door de troost waarmee wij door God Zelf worden getroost. Want zoals het lijden van Christus in ons overvloedig is, aldus is ook onze troost overvloedig door Christus. Doch hetzij wij verdrukt worden, het is tot uw vertroosting en heil, dat werkzaam is in het dulden van dat lijden, dat ook wij lijden... hetzij wij getroost worden, het is tot uw vertroosting en heil."[3] In deze wondere tekst horen wij vele malen de woorden 'troost' en 'vertroosting', en terecht, want zonder troost en vertroosting, zonder de vrede en de vreugde die bewerkt worden door de genade van God, zouden wij ons werk niet kunnen doen. Wij zouden altijd zitten kletsen, andere mensen bekritiseren, klagen over dit en dat, waarom de linzen niet gaar genoeg zijn, waarom het koor niet beter zingt, waarom zwart en niet wit, enzovoort. Doch als wij onophoudelijk acht geven op ons hart, en proberen die "noëtische en goddelijke gewaarwording" te verwerven van Gods aanwezigheid in ons, dan zullen wij geen tijd over hebben voor dergelijke dingen, en daarenboven zullen alle negatieve aspecten van ons leven overschaduwd worden door deze positieve geestelijke activiteit.

In één van zijn teksten in de Philokalia zegt de heilige Gregorius Palamas, dat diegenen die werken aan hun hart eenvoudig geen tijd hebben om met iemand te spreken – zelfs niet met degenen die hen zeer na staan. Zulk een afzijdigheid is dus niet te wijten aan minachting of hoogmoed, maar veeleer aan het simpele feit dat zij hun kostbare innerlijke werkzaamheid niet kunnen verzaken. In zekere zin worden zij "uitzinnig", daar zij begrepen hebben dat het leven van de mens alleen op deze wijze vervuld is. Wij moeten dus "ingaan", en de rest zal ons worden toegevoegd.

De raad "ga in, en gij zult rust vinden" is een samenvatting van heel de theologie en de traditie van het hesychasme. Iedere Christen, of hij nu monnik is of niet, zou tenminste het verlangen moeten hebben deze traditie te benaderen. Het typikon van ons klooster is gebaseerd op de hesychastische traditie. Vader Sophrony gaf ons de twee primaire elementen van de hesychastische traditie, namelijk de Goddelijke Liturgie en het Jezusgebed. Deze beide

---

[3] 2Kor.1:3-6.

helpen ons ten zeerste om die wijze van bidden te verwezenlijken waarin het "diepe hart" ons geopenbaard wordt.

De uiterlijke verstrooiing van het intellect in de geschapen, zichtbare wereld en in de hartstochten, is een uitvinding van de demonen en de waanzin der heidenen, zoals de heilige Gregorius Palamas zegt. De heilige Johannes van de Ladder zegt dat de waarachtige hesychast ernaar streeft zijn immateriële intellect te besluiten in zijn materiële lichaam, en wij benadrukken hierbij dat er niets kwaads of verachtelijks is in het menselijk lichaam, dat geschapen is om een tempel van God te zijn. Doch wij moeten strijd voeren om het vleselijk denken te overwinnen dat ons lichaam beheerst, en het zo gereed maken voor het bezoek des Heren. Job vroeg aan God: "Wat is de mens, dat Gij hem hebt grootgemaakt? en dat Gij Uw aandacht op hem vestigt?" En toen Salomo de Tempel toewijdde aan God, droeg hij een gebed op vol inspiratie, dat door God aanvaard werd met de belofte: "Ik zal Mijn naam zetten op deze Tempel; en Mijn ogen zullen daarop gericht zijn",[4] "en Ik zal wandelen onder Mijn volk Israël, en Ik zal hun God zijn, en zij zullen Mijn volk zijn".[5] Deze verzen tonen duidelijk het verlangen van de Heer, en omwille daarvan zouden wij onszelf moeten ontdoen van de vleselijke gezindheid, opdat God ons moge bezoeken en Zijn aandacht op ons moge richten. Maar zoals wij weten is het niet gemakkelijk het intellect in te tomen, opdat het zijn plaats in het hart zou vinden. Bovendien kan het dit niet doen, tenzij het geleid wordt door de Geest van God Zelf.

Wanneer ons gehele wezen verenigd is in die plaats waarop Gods aandacht gericht is, dat is, wanneer wij in Gods aanwezigheid staan met het intellect in het hart, dan komt ons diepe hart 'te voorschijn'. De heilige Gregorius Palamas zegt, dat dit proces van zichzelf te 'verzamelen' gepaard gaat met een zekere mate van pijn, waardoor in het hart warmte wordt opgewekt. Het intellect dient zich werkelijk naar omlaag te bewegen, naar het hart, om te worden gedoopt in deze vuuroven. Dit is de doop met vuur, die de Heer beloofd heeft: het intellect daalt neder in het hart om te worden gedoopt in het vuur daarvan en daarin te worden gelouterd als in een smeltkroes, opdat

---

[4] Cf. 1Kon.8:29; 9:3 (LXX 3Kon.).
[5] Cf. 1Kon.6:13; zie ook 2Kor.6:16.

het zijn juiste werking moge herwinnen. Dan verwerft de mens het vermogen te beschikken over heel zijn natuur, over heel zijn wezen, en dit tot God te richten.

De heilige Gregorius Palamas zegt, dat wij een drievoudige beweging volgen. De eerste beweging vindt plaats vanwege de oorspronkelijke val; daarbij verspreid het intellect zijn aandacht in de zichtbare wereld en raakt daaraan gehecht, en zo neemt het deel aan de boom der kennis van goed en kwaad. De tweede beweging bestaat erin, het intellect vanuit de buitenwereld terug te brengen in het hart, dat het centrum is van onze persoon, zoals vader Sophrony vaak benadrukte. Zodra het intellect door Gods genade verbonden is met het hart – wanneer de mens, gesterkt door die genade, de beschikking herwint over heel zijn natuur – dan vindt de derde beweging plaats: de mens richt heel zijn wezen op God, zijn Verlosser, Die op zulk een wonderbare wijze al de vermogens van zijn ziel verenigd heeft.[6]

In het voorbijgaan zou ik willen benadrukken, dat de traditie alleen getrouw kan worden overgeleverd door de gehoorzaamheid. Discipline schiet in dit opzicht jammerlijk tekort. Discipline en zelf-discipline behoren tot de gevallen natuur van de mens, en wat uit het vlees geboren wordt is vlees, en van generlei nut voor ons, terwijl ons streven is geboren te worden uit de Geest[7] door het geloof dat behoort aan de waarachtige gehoorzaamheid. De discipline kan het hart niet openbaren, al is deze in de wereld misschien van nut om het praktische leven te organiseren. Maar om het geestelijk leven te organiseren volgens de wil van God, is gehoorzaamheid nodig, zodat heel ons leven een Goddelijk Liturgie kan worden. Het doet er niet toe hoe wijs of hoe sterk wij zijn, zonder de gehoorzaamheid zullen wij hulpeloos blijven ten aanzien van onszelf, en zelfs nog meer ten aanzien van onze medemensen. De sterken zullen misschien wel slagen in hun streven naar discipline, maar de zwakken zullen ten onder gaan, en er zal geen werkelijke overwinning zijn. Als wij echter ons vertrouwen stellen op de gehoorzaamheid, dan zal de nederigheid de overhand hebben, en zelfs wie zwak zijn zullen

---

[6] Cf. H.Gregorius Palamas, "The Hesychast method of prayer, and the trans-formation of the body", in "The Triads", p.44.
[7] Cf. Joh.3:5.

worden ingevoegd in de rest van het Lichaam en daarin op de juiste wijze functioneren, volgens de goddelijke bestemming. Door de gehoorzaamheid vindt elk zijn plaats in het Lichaam. En wie de gehoorzaamheid voorop stelt, en daarmee zijn intellect kruisigt, zal niet falen zijn hart te vinden. Het zal misschien niet één van de kostbaarste vaten zijn, maar het zal gevuld worden. Als wij niet allemaal waarachtige hesychasten kunnen zijn, dan kunnen wij tenminste gehoorzaam zijn en op harmonische wijze een plaats vinden in dit Lichaam, de Kerk, en stevig en op passende wijze verbonden worden met het Hoofd van dit Lichaam, dat is, met Christus.

Het dragen van schande, in het bijzonder in de Biecht, is een andere manier om het hart te voorschijn te doen komen. Hoe vaak gebeurt het niet, wanneer wij onze zonden beleden hebben met een zekere schaamte, dat deze schaamte getransformeerd wordt tot een lichtende vrijheid vol vrede! Dan wordt het intellect licht en vrij, en het gebed vloeit aangenaam voort op natuurlijke wijze; het hart ervaart een andere soort tederheid, die wij nimmer bereikt zouden hebben, zelfs niet door urenlang te wenen in onze kamer – en dit wordt ons geschonken voor een enkel ogenblik van belijdenis. Christus, Die het Hoofd van het Lichaam is, heeft het Kruis der schande ondergaan,[8] en wanneer wij slechts een beetje schande verdragen omwille van Hem, dan maakt Hij ons verwant met Zijn Geest, en bezoekt ons met Zijn genade – een bezoek dat het hart uitbreid. "Weest ook gij uitgebreid," zegt de heilige Paulus.[9]

Hoezeer hebben wij nood aan deze uitbreiding van het hart, die de vrucht is van het Kruis en de Opstanding van Christus! Wij moeten verbonden worden met het lijdende Hoofd, om te worden opgenomen in dit mysterie van Zijn Kruis en de viervoudige uitbreiding te ontvangen waar de heilige Paulus over schrijft in Zijn Brief aan de Efeziërs: de breedte en de lengte, de diepte en de hoogte van het mysterie van Christus.[10] (Eén van de redenen waarom er zoveel genade ligt in ontmoetingen zoals die wij vandaag hebben, is omdat wij het Lichaam van Christus zijn. Christus, als het Hoofd, is onzichtbaar bij ons tegenwoordig, en Zijn aanwezigheid brengt

---

[8] Cf. Heb.12:2.
[9] 2Kor.6:13.
[10] Cf. Ef.3:18.

altijd genade. De feitelijke inhoud van hetgeen wij bespreken is daarbij van secundair belang.)

Samenvattend: De schaamte die wij dragen in onze bekering en in de biecht is één van de beken die leiden tot de weg van Christus, want dit brengt het hart aan de oppervlakte, waar wij het kunnen vinden. Het Lichaam van Christus werd op het Kruis geheven in schande, en zo werd het de woonplaats van de volheid van de Godheid, het brandpunt van het stralend goddelijk Licht. En wanneer wij zelfs maar een klein beetje schande dragen omwille van Hem, dan herkent Hij ons als Zijn metgezellen, als verwanten van Zijn Geest, en dan draagt Hij op ons Zijn eigen stralende helderheid over terwijl wij vertroost worden door Zijn Geest, Die de grote Trooster is.

Pijn is zeer kostbaar in de ogen van Orthodoxe Christenen; wij waarderen dit zeer, want zonder pijn kunnen wij slechts vreemden zijn voor het Hoofd van dit Lichaam, Dat voortgaat te lijden voor deze wereld. Bovendien, een hart dat vrij is van pijn blijft koud, "begraven" als het is in de borst. (Toen ik voor de eerste keer naar de Heilige Berg ging, als rassofoor,[11] bezocht ik het Klooster Philotheou, en daar ontmoette ik een stralende jonge monnik die zei: "Wij zijn het gelukkigst, wanneer wij pijn hebben in ons hart". Waarlijk, de pijn van het hart plaatst ons op de weg van Christus, en de Heer verfijnt ons hart door middel van de pijn. Vader Sophrony placht te zeggen, dat wij vreemden zijn ten aanzien van de Heilige Liturgie, als wij naar de kerk komen zonder enige pijn in het hart.) Orthodoxe Christenen streven er voortdurend naar de geestelijke pijn te omhelzen, door de persoonlijke ascetische inspanningen en, meer in het bijzonder, door de nederigheid van een juiste benadering van het Mysterie van de Berouwvolle Bekering (de Biecht). Maar in veel gevallen lukt het ons zelfs door dergelijke inspanningen niet ons diepe hart te vinden. Dan kan God ziekte toestaan om ons te helpen, of misschien laster of vervolging, zoals wij zien in het leven van de heiligen. Zulke beproevingen helpen ons het diepe hart te

---

[11] De benaming 'rassofoor' betreft de aspirant-monnik die, bij een korte plechtige dienst, de zegen heeft ontvangen de zgn. 'rasso' te dragen, de monniksjas. Hiermee is hij in principe reeds aanvaard als lid van het klooster, al wordt de eigenlijke monnikswijding doorgaans pas voltrokken na een langere tijd van oefening in het monastieke leven. *Noot vert.*

vinden, en dan de warmte daarvan te allen tijde te bewaren, door pijn en moeite.

Zorgvuldige lezing van de werken van vader Sophrony toont ons, dat hij het hesychasme – de onaflatende inspanning om "in te gaan en rust te vinden" – beschouwt als het onmisbare fundament voor een juiste benadering van de Goddelijke Liturgie. Ook ziet hij dit als noodzakelijk voor het geestelijk vaderschap, want tenzij de geestelijke vader arbeidt in zijn hart, zal hij niet in staat zijn de herscheppende genade over te dragen, die voor zijn kinderen een nieuwe geboorte bewerkt. De mensen spreken ons aan als 'vader', maar zijn wij werkelijk vaders? Worden de mensen door ons woord hernieuwd en schenkt het hen de geestelijke wedergeboorte? Zo ja, dan is het terecht dat mensen ons 'vader' noemen. Zo niet, dan doen wij deze naam geen recht. Tenslotte ontsluit het hesychasme ook de diepere betekenis van de Schriften. Al de heilige woorden die in de Schrift vervat liggen, ontsprongen aan de top van de omgekeerde piramide van God,[12] en als wij daarnaar omlaag gaan, naar de plaats waar Christus woont, dan ontwikkelen wij een verwantschap met deze woorden. Samenvattend: Tenzij wij ons intellect kruisigen door de Evangelische geboden en nederdalen in het hart, kunnen wij niet op de juiste wijze deelnemen aan de Heilige Liturgie, wij kunnen de mensen die tot ons komen niet helpen, en wij kunnen de volle betekenis van het woord Gods niet bevatten. Kort gezegd, het doel van ons leven blijft dan onvervuld.

Ik zou u een gedeelte willen voorlezen uit de brief van de heilige Gregorius Palamas aan de moniale Xenia, waarin hij de hesychastische weg samenvat. (Ik moet toegeven, dat als vader Sophrony niet tevoren had uitgeweid over deze tekst en ons in het perspectief daarvan had geplaatst, ik nimmer de diepere betekenis daarvan gezien zou hebben. Het gebeurde vaak dat vader Sophrony een bepaald idee voorstelde aan onze geest, en als wij dan later iets dergelijks tegenkwamen, dan riepen wij uit: "Ah, deze tekst drukt uit wat wij van onze Oudvader hebben geleerd en ontvangen!") Deze tekst van de heilige Gregorius Palamas is zeer belangrijk voor ons, omdat het vader Sophrony's volledige theorie omvat van de

---

[12] Voor vader Sophrony's theorie van de omgekeerde piramide, zie "Saint Silouan", GK p.312-315, EN p.237-239, NL p.256-258.

hypostase, de persoon. Het is opvallend hoeveel teksten uit de boeken van onze Oudvader deze tekst weerspiegelen.[13]

> Wanneer... "de dag aanbreekt en de morgenster opgaat in onze harten", (cf.2Petr.1:19) dan gaat "de waarachtige mens – het intellect – uit naar zijn ware werk..." (cf. LXX Ps.103(104):23) [De waarachtige mens is degene, die het waarachtige werk der bekering verricht, niet op het psychologische niveau, maar op het ontologische niveau, zoals vader Sophrony ons uitlegde] ... en in dat licht bestijgt het de weg die leidt tot de eeuwige bergen (LXX Ps.75(76):4/5) [en wordt het viervoudig uitgebreid]. In dit licht beziet het op wonderbare wijze bovenwereldse dingen, ofwel nog gebonden aan de materiële werkelijkheid waar het oorspronkelijk mee verbonden was, ofwel gescheiden daarvan – afhankelijk van het niveau dat het heeft bereikt. Want het stijgt niet omhoog op de vleugels van de verstandelijke verbeelding – immers, het verstand zwerft altijd rond, als blind, zonder een accuraat en zeker begrip te hebben, hetzij van zintuiglijke dingen die niet onmiddellijk aanwezig zijn, hetzij van transcendente noëtische realiteiten. Maar het stijgt in waarheid op, opgeheven door de onzegbare kracht van de Geest, en met een geestelijke en onuitsprekelijke waarneming hoort het de onuitsprekelijke woorden (cf. 2Kor.12:4) en ziet het de onzichtbare dingen. En het raakt geheel vervoerd door dit wonder, zelfs wanneer het daar niet langer is, en het wedijvert met het onvermoeibare koor der engelen, nu het zelf waarlijk tot een engel van God is geworden op aarde. Door zichzelf brengt het elk geschapen ding nader tot God, want het neemt nu zelf deel aan alle dingen, en zelfs aan Hem Die alle dingen te boven gaat, daar het door geloof gelijkvormig is geworden aan het goddelijk beeld.

Deze tekst herinnert mij aan vader Sophrony's hoofdstuk over het schouwen van het ongeschapen Licht in zijn boek "Wij zullen God zien, zoals Hij is". Hij zegt, dat het schouwen van het ongeschapen Licht een wonderbare bloem doet ontluiken, die *hypostase* wordt genoemd, of persoon.[14] Wanneer de mens verlicht wordt, en viervoudig is uitgebreid, dan brengt hij heel de schepping tot God. Hierin ligt de gehele theorie over het persoon-zijn waarmee vader

---

[13] H. Gregorius Palamas, "To the Most Reverent Nun Xenia", "Philokalia" (Faber&Faber), Vol.4, p.316-317.
[14] Cf. "We Shall See Him", GK p.287, EN p.186.

Sophrony ons zo vurige wenste te helpen. Hij beschrijft de verwer-kelijking van het beeld en de gelijkenis Gods in de mens, en het pad dat daartoe leidt, dat is: het hesychasme. Het grote verlangen van onze Oudvader was, ons in staat te stellen neder te dalen in ons diepe hart, en daar aangekomen, ons intellect gekruisigd te houden en ons hart besneden, door de dwaasheid van het Kruis van Christus en het vuur van de bekering vanuit het hart, opdat wij de vertroos-ting van Christus zouden ontvangen. Hij probeerde ons voortdurend te helpen door ons te vermanen of te instrueren, te troosten of te onderrichten, zodat wij ons pad met vreugde zouden volgen. Hij wist zeer goed dat wij niet in staat zijn onze plichten te vervullen en de menigvuldige strijd te leveren die van ons verwacht wordt, tenzij wij tevens deel hebben aan de goddelijke vertroosting.

Oudvader Sophrony schreef ook over het lijden en de vertroos-ting in een brief aan vader Boris en matoesjka Natalia Stark, ge-schreven in 1954, ter gelegenheid van het Feest van de Hemelvaart des Heren. (De Starks waren in 1952 teruggekeerd naar Rusland, en hadden daar de bittere realiteit te verduren van de politieke situatie.)[15]

> Ja, dat is het, de Hemelvaart. De Opgang op de Berg van het ascetische leed [van Golgotha]; moeilijk doch cruciaal, en onmis-baar voor de vermeerdering van uw kennis, en voor uw verwerving van die innerlijke, morele, of veeleer geestelijke staat, die iemand in staat stelt te spreken met de zwaar-beladenen en de bedroefden. Hoe ongemakkelijk ligt het woord van troost in de mond van hem, die zelf geen leed ervaren heeft, die zelf nimmer tot in het zweet gezwoegd heeft, laat staan gestreden heeft tot bloedens toe. Maar waar iemand dergelijke ervaring bezit, hoe groot is de rijkdom en de kracht van zijn woord! En een priester, meer dan iemand anders, heeft nood aan zulke ervaring, dat is, hij moet kennis hebben van het leven, zelfs van de diepten der hel. Natuurlijk, hij moet ook de Opstanding kennen. Anders heeft niets ook maar enige betekenis.

Wij allen, en allereerst ikzelf, worden op één of andere manier veroordeeld door dit woord van vader Sophrony: tenzij ons hart pijn ervaart, kunnen wij niemand iets geestelijks overdragen. Ik vind zijn

---

[15] Uit een verzameling brieven, uitgegeven in het Russisch: "Письма Влизким Людям", ed. Издательство "Отчий дом", 1977, p.45-47.

woord bijzonder treffend: hoe rijker de ervaring van de mens, des te krachtiger is zijn woord – hoezeer hebben wij priesters nood aan zulk soort ervaring. Wanneer wij elk aspect van het leven van Christus leren kennen in al de diepte daarvan, zelfs de afgrond van de hel zelve, dan wordt onze kennis uitgebreid door Christus' Opstanding, en kan onze bediening betekenisvol en vruchtbaar zijn.

Er is nog een andere manier om ons diepe hart te vinden, en die ligt in onze onvoorwaardelijke aanvaarding van correctie en vermaning van onze oudsten. Dit is bij uitstek een kruisiging van ons intellect en onze wil, en onze onderwerping maakt ons vrij van plannen van eigen maaksel, die ons leiden tot pseudo-ascetische inspanningen, of andere ingebeelde 'deugden'. Als wij het vertrouwen bezitten van waarachtige zonen, dan zullen wij dankbaar elke tuchtiging aanvaarden. Als wij ons echter van onze oudvaders afwenden vanwege de minste opmerking, en onze onafhankelijkheid bevestigen, dan kiezen wij een weg van zotheid, die in tegenstrijd is met de weg van het hart, en dan zullen wij voor altijd vreemden blijven voor de waarachtige vertroosting. Bovendien, kunnen wij zonder vertrouwen en trouw aan onze oudsten niet op passende wijze worden ingevoegd in het Lichaam van Christus, en onze vleselijke leugenachtigheid dient ons tot niets. Als wij daarentegen de geestelijke geboorte verlangen, dan zijn de innerlijke pijn en moeite absoluut noodzakelijk.

Ik zou ook het grote belang willen benadrukken van de tradities die zijn ingesteld in en door de Heilige Geest. Wij moeten deze met ons leven eren, en vermijden om onze gevallen rede daarboven te stellen. Onverschilligheid ten aanzien van de Heilige Geest is een algemene oorzaak van stagnatie in het geestelijk leven en het leidt tot een onvermogen om de Traditie te omhelzen. Maar laten wij niet blijven steken in ons gevallen denken. Onze Kerk moedigt ons aan een stevig fundament te vestigen voor onszelf, zodat wij een juiste innerlijke gezindheid bezitten. In plaats daarvan "bijten en verslinden" wij elkaar, en worden wij tenslotte zelfs "door elkander verteerd",[16] zoals de heilige Paulus het zegt. De heilige Johannes van de Ladder, wanneer hij de geestelijke volmaaktheid van het monnikschap beschrijft, classificeert de monnik al naar

---

[16] Cf. Gal.5:15.

gelang de manier waarop hij reageert op beledigingen en opmerkingen, en op de tuchtiging door zijn oudsten. Laten wij acht slaan op het feit, dat zijn criterium niets van doen heeft met correct gedrag, gebedsregels of buigingen tot de grond. Uiteraard, deze dingen kunnen goed zijn, maar er is geen duidelijker toets voor onze intenties dan een woord van correctie. Als wij door zelfs de kleinste vermaning vertoornd raken, dan is het duidelijk dat onze inspanningen tevergeefs zijn. Vaak verliezen wij het zicht op het belang van vertrouwen. Vader Sophrony wees er vaak op, dat geestelijke vaders zelden iemand op de proef stellen, omdat zij zeer goed hun eigen maat kennen, en vrezen al te stoutmoedig te zijn. Doch er zijn enkele vaders die de gave van onderscheid bezitten, en die hun discipelen kunnen leiden tot op de drempel van de dood. Onnodig te zeggen, dat zij niet de dood van hun discipelen op het oog hebben, maar zij verlangen ernaar dat zij hun oude gewoonten en hun oude zelf zouden doen sterven; zij verlangen naar hun wedergeboorte, om hen tot zonen van God te maken. Nu wij de grote weldadigheid kennen van het verduren van een "hard woord", laten wij aandachtig zijn om het eerste woord aan te grijpen dat ons wordt aangeboden; laten wij het bekronen met stilte, in plaats van het te verdrinken in nog tien woorden van onszelf!

Waarlijk, ik kan dit punt niet genoeg benadrukken: Als de inzettingen van de Kerk niet het respect en de liefde ontvangen die zij waardig is, dan zal haar Traditie – die zo prachtig werd samengevat in de heilige Silouan en oudvader Sophrony (die zijn uiterste best deed om deze aan ons over te dragen) – simpelweg ontoegankelijk blijven. Wij zullen niet in staat zijn ons de Traditie eigen te maken, laat staan deze op onze beurt over te dragen. Wij zullen enkel een groep aardige mensen zijn, die – God verhoede het! – toelieten dat de Traditie van het waarachtige leven sterft met henzelf.

Het pad is reeds begaan en de regels zijn gesteld; wij hoeven niets uit te vinden. Vergeef mijn stoutmoedigheid dit te zeggen, maar niets is te moeilijk voor diegene, die het verlangen bezit dit pad te volgen – door de vermaningen van onze Traditie indachtig te zijn, en die dingen te omhelzen die ons onfeilbaar zullen plaatsen op de weg van Christus, die tevens de weg is van onze Vaders in God.

Vragen & Antwoorden

Vraag 1: U hebt dingen besproken die moeilijkheden veroorzaken op onze tocht om het hart te vinden: wij bezitten zwakheid in ons lichaam en in het intellect. U hebt ook genoemd, dat één van de dingen die het ons moeilijk maken, de samenleving is waarin wij leven, die gebaseerd is op de hoogmoed. In een andere voordracht hebt u genoemd dat het helpt om zich terug te trekken van dat begrip van het leven, om ons hart te vinden. Kunt u ons enig inzicht geven in het verschijnsel van de "dwaas om Christus", dat ons zou kunnen helpen in onze omgang met de wereld om ons heen, waarin wij zijn ondergedompeld, en hoe dat ons zou kunnen helpen om ons hart te vinden?

Antwoord 1: Een dwaas te zijn omwille van Christus is een zeer bijzondere gave in de Kerk. Degenen die ondernomen hebben op dergelijke wijze te leven, waren mensen die grote zegeningen hadden ontvangen; en in hun verlangen deze te verbergen, vonden zij manieren om de minachting op te wekken van de mensen om hen heen, opdat zij de nederigheid zouden vasthouden die nodig was om de grote genadegaven te bewaren die zij ontvangen hadden. Vader Sophrony vertelde mij ooit dat zulke mensen, die dwazen om Christus werden, ook in hun aard iets bezaten dat geschikt was voor een dergelijk leven. Het is niet iets voor iedereen. Hij vertelde ons, dat eens iemand naar een groot Oudvader toeging op de Heilige Berg om zijn zegen te vragen om te leven als dwaas om Christus, en de Oudvader zei: "Nee! Nu is het niet de tijd daarvoor. Tegenwoordig zijn wij zelfs dwazen omwille van Christus, simpelweg door het geloof te bewaren in deze wereld."

Dat herinnert mij aan een woord van een Vader uit de vierde eeuw. Toen hem gevraagd werd: "Wat hebben wij in ons leven gedaan?" antwoordde hij: "Wij hebben de helft gedaan van wat onze Vaders gedaan hebben." Toen hem gevraagd werd: "Wat zullen diegenen doen die na ons komen?" antwoordde hij: "Zij zullen de helft doen van wat wij nu doen." En op de vraag: "En wat zullen de Christenen van de laatste dagen doen?" antwoordde hij: "Zij zullen niet in staat zijn enige geestelijke heldendaad te verrichten, maar diegenen die het geloof bewaren, zullen in de hemel meer verheerlijkt worden dan onze Vaderen, die de doden hebben opgewekt."[17] In het algemeen gesproken, denk ik dat de weg van het Evangelie dwaasheid is voor de wereld. Zoals de heilige Paulus zegt, als gij wijs wilt worden, moet gij eerst dwaas worden.[18]

Vraag 2: Wat mij raakte toen u sprak over het leven van de heilige Silouan, was het feit dat hij na het schouwen van Christus bijna verdrietig was van verlangen daarnaar. Ik denk dat zelfs wanneer wij ons niet volledig daarin kunnen inleven, wij niettemin uit ons eigen leven op bepaalde specifieke ogenblikken – of dat nu in de Goddelijke Liturgie is, of tijdens het lezen van de Bijbel – weten dat God ons hart raakt op een heel concrete manier, en wij voelen Zijn aanwezigheid. Misschien bezitten wij niet het schouwen van Hem, maar wij voelen zijn aanwezigheid en dat is zeer troostend, maar die momenten zijn zeldzaam. Is het verkeerd om daarnaar te verlangen? Zouden we onszelf moeten afvragen waarom God ons hart niet vaker raakt? Doen wij iets op de juiste wijze, wanneer God ons hart raakt, en doen wij iets verkeerd wanneer Hij dat niet doet?

Antwoord 2: Die ogenblikken zijn de grote momenten van Gods bezoek aan ons. In de Brief aan de Hebreeën zegt de heilige Paulus tot zijn leerlingen, dat zij zich die dagen zouden moeten herinneren waarin zij vol genade waren, grote ijver betoonden, en gereed waren om te lijden.[19] Die momenten schenken ons leven enorme kracht, want wij weten dat wij altijd dezelfde mogelijkheid hebben; dat wij door Gods genade met Hem in contact kunnen treden, omdat Hij de levende God is – Hij is opgestaan uit de doden, Hij leeft en heerst voor eeuwig. Wij hebben de mogelijkheid contact met Hem te hebben, Zijn levende aanwezigheid te ervaren. De herinnering aan die dingen zou ons verlangen naar God moeten opwekken, en ons zelfs moeten helpen om verzoekingen te overwinnen. Wij moeten te allen tijde Gods hulp zoeken, en aan de deur kloppen, en vragen. Maar wanneer God ons de genade schenkt, is aan Hem. Wanneer Hij ons geen genade schenkt, is dat niet omdat Hij gierig is, maar omdat Hij voorziet dat wij niet in staat zullen zijn deze te bewaren,

---

[17] Cf. Abba Ischyrion, in "The Sayings of the Desert Fathers".
[18] Cf. 1Kor.3:18.
[19] Cf. Heb.10:32.

en Hij wil ons leven niet nog moeilijker maken. Hij wacht totdat wij rijper worden van geest, zodat Hij ons met Zijn gaven kan begenadigen op een tijd waarin wij deze zullen kunnen bewaren. Uit de levens van de heiligen weten wij, dat ons bestaan een marteling wordt, wanneer wij de grote barmhartigheid Gods kennen en deze dan verliezen, want niets anders kan ons dan vreugde schenken, zoals wij lezen bij de heilige Silouan, in de "Weeklacht van Adam".

Vraag 3: Zojuist maakte u een onderscheid tussen de termen zelfdiscipline en gehoorzaamheid. De heilige Paulus lijkt te spreken over wat ik zelfdiscipline zou noemen, wanneer hij zegt: "Ik beuk mijn lichaam, opdat ik niet gediskwalificeerd wordt".[20] Ik vermoed dat er een semantisch verschil is. Zou u kunnen uitweiden over het verschil tussen zelfdiscipline en gehoorzaamheid, en in hoeverre de discipline noodzakelijk is voor de gehoorzaamheid?

Antwoord 3: Ik heb gesproken over de discipline zoals wij deze kennen in de wereld. De organisatie van de wereld is gebaseerd op discipline, en deze discipline wordt doorgaans opgelegd. Gehoorzaamheid is een vrijwillige onderneming, vanwege ons geloof en ons vertrouwen op God, en omdat wij het voorbeeld willen navolgen dat Hijzelf ons gegeven heeft. Zelfdiscipline is uiteraard waardevol. Wij proberen allemaal iets te doen, van dag tot dag, en dat is niet te misprijzen, maar het is niet zo weldadig en groot als gehoorzaamheid. Zelfdiscipline is een vrijwillige onderneming, en als dit voor God wordt gedaan, dan heeft het grote waarde; maar gehoorzaamheid is een volkomen offerande, want het meest kostbare van de mens is zijn vrije wil, en hij legt deze aan de voeten van Christus – uit vrije wil. En daarom heeft het zulk een kracht.

Vraag 4: Vader, ik wil u niet teleurstellen met deze vraag, want het is waarschijnlijk iets heel elementairs, en iets wat de meeste mensen reeds begrepen hebben. Mijn vraag houdt verband met de dingen die u gezegd hebt over het hart, en over het betreden daarvan. Vaak wanneer ik hierover nadenk en dit zoek in het gebed, of in de Goddelijke Liturgie, dan is het alsof ik iets zoek wat ik, als ik het gevonden heb, als het ware in mijn handen zou kunnen

---

[20] Cf.1Kor.9:27.

ronddragen, metaforisch gesproken. Maar u hebt gezegd, dat wanneer ge uw hart betreedt, het hart zich uitbreid, en zich dan overal in uzelf bevindt. Ik vraag me af of ik het goed begrijp, dat het hart de waarheid is over uzelf en God, die ge vindt door de bekering en de biecht, de Goddelijke Liturgie en het gebed. Is het in zekere zin meer een manier van leven, een wijze van bestaan, veeleer dan een levenslang vast punt van contact – als ik dat zo zou kunnen zeggen?

Antwoord 4: Wanneer wij het hart vinden, dan is het eerste wat wij weten dat wij Christus geheel toebehoren, dat wij de Zijne zijn; en wij hebben een zekere kracht en elke aanroep van Zijn Naam geschiedt in de kracht van Zijn Geest. Het is niet gemakkelijk te beschrijven. Wij bidden altijd, maar elke keer dat wij dit doen is het weer anders. Soms bidden wij, en is het zeer pijnlijk en moeizaam; terwijl wij op sommige andere momenten het gebed niet kunnen loslaten, maar het gebed draagt ons. Af en toe spannen wij ons in, en dan komt God ons te hulp. Het verandert steeds. Doch wanneer wij werkelijk het diepe hart vinden, dan is het alsof wij een anker hebben uitgeworpen – niet in de zee, maar in de hemel – en dit anker trekt heel ons leven tot Christus, en wij weten dat wij Hem toebehoren.

Vraag 5: Hoe kunnen wij, die niet het monastieke leven leiden, de bronnen vinden voor onze gehoorzaamheid in de wereld, zodat wij weten dat wij een waarachtige en nederige gehoorzaamheid opdragen aan God en Zijn wil?

Antwoord 5: De gehoorzaamheid in specifieke zin is alleen voor de kloosters, want daar is alles georganiseerd rond de Goddelijke Liturgie. Niettemin is de gehoorzaamheid van belang voor elke Christen. Allereerst is hij gehoorzaamheid verschuldigd aan zijn bisschop, en dat is een geweldige bescherming. Als de relatie van de priester met zijn bisschop in orde is en zoals het zou moeten zijn, dan is dit een grote kracht voor de priester. De priester heeft vast ook een biechtvader, en als deze hem een woord geeft, dan zal hij dit uiteraard ernstig in overweging nemen. Wanneer wij deze geest van gehoorzaamheid bezitten, dan kunnen wij gemakkelijk geholpen worden; wij hebben geen wonderdoende priesters nodig om gehoorzaam te zijn. Wij hebben iemand nodig die bereid is naar ons te luisteren en ons te helpen, en die een geldig epitrachilion heeft.

Voor diegenen onder u die gehuwd zijn, is zelfs gehoorzaamheid aan uw vrouw weldadig. U zou naar uw vrouw moeten luisteren, want soms kan uw vrouw zeer intuïtief zijn en de dingen beter zien dan u. Ik ken een priester die, toen hij in grote verzoeking was en er geen geestelijke vader in de buurt was om te gaan biechten, naar zijn vrouw toeging en zijn probleem beleed aan zijn vrouw. Gelukkig was ook zijn vrouw een geestelijk persoon, en zij luisterde met onderscheiding en gaf hem de juiste raad. Hij volgde haar raad en werd behouden. Hij zou verloren zijn geweest als hij dat niet had gedaan.

Een kort intermezzo: In zijn boek "Orthodoxe Psychotherapie" heeft Metropoliet Hiërotheos Vlachos een gebed opgenomen van de heilige Simeon de Nieuwe Theoloog, waarin deze God vraagt hem te helpen een heilige oudvader te vinden:

"O Heer, Gij wenst niet de dood van de zondaar, maar dat hij tot ommekeer zou komen en leven; Gij, Die op aarde zijt nedergedaald om hen die dood terneer lagen door de zonde, te doen herleven, en hen waardig te maken U, het waarachtige Licht, te aanschouwen, voor zover dat een mens mogelijk is: Zend mij een man die U kent, zodat ik, door hem te dienen en mijzelf met al mijn kracht aan hem te onderwerpen als aan U, en door Uw wil te doen in de zijne, U moge behagen, de Ene waarachtige God, opdat zelfs ik, die een zondaar ben, Uw Koninkrijk waardig moge zijn".[21]

Antwoord: De schrijver van dit boek is een zeer goede vriend van mij. Ik ken hem sinds 1972, en wij zijn zeer nauw verbonden geweest. Hij is ook een ervaren monnik en nu een bisschop. En, weet u, zijn geestelijke vader was zijn eigen bisschop, en hoewel zijn bisschop misschien niet zoveel wist over het hesychastische gebed als hij, had hij niettemin het onderscheid om te begrijpen wat er in hem omging, en om hem de vrijheid te geven te streven naar een dergelijk gebedsleven. Hij beschermde en dekte hem, en hij ontwikkelde zich en werd een man van gebed en een waarachtige leraar der Kerk.

---

[21] Zie het hoofdstuk: "In Quest of a Spiritual Healer", in "Orthodox Psychotherapy", p.356.

13

Het diepe hart, nieuwe energieën en waarachtige nederigheid

Het onderwerp van vandaag is zo diep en zo groot, dat ik niet kan steunen op mijn ontoereikend gebed of voorbereiding, maar ik steun vooral op u, die beter zijt dan ik – daar wij allen ledematen zijn van het ene Lichaam van Christus. De Heilige Geest werd gegeven aan de Kerk als aan één Lichaam, op de dag van Pinksteren, toen al de Apostelen tezamen bijeen waren. In het Grieks bestaat de term *'synchorisis'*, die betrekking heeft op het vinden van de *'choros'*, de 'plaats' waar wij allen verenigd zijn, namelijk de Geest Gods, in Wie wij allen omvat worden. *'Synchorisis'* betekent ook dat wij allen in ons hart dragen, voor iedereen plaats maken in ons hart; en als iemand wordt buitengesloten, dan zijn wij niet werkelijk in die *'choros'*, die het Koninkrijk Gods is. Historisch gezien daalde de Heilige Geest neer over de vergadering van de leerlingen die tezamen bijeen waren op die eerste Pinksterdag, en de climax van dat grote feest van God zal plaatsvinden in de hemel, waar wij op een dag allen tezamen verenigd zullen zijn.

Wij lezen in het Boek der Openbaring dat de heiligen wachten onder het altaar van God in een mengeling van verwachting en een misschien wat onkarakteristieke klacht. "Ik zag onder het altaar de zielen van hen die geslacht waren vanwege het woord Gods en vanwege het getuigenis dat zij hadden, en zij riepen met grote stem, zeggende: Hoelang, o Meester, Gij Heilige en Waarachtige, oordeelt en wreekt Gij ons bloed niet aan hen die op de aarde wonen?"[1] Maar ten gunste van ons heeft God een beter einde voorzien dan dat, zoals wij kunnen zien in de Brief aan de Hebreeën: "Ook deze allen [die behouden zijn, vanaf het begin tot het eind van de tijd,] die door het geloof getuigenis hebben ontvangen, hebben de belofte niet verkregen, daar God iets beters met ons voor had, opdat zij niet zonder

---

[1] Openb.6:9-10.

ons tot volmaaktheid zouden komen".[2] De Apostel doet ons begrijpen, dat hoewel de heiligen rechtvaardigheid bewerkt hebben en de overwinning hebben behaald, en hoewel de martelaren hun bloed hebben vergoten, zij nog niet tot volmaaktheid zijn gekomen. Het is alsof zij wel het ontbijt hebben ontvangen, maar nog niet de avondmaaltijd genieten in het Koninkrijk. God heeft inderdaad betere dingen voorzien, want Hij wil dat alle mensen zouden smaken van dat grote feest van goddelijke liefde, na de algemene Opstanding. En het was juist om deze reden dat de Geest Gods geschonken werd aan het Lichaam als geheel. "Gij hebt een lichaam bereid", zegt de Schrift.[3] Christus heeft inderdaad door de geschiedenis heen het Lichaam van Zijn Kerk bereid, en in Zijn Koninkrijk zal Hij de volle heerlijkheid schenken aan het gehele Lichaam. Wijzelf zijn misschien onbetekenende ledematen van dit Lichaam, maar toch zal Hij ook ons deelgenoot maken aan het feest van de goddelijke liefde. Daarom kunnen wij niet jaloers zijn op elkaar, want het Hoofd deelt al wat Hij heeft mede aan elk van de leden van Zijn Lichaam, vanaf de grootste tot de kleinste. Vader Sophrony sprak over de goddelijke wedstrijd die plaatsvindt in de hemel: de heiligen zijn in zulk een gezegende staat van nederigheid, dat zij zich verheugen wanneer zij hun medemensen in groter heerlijkheid zien dan zijzelf.[4]

Zoals de dingen staan, zijn de heiligen nog in afwachting van de volheid der genade. Zij zijn bekleed met witte gewaden, en in zekere zin vieren zij reeds feest, maar de volheid van dat feest zal pas komen wanneer heel het getal der uitverkorenen zich bij hen heeft gevoegd. Zij die dan nog in leven zijn, zullen samen met hen die reeds uit de doden zijn opgestaan getransformeerd worden, en zo zullen allen tezamen tot volmaaktheid worden gebracht.

Aldus, zo zegt de heilige Johannes Chrysostomos, is Gods heilseconomie. Door de dingen op deze wijze te ordenen doet Hij de heiligen geenszins tekort, maar daarbij eert Hij ons. Wij herkennen deze handelswijze van de Heer in de gelijkenis van de 'meester van het huis', die vroeg in de morgen uitging om arbeiders te huren voor zijn wijngaard, en die aan het eind van de dag hetzelfde loon gaf

---

[2] Hebr.11:39-40.
[3] Cf. Hebr.10:5.
[4] Cf. "Saint Silouan", GK p.385, EN p.300, NL p.321.

aan hen die in het laatste uur van de dag gekomen waren, als aan hen die gekomen waren op het eerste uur.[5]

Net zoals de heer van de wijngaard geenszins onrechtvaardig was door grootmoedig te zijn jegens hen die het laatst gekomen waren, zo doet God geenszins onrecht aan diegenen die reeds in het Koninkrijk zijn. Hij wil eenvoudig ons eren, op wie de heiligen wachten. De heiligen, die de kroon hebben ontvangen, en dezelfde geest van menslievendheid bezitten als hun Meester, wachten om zich mét ons te verheugen in de gemeenschappelijke heerlijkheid van het gehele Lichaam. Met andere woorden, het einde van alle dingen zal deze volmaaktheid zijn, waar wij allemaal in geduldige verwachting naar uitzien. (Deze gedachten schenken mij vertroosting, terwijl ik spreek tot u die beter zijt dan ik – ik steun niet op mijn voorbereiding, noch op mijn eigen woorden, maar op de gebeden van dit Lichaam.)

God heeft het lichaam van de mens grote eer betoond, door het te maken tot de tempel van Zijn Geest, en het hart – "het binnenste lichaam" van dit lichaam, zoals de heilige Gregorius Palamas het noemt[6] – is de plaats waar Zijn Koninkrijk wordt geopenbaard. Daarom is het geen kleinigheid als wij ons intellect vestigen in Gods aanwezigheid, voor de voetbank van de grote Koning. Wij zouden er dus goed aan doen, onze inspanningen erop te richten binnenwaarts te keren en onszelf te vestigen in het diepe hart.

In ons diepe hart is een groot potentieel aan energie verborgen. Als wij in het gebed bezwaard worden door de gedachte: "Ach, ik ben uitgeput, ik kan niet langer voortgaan," en wij wenden ons dan tot de Heer met pijn in het hart, en zeggen: "Heer, Gij ziet, ik ben zo moe. Gij verdient betere dingen, die ik U niet kan bieden. Vergeef mij." Dan maakt deze kleine nederige gedachte van ons onmiddellijk een nieuwe energie vrij, en het gebed kan voortgaan. En als wij dan weer, door vermoeidheid overmand, zeggen: "Heer, ik zou mijn gesprek met U niet willen afbreken, maar Gij ziet, ik heb geen kracht meer over," dan schenkt dit vernederen van onszelf een verdergaande uitbarsting van energie om ons wezen te verkwikken en te sterken. Daarom, om te kunnen putten uit die energieën die ons in staat stellen

---

[5] Cf. Mt.20:1-15.
[6] Cf. H. Gregorius Palamas, "The Triads", p.43.

voort te gaan met Gods werk, is het absoluut noodzakelijk voor ons het diepe hart te vinden.

De mens, geschapen naar Gods beeld en gelijkenis, is door zijn Schepper begenadigd met grote gaven. Als wij alles beschouwen wat tot wording kwam door het woord van God, en dat Zijn woord de kracht heeft heel de schepping te hernieuwen, wat zullen wij dan zeggen van het woord van de mens? Het Evangelie zegt, dat elk woord dat de mens uit, zal blijven bestaan tot aan het Laatste Oordeel, wanneer hij het opnieuw zal tegenkomen. Door de menselijke natuur aan te nemen heeft God ook het woord van de mens begiftigd met kracht, en het gemaakt tot een middel voor de overlevering van Zijn openbaring. Daarbij ligt de grootheid van het menselijk woord in zijn eeuwige aard, want het is door het woord van Christus, het Mens-geworden Woord van God, dat God het wonder voltrokken heeft van de universele wedergeboorte in Christus. Oudvader Sophrony zegt in zijn boek "Over het gebed", dat hoewel Christus menselijke woorden uitte, Hij in die woorden goddelijke mysteriën heeft geopenbaard.

Eén van de mysteriën, geopenbaard door het woord van Christus, is dat van de verwantschap tussen het hart van de mens en Gods aanwezigheid. En een onfeilbare weg om ons diepe hart te vinden en ons daar te vestigen, ligt in de overweging van het woord Gods en het aanroepen van de Naam van Christus. Er is gezegd, door het getuigenis van de Heilige Geest, Die op het Pinksterfeest werd ont-vangen: "Er is ook onder de hemel geen andere naam, Die onder de mensen gegeven is, door Welke wij moeten worden behouden".[7] Daarbij lezen wij in de tweede Brief aan de Korinthiërs, dat het woord Gods rijkelijk in onze hart zou moeten wonen, en al onze gedachten krijgsgevangen moet maken tot gehoorzaamheid aan Christus.[8] Zowel de overweging van het woord van Christus als het aanroepen van Zijn Naam worden vervolmaakt, wanneer wij deelnemen aan het Heilig Lichaam en Bloed van Christus. En in het Johannes-evangelie wordt gezegd, dat tenzij wij het Vlees eten en

---

[7] Hand.4:12.
[8] Cf. 2Kor.10:5.

het Bloed drinken van de Zoon van God, wij in onszelf geen leven kunnen hebben.[9]

Samenvattend gezegd, de sleutels die de deur openen tot het diepe hart zijn: het overwegen van het onderricht van het Evangelie, het aanroepen van de Naam des Heren, en het deelnemen aan het Mysterie van de Heilige Communie. Elk van deze drie sleutels maakt de energie vrij die vervat ligt in het diepe hart. In de Doop worden wij met deze energie bekleed, maar wij begraven deze door onze zondige levenswijze, onze onwetendheid en nalatigheid. Laat ons deze goddelijke schat, die in ons verborgen ligt, blootleggen, door ons intellect te richten op enkele inspirerende woorden van God; en proberen om onze ijver te verdiepen voor de Heilige Gemeenschap aan het Lichaam en Bloed van Christus. En laten wij volharden in het aanroepen van de Naam van onze Heer Jezus Christus, die door openbaring gegeven is, en die onafscheidelijk is van de Persoon van Christus, en daarom in staat Zijn heilbrengende energie op ons over te brengen.

In zijn boek "Over het gebed" wijst vader Sophrony er ook op, dat wanneer wij heel ons wezen verzamelen en ons intellect vestigen in ons diepe hart, de ingangen van de ziel beschermd zijn tegen de verzoekingen van de boze, en alleen dan houden wij op in zonde te vervallen. Dit is ook het moment waarop wij waarlijk nederig worden. De heiligen hebben ons vele definities gegeven van de nederigheid, maar persoonlijk houd ik van die van de heilige Maximos de Belijder. Volgens hem is de nederigheid, te weten dat wij ons wezen "te leen" hebben van God,[10] een erkenning die ons hart vervult met dankbaarheid. De heilige Maximos benadrukt tevens het belang van de dankbaarheid, en zegt dat de dankbaarheid gelijk is aan de nederigheid.

Er bestaan verschillende gradaties van nederigheid. Doch volgens vader Sophrony verwerft de mens de waarachtige geestelijke nederigheid en vindt hij zijn hart, wanneer hij tot het besef komt dat hij zulk een God als Christus onwaardig is. Dan stelt de nederigheid hem in staat de geopenbaarde waarheid die Christus ons gegeven heeft te

---

[9] Cf. Joh.6:53.
[10] Cf. H. Maximos de Belijder, "On the Lord's Prayer", in "Philokalia" (Faber&Faber), vol.2, p.297.

ontvangen en te aanvaarden. En door deze te aanvaarden, wordt hem genade geschonken, en deze genade werkt als een 'gids' in ons hart, en stelt ons in staat al de onreinheid en vuiligheid daarvan te zien, en geeft ons daarbij de moed om te zeggen: "Ja Heer, ik ben een vuil vod, ik ben stof en aarde. Ik ben een worm, en geen mens. Ik ben de eerste onder de zondaars"[11] – om de woorden te gebruiken van de Profeten en de Apostelen. Waarachtige nederigheid houdt in dat wij in alle oprechtheid staan in tegenwoordigheid van de waarheid die in Christus is geopenbaard, en de verborgen onreinheid en de vuiligheid belijden die wij in ons dragen zonder dit te beseffen. Dan werpt Gods genade licht op onze verduisterde ziel, en in Zijn Licht zien wij ons eigen licht. "In Uw licht zullen wij het licht zien", zoals wij zingen in de Doxologie.[12] Alleen wanneer God ons verlicht door Zijn genade, zijn wij in staat het waarachtige licht te zien van ons eigen bestaan.

Voor oudvader Sophrony bestaat er in de wereld geen groter wonder dan dit moment, waarop de Ongeschapene Zich verenigt met het schepsel. Dit was het wonder waar hij heel zijn leven naar streefde, zowel voor zichzelf als voor de mensen die zijn hulp kwamen vragen. Hij had nimmer gezocht om een wonderdoener te worden, en hij hechtte geen belang aan de wonderen die geschiedden op zijn gebed. Maar wanneer het grootste wonder van het bestaan plaatsvond, dat is, de vereniging van het schepsel met de Ongeschapene, dan verheugde onze Oudvader zich, zelfs als de persoon lichamelijk stervende was.

Dit wonder is gelijk aan de 'Big Bang' van de astronomen, en aan de woorden van Genesis: "Daar zij licht! En het geschiedde: licht." Wanneer dit plaatsvindt in het hart van de mens, dan openbaart het de "waarachtige mens". Wij herinneren ons de woorden van de heilige Gregorius Palamas in zijn brief aan de moniale Xenia, gebaseerd op de heilige Petrus en de Psalmen: "Wanneer de dag aanbreekt en de morgenster opgaat in uw hart, dan gaat de waarachtige mens uit naar zijn ware werk".[13] De heilige Gregorius

---

[11] Cf. LXX Ps.21(22):6/7; 1Tim.1:15.
[12] LXX Ps.35(36):9/10.
[13] Cf. "Philokalia" (Faber&Faber), Vol.4, p.316; 2Petr.1:19; LXX Ps.103(104):23.

Palamas beschrijft in prachtige poëtische en theologische taal deze geestelijke gebeurtenis die plaatsvindt wanneer de stralen van het ongeschapen Licht ons wezen doordringen, en het "diepe hart" zich opent, en de mens zijn "ontologische werk" begint.

Wederom zou ik enkele teksten willen citeren (en daar enkele opmerkingen aan toevoegen) uit de geschriften van vader Sophrony, die parallel zijn aan dit citaat van de heilige Gregorius Palamas. De eerste tekst komt uit vader Sophrony's boek "Over het gebed", en begint met deze vermaning: "Houd uw intellect stevig op God gericht". Hoe zouden wij ons intellect anders gericht kunnen houden op God, dan door het aanroepen van de Naam van Jezus Christus? Want Zijn Naam is onafscheidelijk van Zijn Persoon, en door onze geest te richten op de Naam van God, leven wij in aanwezigheid van Zijn Persoon. Om deze reden raadt de heilige Theophan de Kluizenaar in zijn brieven het volgende aan: "Zodra gij 's morgens opstaat, vestig uw intellect in uw hart, in Gods aanwezigheid, en wind uw klok op om de gehele dag te lopen!" Het is belangrijk een goed begin te maken, door ons intellect in ons hart te stellen, en in aanwezigheid van God te verblijven door het aanroepen van de Naam. In één van zijn ontmoetingen met ons, tegen het eind van zijn leven, spoorde vader Sophrony ons aan: "Kom niet naar de Dienst zonder eerst uw hart te warmen door het gebed. Bid tenminste tien minuten lang, voordat gij naar de Dienst komt. Kom voorbereid, klaar om in Gods aanwezigheid te staan, klaar voor het aanroepen van de Naam! Diegenen onder u die de kracht hebben, doe dit gedurende één of twee uur, maar u zou dit tenminste tien minuten lang moeten doen. Veronachtzaam dit niet, anders zult gij opdrogen!"

Dit voortdurend aanroepen van de Naam is een gebod dat wij van de Heer ontvangen hebben. In de gelijkenis van de rechter die God niet vreesde, volhardde de weduwe erin hem lastig te vallen totdat hij haar recht deed.[14] Als deze rechter, die onrechtvaardig was, toegaf in het zicht van haar volharding, hoeveel te meer zal onze Heer, Die een God is van liefde en rechtvaardigheid, gehoor geven aan iemand die dag en nacht tot Hem roept in het gebed? Het is dus een goede zaak onze vermetelheid te vergroten, onze durf tegenover God, om voortdurend te bidden. Want God ziet graag dat

---

[14] Cf. Lk.18:2-7.

wij Hem dwingen: "Tot nu toe lijdt het Koninkrijk der hemelen geweld, en de geweldigen maken het buit",[15] zegt het Evangelie. Hij ziet dit graag, omdat Hij ons potentieel erkent Hem gelijk te zijn. Het gebed des harten is een goddelijk gebod, en door dit te vervullen plaatsen wij onszelf op de weg van Christus, en wordt Hij onze Metgezel.

Als wij de geschriften van oudvader Sophrony zorgvuldig lezen, dan zullen wij zien dat hij het Jezusgebed ziet als een voorwaarde voor zowel een juiste deelname aan de Goddelijke Liturgie, als voor het volbrengen van het dienstwerk der verzoening, het geestelijk vaderschap. Tenzij wij ons hart voorbereiden door voortdurend de Naam des Heren aan te roepen, kan het hart het woord Gods niet 'aangrijpen' om daardoor hernieuwd te worden. Dit geldt zelfs nog meer voor het dienstwerk van de Biecht.

Maar laten wij vader Sophrony's eigen woorden bezien: "Houd uw intellect stevig op God gericht", [of: "Verwacht de Heer", zoals de Psalmdichter zou zeggen[16]] en het moment zal komen, waarop de onsterfelijke Geest het hart zal aanraken. Ah, die aanraking van het Heilige der heiligen! [Dit is de 'Big Bang'.] Het is onmogelijk dit met ook maar iets te vergelijken: Het voert onze geest weg tot in het gebied van het ongeschapen 'Zijn'; het verwondt het hart met liefde, verschillend van die waar dit woord gewoonlijk op doelt. Het licht van deze liefde wordt uitgegoten over heel de schepping, over heel de wereld der mensen, zoals deze zich manifesteert door de tijd heen. Deze liefde wordt waargenomen door het fysieke hart, maar naar haar aard is zij geestelijk, ongeschapen, daar zij ontspringt bij God".[17] Met andere woorden, wanneer het grote wonder van zijn bestaan geschiedt, en de mens wordt uitgebreid door de liefde Gods, dan omvat zijn hart alle tijden en de gehele schepping.

Dit is een prachtige tekst, en wij hoeven geen grote asceten te zijn om dat in onszelf te zien gebeuren; al wat ons te doen staat is vast te houden aan de gave die Christus ons heeft toevertrouwd. De heilige Paulus zegt: "Ik heb overvloediger gearbeid dan zij allen,

---

[15] Mt.11:12.
[16] Cf. LXX Ps.36(37):9; 122(123):2.
[17] "On Prayer", GK.22, EN p.14.

doch niet ikzelf, maar de genade Gods die mét mij is".[18] Als wij nederig zijn en de gaven van God serieus nemen, dan doen Zijn genade en troost het werk van God in ons. Wij hebben Gods vertroosting nodig en wij moeten deze koesteren, want deze genade zal het aanroepen van de Naam van God gemakkelijker maken, en in ons de innerlijke kracht opbouwen die wij nodig hebben. Deze innerlijke kracht moet worden opgehoopt, om al de vermogens van de ziel te versterken zodat wij in staat zullen zijn dat grote moment te verdragen, die 'Big Bang', wanneer wij geboren zullen worden in het eeuwig Koninkrijk.

Oudvader Sophrony schrijft tevens: "Het is onontbeerlijk zo langdurig mogelijk in gebed te verblijven, opdat Zijn onoverwinnelijke kracht ons moge doordringen, en ons in staat zal stellen alle vernietigende invloeden te weerstaan. En wanneer die kracht in ons vermeerderd wordt, dan daagt in ons de vreugde van de hoop op de uiteindelijke overwinning. [Met andere woorden, de genade brengt genade voort: God "schenkt gebed aan de biddende, en Hij zegent de jaren van de rechtvaardige", zegt het Oude Testament.[19]] Het gebed herstelt in ons, hoe dan ook, die goddelijke adem die God "blies in het aangezicht" van Adam, en door de kracht waarvan de mens "werd tot een levende ziel".(Gen.2:7) Onze geest, wedergeboren door het gebed, begint zich te verwonderen over dit grote mysterie van het 'Zijn'."[20]

Wanneer dit grote wonder geschiedt, dan functioneert alles in ons op zodanige wijze, dat het ons brengt tot een nog grotere volheid van de liefde Gods. "Wij weten dat alle dingen medewerken ten goede voor hen die Hem liefhebben",[21] zegt de heilige Paulus. Maar dit gebeurt alleen wanneer de vermogens van de ziel de kracht ontvangen van de adem Gods om op de juiste wijze te functioneren. Dan zal alles wat wij zien, horen of aanraken ons opwekken tot nederigheid, verbrokenheid, liefde en dankbaarheid jegens God. Ge kunt bijvoorbeeld in de bus een popsong horen, en er toch niet door verstoord raken, maar – integendeel – daar zelfs iets positiefs

---

[18] 1Kor.15:10.
[19] 1Sam.2:9 (LXX: 1Kon.2:9).
[20] "On Prayer", GK p.16-17, EN p.10.
[21] Rom.8:28.

in vinden waardoor uw wezen verzonken blijft in Gods liefde.
Aldus, wanneer wij worden wedergeboren vanuit den Hoge, vindt
de goddelijke genade in ons een manier om zelfs de meest triviale
en negatieve dingen te transformeren tot iets dat positief en op-
bouwend is.

Laten wij terugkeren tot vader Sophrony's beschrijving van deze
geestelijke gebeurtenis: "...onze geest wordt vervuld door een sterke
stroom van een bijzondere begeestering: Het 'Zijn'! Welk een
wonderbaar mysterie... Hoe is dit mogelijk! 'Wonderbaar is God,
en wonderbaar is Zijn schepping.'"[22] – dit herinnert ons aan de
woorden van de Psalm: "De hemelen verhalen de heerlijkheid
Gods, en het uitspansel verkondigt het werk Zijner handen".[23] Wij
herkennen dat er een grote Liturgie gaande is van de gehele kosmos,
die de liefde van de Schepper bezingt – en wij treden binnen in die
kosmische doxologie, zoals de monialen in Aegina na het gebed van
de heilige Nektarius. "Wij ervaren," zegt vader Sophrony, "de zin
van de woorden van de Heer: 'Ik ben gekomen opdat [de mensen]
leven zullen hebben, en dat in overvloed' (Joh.10:10). In overvloed!
En waarlijk, dit is er."[24]

Er is nog een andere tekst in vader Sophrony's boek "Over het
gebed", vergelijkbaar met wat wij zojuist hebben gelezen: "Hoe
radicaal verandert alles, wanneer plotseling het hart zich opent om
Christus roep te aanvaarden! Elk ogenblik wordt kostbaar, vol van
diepe betekenis. En het lijden en de vreugden worden in deze nieuwe
strijd op wonderbare wijze verenigd. Voor onze ogen wordt de ladder
tot de hemel opgericht. (cf. Gen.28:12) 'Uw naam zal niet meer Jakob
heten, maar Israël zal uw naam zijn; want gij zijt sterk geweest met
God, en gij zult ook met de mensen krachtig zijn.' (Gen.32:28/29)."[25]
Volgens de Joodse uitleggers van de Wet is 'Israël' een bijzondere
term, die wijst op "een intellect dat God schouwt". Ook wij moeten
dit Godschouwende intellect verwerven, want als wij dit doen dan
worden de dingen zoveel gemakkelijker, en de geboden van God

---

[22] "On Prayer", GK p.16-17, EN p.10.
[23] LXX Ps.18(19):1/2.
[24] "On Prayer", GK p.16-17, EN p.10.
[25] Ibid., GK p., EN p.128.

lijken niet langer op een enorme berg, die voor ons veel te moeilijk te bestijgen is.

Vanwege onze gevallen staat rebelleren wij tegen ons leed, wij treuren en wij klagen; en in vreugde, in plaats van ons hart uit te breiden, breiden wij onze mond uit, en zo verliezen wij al de kracht die in deze vreugde vervat ligt. Om volmaakte hesychasten te zijn moeten wij zijn zoals de Moeder Gods; wij moeten leren ons hart uit te breiden, en alles daarin te bewaren en te overwegen – en te zwijgen. In de Dienst van de Akathist wordt de Moeder Gods bezongen als een vat "verzegeld door de Geest",[26] omdat zij alle dingen in haar hart bewaarde.[27] Zij sprak slechts éénmaal, toen zij Elizabeth ontmoette, die toen de waarheid bevestigde van de grote gebeurtenis die aanstonds zou plaatsvinden – de geboorte van Christus. En op dat ogenblik omvatte de profetische blik van de Moeder Gods zelfs het einde der tijden, toen zij zeide: "Zie, van nu af zullen alle geslachten mij zalig prijzen".[28] Van toen af aan leefde zij in volledige overgave aan Hem Die zij ontvangen had door de Heilige Geest, zonder ooit een woord te uiten, zelfs niet toen haar leven in gevaar was. En sindsdien noemen wij haar inderdaad zalig, en hierin vervullen wij haar profetie.

Oudvader Sophrony sprak veelvuldig tot ons over de gevaren die de Moeder Gods te doorstaan had, en hoe zij niet toestond dat ook maar iets zou ontsnappen van de geur van de Heilige Geest waarmee haar hart vervuld was, of zij nu in grote vreugde of in enorm leed verkeerde. Het was ongehoord voor een maagd om te ontvangen. Daarom, zelfs hoewel Jozef een rechtvaardig man was (in de taal van de Schriften betekent dit, dat hij boven de wetten van het vlees stond, en geleid werd door de Heilige Geest), verkeerde hij in verwarring en wantrouwde hij haar. Doch de duidelijke heiligheid van haar persoon stond niet toe, dat hij haar publiekelijk tot voorbeeld stelde – onder de Joodse wet zou zij normaal gesproken gestenigd zijn. Zijn oplossing was, haar in alle stilte te verlaten. Maar zelfs hoewel het gevaar voor de dood met de dag toenam, waren haar volmaakt geloof, haar hoop en haar liefde voor Hem Die zij ontvangen

---

[26] In het Triodion: Zaterdag van de Akathist, Canon van de Metten, 1ᵉ Ode.
[27] Cf. Lk.2:19.
[28] Lk.1:48.

had, sterker dan elk gevaar. Haar hart was verzegeld. En toen zij later de engelen Gods zag opstijgen en nederdalen boven de grot te Bethlehem, en de eerbiedige wijzen hun wondere woorden uitten, en de herders getuigden van het wonder, bewaarde zij in stilte al deze dingen in haar hart, zoals het Evangelie zegt.[29] Evenzo uitte zij niets, toen de heilige Simeon de Goddragende Christus in zijn armen nam, en Hem een "licht" noemde "tot openbaring aan de heidenen, en tot heerlijkheid van Uw volk Israël".[30] Dit waren gebruikelijke termen met betrekking tot de Messias. Dus in feite verkondigde Simeon de Rechtvaardige Hem aan de Joden als de Messias, Immanuël, de Heiland der wereld, waar iedereen op wachtte. Tot de Moeder Gods zeide hij, dat een zwaard haar ziel zou doorboren,[31] waarmee hij op profetische wijze verwees naar het ogenblik van Christus' kruisiging, wanneer zij het Leven van allen zou zien hangen aan het Kruis. Wederom, op dat ogenblik, hoewel haar pijn groter was, dan de pijn van wie dan ook ooit zal kunnen zijn, opende zij niet éénmaal haar mond, terwijl degenen die nabij stonden zich (in rouw) op de borst sloegen en weggingen.[32] De Moeder Gods stond bij het Kruis met een goddelijke houding, terwijl zij een pijn droeg die dieper was dan elke andere menselijke pijn – want haar liefde voor haar Zoon en haar God was dieper dan die van ieder ander. Zij was geheel volmaakt, en noch in vreugde noch in leed opende zij haar mond, en hierin vervulde zij de woorden van de Wijsheid van Sirach: Ik had "negen dingen in mijn hart, en het tiende sprak ik met mijn mond".[33] Want als wij onze mond openen in vreugde, dan lopen wij gevaar in ijdele trots te vervallen, wij lopen het risico anderen te grieven en de genade verliezen; als wij onze mond openen in leed, dan lopen wij het risico in rebellie te vervallen, in bitterheid of klagen.

Met dit laatste in gedachten, zouden wij hieraan kunnen toevoegen dat het dienstwerk van diegenen die door de Kerk zijn aangesteld om het woord Gods te onderrichten een riskante taak is. De

---

[29] Cf. Lk.2:51.
[30] Lk.2:32.
[31] Cf. Lk.2:35.
[32] Cf. Lk.23:48.
[33] Cf. Wijsheid van Sirach 25:7.

heilige apostel Jakobus waarschuwt ons: "Mijn broeders, zijt niet
vele leermeesters, wetende dat wij des te groter oordeel zullen ontvangen".[34] Een leermeester die één gedachte in zijn hart ontvangt, zal
er soms tien uiten. En wat nog erger is, soms zal hij misschien tien
woorden uiten, zonder er zelfs maar één gewaar te worden. Maar
misschien is het wel waar om te zeggen, dat dit in veel gevallen
gebeurt uit noodzaak, vanwege de aard van de bediening van het
geestelijk vaderschap. Hij die spreekt kan al dan niet geïnspireerd
zijn, maar dit is minder belangrijk dan zijn volledige en vaste vertrouwen op Hem Die alles volbrengt.

Doch uiteindelijk hebben wij het alleen aan onszelf te wijten,
als wij niet leven naar de geestelijke maat van het gezegde in de
Wijsheid van Jezus, de zoon van Sirach, in navolging van het volmaakte hesychasme van de Moeder Gods. Maar wanneer wij dit
beginnen te doen, dan beginnen wij de zoetheid te smaken van de
vruchten van het hesychastisch gebed, en dan willen wij ons met
niets anders meer bezighouden dan het aanroepen van de Naam van
Christus. Zijn Naam wordt als onze eigen adem; deze wordt zelfs
nog belangrijker voor ons dan onze adem, zoals de heilige Johannes
Chrysostomos zegt: Wij hebben adem nodig om ons lichamelijke
leven te onderhouden, maar hoe veel te meer hebben wij het nodig
de Naam aan te roepen, om het goddelijk leven te ontvangen.

Ik ben begonnen met te zeggen, dat God in de geschiedenis een
Lichaam heeft bereid. Wij dienen alles van onszelf te investeren in
dit Lichaam, Zijn Kerk; laten zij die dat kunnen, dit doen door het
innerlijk gebed, want dit is zeer kostbaar in de ogen des Heren; laten
degenen die ertoe in staat zijn, dit doen door lichamelijke inspanning,
zonder zichzelf te sparen. Zij doen misschien minder dan de anderen,
maar ook dat is bruikbaar voor de opbouw van het Lichaam van de
Kerk, evenals het God welgevallig is. Alles wat wij investeren tot
opbouw, tot vervolmaking van dit Lichaam, maakt ons deelgenoten
van de heerlijkheid die geopenbaard zal worden aan het einde der
tijden; alles wat wij doen is een investering in het eeuwig Koninkrijk,
en de investering van één lid van het Lichaam wordt een gemeenschappelijk erfdeel voor alle andere ledematen. Zoals de heilige
Basilius de Grote zegt, "de gaven van de één worden de schat van

---

[34] Jak.3:1.

allen."[35] "Welnu, de menigte der gelovigen was één van hart en
één van ziel, en niet één van hen zeide, dat iets van zijn bezittingen
zijn eigen was, maar zij hadden alles gemeenschappelijk", zegt het
Boek der Handelingen.[36] De Apostelen investeerden alles wat zij
hadden in het Lichaam, zelfs hun lichamelijke kracht, en zodanig
was hun verlangen dat zij "eendrachtig" (*homothymadón*/ὁμοθυμαδόν)
leefden in verwachting van de Komst van de Heer, terwijl zij de
Naam des Heren aanriepen en het brood braken,[37] dat wil zeggen,
de Goddelijke Liturgie vierden. *'Homothymadón'* betekent, met
één *'thumos'* (θυμός), dat is, met één verlangen, één wil, één hart.

Sta mij toe te besluiten met nog een citaat, uit vader Sophrony's
boek "Wij zullen God zien zoals Hij is", waar hij spreekt over het
geestelijk leven als het werk van de genade in ons, veeleer dan het
resultaat van onze eigen inspanningen – die een gruwel zijn voor
God wanneer wij daar ons vertrouwen op stellen:[38]

Als wij met de term "ascese" de vrijwillige strijd bedoelen tot
overwinning op deze of gene hartstochtelijke neiging in onszelf,
dan *bestaat er geen* ascese in het authentieke charismatische leven.
Wanneer de Goddelijke kracht in ons komt, heeft dit tot resultaat
dat al onze levensuitingen een positief karakter aannemen, vrij
van innerlijke tegenstrijdigheden. Zowel het intellect als het hart,
bewogen door de liefde van Christus, kennen geen twijfel meer.
Wanneer nu de liefde Gods overvloedig wordt uitgegoten, dan
wordt deze omgezet in het schouwen van het Ongeschapen Licht,
dat de genade meedeelt van de hartstochtloosheid en de onzegbare
vreugde verschaft van de vrijheid van geest, zodat de mens moge
verblijven buiten de dood en de vreze.

Het doel van ons geestelijk gevecht is onze gemeenschappelijke
vijand te overwinnen: de dood,[39] en daardoor het eeuwige leven te
verwerven. Wanneer de mens een vat wordt van goddelijke inspiratie,
dan heeft volgens oudvader Sophrony elk van zijn handelingen een

---

[35] "The Longer Rules" VII, in "The Ascetic Works of St. Basil", p.164.
[36] Hand.4:32.
[37] Cf. Hand.2:42,46.
[38] "We Shall See Him", GK p.250, EN p.162.
[39] Cf. ibid., GK p.155, EN p.99.

positieve uitwerking,[40] en is vrij van elke innerlijke tegenstrijdigheid. De genade Gods heeft alle kwaad verslonden. Laten wij allen acht slaan op het woord van de Apostel: "Word niet overwonnen door het kwade, maar overwin het kwade door het goede".[41]

---

[40] Cf. LXX Ps.1:3.
[41] Rom.12:21.

14

Het woord Gods, de goddelijke inspiratie en het profetische leven

Het bestaan van de mens, geschapen naar Gods beeld en gelijkenis, is geenszins statisch. Hij is een dynamisch, persoonlijk wezen en zijn roeping is een roeping van voortdurende uitbreiding, in overeenstemming met de "goddelijke wasdom".[1] De inspiratie voor de verwezenlijking van deze buitengewoon hoge roeping wordt ontleend aan zijn ontmoeting met het levende woord van God en zijn aanvaarding daarvan.

Het woord Gods, gesproken door Zijn Zoon en in de kracht van Zijn Geest, is "die onvatbare en oneindige kracht, die al het zijnde vanuit de duisternis van het niet-zijn geroepen heeft tot het licht des levens – al wat bestaat, al de ontelbare werelden, heel de talloze veelvormigheid van de redelijke en redeloze wezens".[2] Ditzelfde woord bereikte Adam en Eva op rechtstreekse en onmiddellijke wijze, en schonk hen een voorbeeld ten leven en een visie van de eeuwigheid als oriëntatie en leiding op hun wegen.

Elke keer wanneer het woord Gods tot de Profeten kwam – na de Val, tijdens de periode van het Oude Testament – en in hun hart weerklonk, veroorzaakte deze gebeurtenis een transformatie, en maakte op aarde de wegen van de Allerhoogste bekend, ter voorbereiding op Zijn komst in het vlees.

En toen Hij tenslotte kwam in de gestalte van onze natuur, toonde de Zoon en het Woord van God dat Hijzelf, Die in den beginne onze harten geschapen had,[3] dit had gedaan met het oog op Zijn komst, en op een wijze die aansloot bij het onderricht van Zijn Evangelie waardoor Hij ons een weg aanbood van herstel en wedergeboorte.

Vader Sophrony heeft een prachtig woord over de Transfiguratie. Hij zegt dat de Heer, alvorens aan Zijn leerlingen Zijn heerlijkheid te tonen, een week lang niet sprak noch enig wonder verrichtte, maar

---

[1] Kol.2:19.
[2] "Saint Silouan", GK p.283, EN p.214, NL p.233.
[3] Cf. LXX Ps.32(33):15.

samen met hen in gebed verbleef.[4] Zijn doel was hen te tonen dat de
openbaring van God geschonken wordt wanneer de geest van de
mens bidt in stilte (*hesychia*), in de Geest Gods. De heilige Vaders
zeggen, dat Christus Zelf geboren werd in de stilte van de Beginloze
Vader. De Moeder Gods ontving de openbaring van het Evangelie,
terwijl zij in hesychastische stilte leefde in het Heilige der Heiligen,
waar zij het gebed van het hart beoefende. Mozes vastte veertig
dagen alvorens binnen te treden in de wolk van God, een beeld voor
de heerlijkheid Gods. Toen Jozua Jericho belegerde, beval hij de
Israëlieten niets te doen behalve zeven dagen lang in stilte te verblijven; op de zevende dag weerklonken de bazuinen en de muren
van Jericho vielen vanzelf.[5] Er zijn vele voorbeelden in de Schriften
die laten zien dat ieder scheppend woord voorafgegaan wordt door
'hesychia'. De conclusie die wij hieruit kunnen trekken is, dat wij
eerst ons hart moeten vinden door hesychia, opdat het woord Gods
daar geboren kan worden.

Telkens wanneer het Woord van God Zich richtte tot het hart
van de mens – vóór Zijn Vleeswording, in de tijden van weleer,
zowel als in "de laatste tijden", in Zijn vlees – dan was dit heilig
en heilzaam, hoe kort Zijn uitspraak ook was, omdat het mysterie
van het Kruis op profetische wijze werkzaam was in elk van Zijn
uitingen. Ook openbaarde dit het Koninkrijk Gods, en de gesteldheid van deze gevallen wereld, die zover van elkaar afstaan als het
oosten van het westen, en als de hemel van de aarde.

Het woord Gods is uitermate groot doch nimmer schrikwekkend
in zijn bezoek. Bedekt als het is door de sluier der nederigheid, is
het niet gemakkelijk te verstaan, tenzij naar de mate van onze
eigen nederigheid, die het hart opent. Wij kunnen daarover slechts
babbelen en stamelen, want naar zijn waarachtige aard blijft het
onbeschrijfelijk. Niettemin, wanneer het hart zich wijd opent om
het te ontvangen en te dragen, in moeite en pijn, dan vindt een
profetische gebeurtenis plaats: God Zelf gaat een levenslang verbond
aan met de ziel, en dan wordt zij "als degenen die dromen" en haar
beker vloeit over van goddelijke vertroosting.[6] God komt het hart

---

[4] Cf. «Ἄσκησις καὶ θεωρία» (*Over de ascese en het schouwen*), p.180
[5] Cf. Jozua 6.
[6] Cf. LXX Ps.125(126):1; LXX Ps.22(23):5.

binnen en schenkt de ziel te worden "wedergeboren uit een zaad, dat niet vergankelijk is, maar onvergankelijk; wedergeboren door het woord van God, dat levend is en dat eeuwig blijft".[7] Deze wedergeboorte van de ziel door "het woord der waarheid"[8] is de bepalende ervaring voor haar contact met de levende eeuwigheid, en blijft ook daarna een bron van goddelijke inspiratie.

Wat wij zojuist hebben beschreven is een gebeurtenis en de wijze waarop God Zich aan de mens openbaart. Zoals onze Oudvader zei: "God spreekt in korte 'woorden', maar het leven is niet lang genoeg om de volle betekenis daarvan in ons op te nemen".[9] Het levende woord Gods, dat de mens in zulke korte ogenblikken bezoekt, is beladen met de eeuwigheid en schenkt de gewaarwording van het absolute karakter van de kennis van de Godheid. Wederom in de woorden van onze Oudvader: "Een kort antwoord, maar het woord Gods brengt in de ziel een nieuwe, bijzondere gewaarwording van het 'zijn'. Het hart ontvangt de ervaring van een volheid van licht-dragend leven. Plotseling begrijpt het intellect gedachten die tot dan toe verborgen waren. De nabijheid van God begeestert ons. De aan-raking met Zijn scheppende kracht doet ons herleven. De kennis die via deze weg verworven wordt, is naar haar aard verschillend van die welke verworven werd via filosofische overdenkingen: Mét dit schouwende begrip van de realiteiten van de geestelijke wereld wordt een andere vorm van leven overgedragen die heel het wezen van de mens vervult – misschien wel gelijk aan de levenswijze van de eerstgeschapene. Deze ontologische kennis van God wordt één met de stroom van biddende liefde tot Hem".[10]

Deze nieuwe, existentiële kennis van God is het "licht des levens" waarover het begin van het vierde Evangelie spreekt. De ervaring en de smaak daarvan begiftigen de ziel met de wijsheid om te onderscheiden tussen de ongeschapen energie – de onvergankelijke genade van God – en de geschapen, sterfelijke en vergankelijke natuur van de mens. Deze kennis verwekt in ons een vurig verlangen naar de eerste, en een smartelijke scheiding van de tweede, en het

---

[7] 1Petr.1:23.
[8] Ef.1:13.
[9] "On Prayer, GK p.57, EN p.38.
[10] Ibid., GK p.52, EN p.35.

hart smelt in een biddende liefde tot God. Deze twee elementen – enerzijds de wijsheid van het onderscheid dat het intellect verlicht, en anderzijds het opvlammen van het hart in onverzadigbare liefde tot God – vormen iets wat gedefinieerd zou kunnen worden als goddelijke inspiratie. Om het anders uit te drukken, de geest van de mens in wie de goddelijke inspiratie aanwezig is, wordt verteerd door de combinatie van deze twee elementen.

De inspiratie van God in de mens veroorzaakt een bepaalde kwaliteit, een bepaalde houding van zijn geest. Volgens de definitie van onze Oudvader is "inspiratie ... de aanwezigheid van de kracht van de Heilige Geest in ons".[11] Deze charismatische aanwezigheid van Christus in ons richt alle dingen die wij daaraan onderwerpen op één bepaald doel: de vergoddelijking van heel het wezen. Met andere woorden, de inspiratie reinigt alles wat voor reiniging vatbaar is – het lichaam en al de vermogens van de ziel. Het verteert elke onreinheid van het intellect, en werpt alles weg wat aan de adem van de Heilige Geest weerstaat. Bij tijden, zoals de heilige Paulus zegt, neemt het de vorm aan van "een zekere vreeswekkende verwachting van het oordeel, en een vurige ijver, die aanstonds de tegenstanders zal verslinden".[12]

Maar inspiratie is ook een vurig verlangen, dat het hart ertoe brengt intensief te strijden voor het bewaren van dat geloof dat, zoals de heilige Paulus zegt, "werkzaam is door de liefde".[13] In zijn verhaal van het leven van de heilige Antonius de Grote, zegt de heilige Athanasius de Grote dat de Heilige zijn vooruitgang afmat aan de intensiteit van zijn verlangen, en niet aan de lengte van de tijd die hij in de woestijn had doorgebracht. En hij bewaarde deze intensiteit door het verleden te vergeten en elke dag een nieuw begin te maken, waarbij hij op zichzelf het woord van de apostel Paulus toepaste: "Doch één ding doe ik: vergetende hetgeen achter mij ligt, en mij uitstrekkende tot hetgeen vóór mij ligt, jaag ik naar het doel, om de kampprijs der roeping Gods die van Boven is, in Jezus Christus".[14] Hij was ook de woorden van de profeet Elia indachtig, die

---

[11] "We Shall See Him", GK p.189, EN p.119.
[12] Hebr.10:27.
[13] Gal.5:6.
[14] Fil.3:13-14.

zeide: "De Heer der heerscharen leeft, voor Wiens aanschijn ik sta... heden".[15] Dit drukt het verlangen en de bereidheid uit van de Profeet om Gods wil te doen op elk ogenblik. Maar zou het de mens ontbreken aan een dergelijke ijver en inspiratie, dan kan hij er moeilijk aan ontkomen dat hij tot dienstknecht wordt van "de religie van zijn eigenwil" (in het Grieks *ethelothrêskía*/ἐθελοθρησκία).[16] Dan is hij "verzadigd" en hij is "rijk";[17] hij leeft in een illusie "naar de overlevering der mensen, naar de grondbeginselen der wereld, en niet naar Christus".[18]

Zoals wij gezegd hebben is de mens een dynamisch wezen. Wanneer hij geïnspireerd is, dan wordt hij bevangen door een gezegende gedrevenheid. Zoals de Psalmdichter zegt: "Ik snelde voort op de weg van Uw geboden, toen Gij mijn hart had uitgebreid".[19] Deze uitbreiding van het hart verwekt in hem de honger en dorst naar Gods rechtvaardigheid.[20] Het hart van de mens wordt als "dor en waterloos land",[21] en zijn dorst kan alleen gelest worden door de Heilige Geest, de "bron van water, opwellend tot eeuwig leven", zoals de Heer zeide.[22]

De goddelijke inspiratie bewaart de mens voortdurend in Gods aanwezigheid. Hij smacht naar een nog grotere volheid van deze aanwezigheid die hem nu geheel doordringt. Hij is bevangen door dezelfde vastberadenheid als de profeet David, toen deze zeide: "Ik zal geen slaap geven aan mijn ogen, noch sluimering aan mijn oogleden, noch rust aan mijn slapen, totdat ik een plaats heb gevonden voor de Heer, een woontent voor de God van Jakob".[23] Zulk een volmaakte inspiratie kan vergeleken worden met de engelen, die "geen rust hebben, dag en nacht zeggende: Heilig, heilig, heilig de Heer God, de Almachtige, Die was, en Die is, en Die komt".[24]

---

[15] 1Kon.18:15 (LXX 3Kon.)
[16] Cf. Kol.2:23.
[17] Cf. 1Kor.4:8.
[18] Kol.2:8.
[19] LXX Ps.118(119):32.
[20] Cf. Mt.5:6.
[21] LXX Ps.62(63):1.
[22] Joh.4:14.
[23] LXX Ps.131(132):4-5.
[24] Openb.4:8.

Doch in onze huidige staat heeft deze inspiratie ook een 'wrede' kant, want de liefde – het voornaamste ingrediënt ervan – is veeleisend tot het uiterste. Salomo drukte deze waarheid prachtig uit toen hij zeide: "De liefde is sterk als de dood... vele wateren zullen de liefde niet kunnen uitblussen, en rivieren zullen haar niet wegspoelen; al zou een man al zijn bestaan geven in de liefde, smadelijk zou men hem smaden.[25] En inderdaad blijft de mens tot aan het einde toe een onnutte dienstknecht.[26] Doch wij tekenen hierbij aan, dat Salomo leefde in een tijd waarin de dood nog gezag had; volgens het Nieuwe Testament is de liefde sterker dan de dood.

In de Handelingen der Apostelen lezen wij, dat Christus in deze wereld "lijdende" is (*pathêtos*/παθητός)[27] – Hij is Iemand Die lijdt, want zodanig is Zijn liefde. God biedt de mens Zijn grenzeloze liefde, die het grote en noodzakelijke "goede deel" is waar de Heer naar verwees in Zijn woord tot Martha;[28] en de mens, op zijn beurt, offert God zijn hart als een "miniem deel". De mens lijdt omdat zijn hart zo uiterst klein is, terwijl God "groter [is] dan zijn hart".[29] De mens wordt daarom veroordeeld door zijn eigen hart, dat niet in staat is de volheid te omvatten van de goddelijke liefde. Dit veroorzaakt een grote spanning in de mens die zijn "minieme deel" zou willen verenigen met Gods "grote deel". Een profeet bijvoorbeeld, wordt begeesterd en geleid door de Heilige Geest, en lijdt daarom vanwege deze martelende spanning, totdat hij een "tempel [wordt] van de levende God".[30] Hij lijdt omwille van God; hij is niet in staat Hem te omvatten, en hij zal geen rust vinden totdat hij Zijn woonplaats wordt. Hij lijdt ook voor zijn medemensen, in het verlangen dat zij allen reine en vlekkeloze bruiden van Christus zouden zijn, dat Christus gevormd moge worden in hun harten.[31]

De goddelijke inspiratie verwekt in ons het verlangen ons hart te ontdoen van elke smet, opdat het overschaduwd moge worden door het licht van de Grote Bezoeker. Er ligt een goddelijke ijver in dit

---

[25] Hoogl.8:6-7.
[26] Cf. Lk.17:10.
[27] Hand.26:23.
[28] Cf. Lk.10:42.
[29] 1Joh.3:20.
[30] 2Kor.6:16.
[31] Cf. 2Kor.11:2; Gal.4:19.

verlangen, en de Heer Zelf werd verteerd door deze vurige ijver, toen Hij opging naar Jeruzalem om het huis Gods te reinigen,[32] en wij zijn geroepen om hem hierin na te volgen. Zoals de Heer zeide: "Ik ben gekomen om vuur te werpen op de aarde; en wat wil Ik, als het reeds ontstoken is?"[33]

Wij hebben gezegd dat het profetische leven erin bestaat de goddelijke inspiratie te dragen en bewogen te worden door de Heilige Geest. Dit wordt bevestigd door de heilige Petrus, die zegt dat de Apostelen "heiligen mensen Gods" waren, die "gedreven door de Heilige Geest" gesproken hebben.[34] Ook wij moeten nimmer vergeten, dat "één [onze] Leraar [is], namelijk Christus".[35] Hij is de hoogste Profeet, en Hij kwam in het vlees als de "Voorloper" van Zijn geestelijke Wederkomst in heerlijkheid. In woord en daad onderrichtte Hij ons de weg, opdat ook wij zouden mogen overgaan van een vleselijke tot een geestelijke levenswijze. Zijn grote verlangen was dat wij waardig zouden mogen zijn om Zijn goddelijkheid te aanschouwen, die ten volle geopenbaard zal worden aan het einde der tijden.

Deze profetische Weg van Christus werd door de heilige Paulus beschreven: "Opgestegen in den Hoge, heeft Hij de krijgsgevangenschap gevangen genomen, en aan de mensen gaven gegeven. Dit nu: Hij is opgestegen – wat is het, dan dat Hij eerst is nedergedaald, zelfs tot de nederste delen der aarde. Hij Die is nedergedaald, Hij is het ook Die is opgestegen, ver boven al de hemelen, opdat Hij alle dingen zou vervullen".[36] De nederdaling van Christus tot de nederste delen der aarde – dat is, tot in de hel – is in wezen de bron van elke geestelijke gave. En ook wij moeten omlaag gaan, willen wij het waarachtige geestelijke leven kennen, en bewogen door de Heilige Geest. De mensen willen tronen, zij willen hogerop. Dit is de gezindheid en de neiging van de gevallen wereld; maar het pad van de Heer gaat naar omlaag.

In zijn boek over de heilige Silouan geeft vader Sophrony een

---

[32] Cf. Joh.2:17.
[33] Lk.12:49.
[34] 2Petr.1:21.
[35] Mt.23:10.
[36] Ef.4:8-10.

uitleg over deze nederwaartse beweging.[37] Hij zegt dat het geheel van de mensheid een piramide vormt. Aan de top ervan staan de vorsten van deze wereld, die hun gezag doen gelden over de natiën;[38] maar de geest van de mens verlangt naar de oorspronkelijke gelijkheid en rechtvaardigheid die heersten in het paradijs, vóór de Val. En de Heer heeft dit verlangen van de mens geëerd, want Hij heeft de piramide omgekeerd en Zichzelf aan de top daarvan geplaatst, die nu het laagste punt is. Daarmee heeft Hij de zonden en het gewicht van heel de mensheid op Zich genomen; en door dit te doen, heeft Hij alle dingen hersteld en ons een weg geschonken die alles te boven gaat, om te komen tot al wat waarachtig is, eerbaar, rechtvaardig, zuiver, beminnelijk – en aldus leidt tot het heil.[39] Zo heeft Christus de uiterste volmaaktheid gevestigd (die het wezen is van Zijn Geest) omwille van de mens. "De Zoon des mensen is niet gekomen om gediend te worden, maar om te dienen, en het leven Zijner ziel te geven tot losgeld voor velen".[40] Christus baande dit pad voor ons door omlaag te gaan, lager dan ieder ander ooit gegaan is, en werd voor ons "tot vloek".[41] En al degenen die Hem volgen nemen dezelfde route: zij gaan omlaag om het Hoofd te ontmoeten van de omgekeerde piramide, want zij hebben geen rust tenzij zij verenigd zijn met Hem. Vader Sophrony zegt het zo: "Aan de basis van de omgekeerde piramide – in de onpeilbare diepte, die in feite de top is – bevindt Zich Christus, de Gekruisigde uit liefde voor de wereld. Daar is een volstrekt bijzonder leven werkzaam, daar schijnt een volstrekt bijzonder licht en daar ademt een bijzondere geur. Daarheen wordt de asceet aangetrokken door de liefde."[42] En dit is het profetische leven: te worden gedreven en aangetrokken tot deze beweging naar omlaag.

Deze navolging van Christus' weg naar omlaag wordt verwezenlijkt door een tweevoudige visie, een tweeledig bewustzijn: Allereerst aanschouwt de ziel het voorbeeld van Christus, waarover de Heer sprak bij het Laatste Avondmaal. Zij schouwt Christus' opgang tot

---

[37] "Saint Silouan", GK p.312-315, EN p.237-239, NL p.256-258.
[38] Cf. Mt.20:25.
[39] Cf. Fil.4:8-9; 1Kor.12:31.
[40] Mt.20:28.
[41] Gal.3:13.
[42] "Saint Silouan", GK p.315, EN p.239, NL p.258.

Golgotha, het Offer van Zijn leven, Zijn aanvaarden van de dood
waardoor de mens gewond was, en Zijn geschenk van het goddelijk leven – en dit alles volgens Zijn woorden: "Dit is mijn gebod,
dat gij elkander liefhebt, zoals Ik u heb liefgehad... want alle dingen
die Ik van Mijn Vader gehoord heb, heb Ik u doen kennen".[43] In
Gethsémane bidt de Heer voor de gehele Adam. Alleen gaat Hij op
naar Golgotha, terwijl Hij in Zijn hart de gehele mensheid draagt.
Hij neemt de zonden der wereld op Zich. Hij levert Zichzelf over
aan het uiterste lijden omwille van onze verlossing uit de tirannie
van de vijand, die zo zwaar weegt op heel de mensheid, vanwege
de voorvaderlijke zonde in het paradijs. Hij draagt in Zichzelf de
gehele Adam, alle volkeren van alle tijden, en dan sterft Hij voor
hen allen. Geen sterveling zou Hem op enige wijze hebben kunnen
bijstaan. In de beschrijving van het Evangelie zien wij, dat heel Zijn
geest verenigd was met Zijn Vader. Hij offerde Zijn leven, en ontving
de dood waarmee de mensheid gewond was. En dan, bij Zijn ontwaken uit de doden, ook dan draagt Hij in Zich de inhoud van Zijn
gebed, van Zijn liefde en Zijn vastberadenheid – en mét Hem verrijst
de gehele Adam.

Wanneer wij de heiligheid en de nederige liefde beschouwen
van Christus-God, dan is de ziel zo verwonderd en wordt het hart
zodanig verwarmd, dat de mens in zijn diepe eerbied Hem slechts
kan aanbidden in dankbaarheid en liefde. Maar in het licht van dit
schouwen en deze ervaring ziet de mens ook zijn eigen onwaarachtig-
heid. Volgens vader Sophrony schouwt "het hart... de liefde van
Christus, die heel de schepping omvat in oneindig medeleven met al
wat bestaat... Dit schouwen raakt de ziel, verbaast het intellect. Als
vanzelf buigen wij onze knieën voor Zijn aanschijn... En hoezeer wij
ook streven Hem gelijk te worden in Zijn nederigheid, wij zien dat
wij de kracht missen om Zijn absolute nederigheid te bereiken".[44]

Deze tweevoudige visie van enerzijds Gods oneindige en
nederige liefde, en anderzijds onze onwaardigheid en onvermogen
daartoe, is een onmisbare voorwaarde voor onze dynamische
"wasdom" in God, die het doel is van ons leven. Deze tweevoudige
visie is werkelijk een profetische gesteldheid, een geestelijk wonder.

---

[43] Joh.15:12,15.
[44] "On Prayer", GK p.23, EN p.14.

Vader Sophrony beschrijft deze staat herhaaldelijk. Hij zegt: "Hoe helderder ik God 'zie', des te vuriger wordt mijn bekering, want dan wordt ik mij des te duidelijker bewust van mijn onwaardigheid voor Zijn aanschijn".[45] Op een andere plaats benadrukt hij hoezeer wij deze tweevoudige visie nodig hebben: "Ik dien Christus te zien 'zoals Hij is', opdat ik mijzelf moge vergelijken met Hem, en vanuit deze vergelijking wordt ik mijn 'mis-vorming' gewaar. Ik kan mijzelf niet kennen als ik Zijn Heilige Gedaante niet vóór mij zie".[46] Hij zegt tevens, dat dit tweeledige bewustzijn in ons de inspiratie en de dankbaarheid opwekt jegens God, onze Weldoener. "Maar," zo erkent hij, "hierin ligt de paradox, want ikzelf leef een tweevoudige staat: van enerzijds mijn weerzinwekkende nietigheid, en anderzijds de barmhartige nederdaling van God".[47]

Met deze spanning in gedachten, herinneren wij ons ook de heilige Johannes de Doper, en zijn profetische houding tegenover zijn Meester: "Hij moet groeien, doch ik moet minder worden".[48] De Voorloper spreekt hier over hun respectievelijke heerlijkheid. Wij denken ook aan het geval van Jesaja, de profeet uit het Oude Testament, die zijn schouwen als volgt verhaalt: "... ik zag de Heer, gezeten op een hoge en verheven troon... rondom stonden de Serafim... en de één riep tot de ander, en zeide: Heilig, Heilig, Heilig de Heer Sabaoth! de ganse aarde is vol van Zijn heerlijkheid... En ik zeide: O, ik ellendige! ik ben in het hart geraakt; want ik ben een mens, onrein van lippen, temidden van een onrein volk... en mijn ogen hebben de Koning, de Heer Sabaoth gezien. En één van de Serafim vloog op mij toe, en in zijn hand had hij een vurige kool, die hij met de tang van het altaar had genomen, en hij raakte mijn mond aan en zeide: Zie, dit heeft uw lippen aangeraakt, en uw wetteloosheden vergeven, en u van uw zonden gereinigd".[49]

Deze tweevoudige visie, dit tweeledige besef, maakt de mens profetisch en daarmee waarachtig. Bovendien is dit de enige situatie waarin zijn waarachtigheid onfeilbaar is. Luister naar de heilige

---

[45] "We Shall See Him", GK p.139, EN p.152.
[46] Ibid., GK p.92, EN p.59.
[47] Ibid., GK p.277, EN p.180.
[48] Joh.3:30.
[49] Jes.6:1-7.

Johannes de Theoloog: "Indien wij zeggen dat wij geen zonde hebben, misleiden wij onszelf, en de waarheid is in ons niet. Indien wij onze zonden belijden, Hij is getrouw en rechtvaardig om ons de zonden te vergeven, en ons te reinigen van alle ongerechtigheid. Indien wij zeggen dat wij niet gezondigd hebben, dan maken wij Hem tot een leugenaar, en dan is Zijn woord niet in ons".[50] En uiteraard, wanneer wij waarachtig worden, dan trekken wij de Geest der Waarheid aan, de Geest van Christus. Nu belijden wij de waarheid van de kosmische gebeurtenis van Adams val. Wij erkennen tevens de supra-kosmische gebeurtenis van de Verlossing door Christus. Wij getuigen van de eeuwige waarheid van Zijn eerste Komst in het vlees. En evenzo getuigen wij en verwachten wij Zijn Wederkomst in heerlijkheid. Wij worden Zijn profeten, want ons hart heeft Zijn woord ontvangen, allereerst voor ons eigen heil, en vervolgens voor het heil van de gehele wereld – door Gods genade en menslievenheid.

---

[50] 1Joh.1:8-10.

15

Over de gave van het spreken in tongen[1]

ien dagen na de Hemelvaart des Heren werden de genadegaven van de Heilige Geest geopenbaard op de dag van
Pinksteren, als een teken van de verzoening die had plaats-
gevonden tussen God en de mens. Maar één van deze genadegaven,
de gave van het spreken in tongen, was anders dan de andere. Deze
gave is moeilijk te begrijpen, niet in het minst omdat deze in het
begin weliswaar algemeen verspreid was, maar tegen het eind van
het leven van de apostel Paulus van ondergeschikt belang was geworden. Uit de latere brieven van de heilige Paulus blijkt bovendien
duidelijk, dat hijzelf deze gave onderaan de lijst plaatst van de gaven
van de Heilige Geest. Hoe moeten wij dit begrijpen?

Wij weten dat de gave van het spreken in tongen (*glossolalia*)
aan de pasgeboren Kerk gegeven werd voor een specifiek doel. Het
oude Israël was gewoon geraakt aan een wijze van aanbidding en
gebed die sterk gericht was op de uiterlijke vormen, en toen de Geest
kwam op de dag van Pinksteren, wilde Hij dit veranderen. Zijn be-
doeling was dus, de mensen te leren om te bidden in de geest, in
"de verborgen mens des harten".[2] En op de dag van Pinksteren zien
we, dat de mensen in vreemde talen begonnen te spreken over de
machtige werken Gods; deze gave was weldra wijd verspreid, omdat
God wilde dat zijn woorden zouden reiken "tot aan de uiteinden
van het wereldrijk"[3] opdat het nieuwe geloof het heil zou schenken
aan alle volkeren. Velen schepten moed en begonnen in tongen te
spreken, en de Geest Gods verwaardigde hen daartoe. Diegenen die

---

[1] Mijn begrip van de gave van het spreken in tongen is gebaseerd op het
onderricht van archimandriet Sophrony, en op de gedachten van de heilige
Philaret van Moskou, zoals uitgedrukt in zijn homilie over 1Kor.14:15 ("Ik zal
bidden met de geest, doch ik zal ook bidden met het intellect; ik zal psalmzingen
met de geest, doch ik zal ook psalmzingen met het intellect"), in "Choix de
Sermons et Discours", Vol.II, p.435-45.

[2] 1Petr.3:4.

[3] Rom.10:18.

in tongen spraken waren verblijd, daar zij van één ding zeker waren: God was 'doorgebroken' in hen en Hij was in hen werkzaam.

Doch langzamerhand begon deze gave te verdwijnen, omdat deze niet langer nuttig was voor de opbouw van het Lichaam. Vaak gebeurde het dat er lofprijzingen en woorden gesproken werden die het Lichaam zelf niet kon verstaan, en dit vroeg om de hulp van een vertolker die geïnspireerd was door de Heilige Geest. Hoewel sommige gelovigen voortgingen gebruik te maken van hun gave, werd op een gegeven moment duidelijk dat het gebed van de toehoorders niet meer zoals tevoren geïnspireerd werd. Om deze reden zegt de heilige Paulus in zijn Brief aan de Korinthiërs het volgende: "Ik zal bidden met de geest, doch ik zal ook bidden met het intellect; ik zal psalmzingen met de geest, doch ik zal ook psalmzingen met het intellect".[4] Hij maakt dus een onderscheid tussen gebed in de geest en gebed in het intellect, en hij identificeert het gebed in de geest met het spreken in vreemde tongen. Eén vers terug zegt hij: "Als ik bidt in tongentaal, dan bidt mijn geest, maar mijn intellect is onvruchtbaar".[5]

Het is waar dat bij de heilige Paulus de geest en het intellect bijna identiek zijn: op sommige plaatsen zegt hij dat het hoogste doel van het Christendom de hernieuwing is van de geest, en elders, de hernieuwing van het intellect (de *'nous'*). Maar toch, in een poging het verschil te onderscheiden, zou ik zeggen dat de geest in het intellect aanwezig is als iets wat hoger is, diepgaander dan het intellect zelf; de geest wordt geopenbaard via het intellect, net zoals van de ziel gezegd kan worden dat deze zich openbaart in het gevoel.

Maar wanneer de Heilige Apostel zegt: "Ik zal bidden met de geest, doch ik zal ook bidden met het intellect", dan moeten we toegeven dat hier een zekere tegenstelling wordt aangeduid. Het gebed in de geest wordt geïdentificeerd met het gebed in tongen, wanneer de geest van de mens het doorbreken van God in zijn leven gewaar wordt. Er waren overigens tijden, waarbij de genade die de mensen leerde God te aanbidden "in geest en waarheid"[6] – met hun innerlijk wezen – in zulk een grote mate aanwezig was,

---

[4] 1Kor.14:15.
[5] 1Kor.14:14.
[6] Joh.4:2.

dat dit leidde tot een vloed van enthousiasme. In dit soort gebed wordt het meest verheven vermogen van de mens door God ge-ïnspireerd, waarbij het Zijn energie ontvangt. Dan levert de mens zich geheel over aan de adem van de Heilige Geest, die "blaast waar Hij wil",[7] en de Geest bidt met "onuitsprekelijke verzuchtingen" voor diegenen in wie Hij woont, soms met woorden die onbegrijpe-lijk zijn voor de psychologische mens.

In het gebed met het intellect daarentegen, verheft het intellect zich tot God in vrome gedachten en godwaardig verlangen. Dergelijk gebed wordt gekenmerkt door een heilige verbrokenheid of door vreugde, maar het is niet onderhevig aan de grote gedrevenheid en de grenzeloze geestelijke vervoering die wij zojuist hebben beschre-ven. De persoon die bidt met het intellect oefent een zekere controle uit: hij is in staat zijn gedachten, verlangens en gevoelens te richten. Zijn geestelijk vermogen werkt op de gebruikelijke wijze, in een karakteristieke orde; zijn gebeden en doxologieën worden uitge-sproken op volstrekt verstaanbare wijze, en kunnen zo de toehoorders opwekken deel te nemen aan het gebed. Natuurlijk neemt het hart deel aan dit soort gebed van het intellect, maar er is een duidelijke afwezigheid van de volledige overgave aan de adem van de Geest. De heilige Paulus raadt beide soorten gebed aan. Hij geeft ons de raad, niet uitsluitend het ene soort gebed te bezigen ten koste van het andere, in acht nemend dat het soms beter kan zijn in tongen te bidden, en op ander momenten met het intellect. Wanneer wij bidden in de geest, dan bidden wij voor onszelf en voor God, maar wanneer wij bidden met het intellect, dan bidden wij niet alleen voor God en voor onszelf, maar ook voor het opbouwen van onze naaste, en daarmee voor de rest van het Lichaam.

Het wekt echter verbazing, te zien dat de heilige Paulus een duidelijke voorkeur toont voor het gebed met het intellect, hetgeen een vrijgekozen activiteit is van de menselijke geest, veeleer dan voor het gebed van de geest, hetgeen puur een genadegave is van de Heilige Geest. Maar zijn keuze sluit geheel aan bij de rest van de Brief aan de Korinthiërs. Hij zegt bijvoorbeeld ook, dat de waar-achtige profeet de controle heeft over zijn geest: "De geesten der

---

[7] Joh.3:8.

profeten zijn aan de profeten onderworpen".[8] De volledige overgave aan 'glossolalia' brengt een zeker verlies aan controle met
zich mee: het is een explosie van genade en vreugde, waarbij wij
ons ten volle bewust zijn dat God in ons is, maar op een of andere
manier ontzeggen wij onszelf elk besef van de aanwezigheid van
onze medebroeders, de overige ledematen van het Lichaam.

In de vroege Kerk waren velen begenadigd met de gave der
tongen, maar mettertijd werd deze gave zeldzamer. Het probleem
was eenvoudig, dat als iemand in tongen sprak hij onbedoeld al de
geestelijke ruimte innam van de vergadering als geheel, die daar
niet het minste profijt van had. De beste uitleg voor Gods geschenk
van het spreken in tongen aan de vroege Kerk, ligt in de noodzaak
om de nieuw-bekeerde Christenen te leren om te bidden met hun
hart in plaats van enkel uiterlijk, zoals zij misschien tot dan toe
gewoon waren geweest. Maar spoedig vond de Kerk een diepgaander manier om het hart te onderrichten, want haar zorg was
om de innerlijke mens te cultiveren. Zij ontdekte de aanroeping van
de Naam van onze Heer Jezus Christus. En beetje bij beetje verving
het Gebed des harten de gave van het spreken in tongen. Het Jezusgebed is een manier om te bidden met de geest zonder de controle
over de geest te verliezen, en dus zonder het risico te lopen de
geestelijke ruimte in te nemen van de andere ledematen van het
Lichaam van Christus. (Alle dingen die wij doen in de Kerk moeten
worden gedaan op een manier die de geestelijke ruimte van onze
medemensen respecteert. Toen ik theologie studeerde in Parijs,
leerde ik van mijn oude professoren dat een priester soms zijn
handen kan opheffen in de Goddelijke Liturgie, maar dat er een
ongeschreven regel bestaat dat hij ze niet hoger zou moeten opheffen
dan ter hoogte van zijn oren. Evenzo, met het Evangelieboek en
met het wierookvat, of wanneer wij zeggen "Het Heilige voor de
Heiligen", zorgen wij ervoor dat onze bewegingen niet overdreven
zijn; wij moeten nederig en discreet zijn, zodat ons gedrag niet de
aandacht trekt van de anderen.)

Om te besluiten: te spreken in tongen of te bidden in de geest
is inderdaad een manier om onze 'nous' onder te dompelen in de
zee van de Geest. Maar de Apostel zelf geeft er de voorkeur aan ons

---

[8] 1Kor.14:32.

op de oever te trekken, zodat wij zelfs de mogelijkheid vermijden van wanorde in het Lichaam der Kerk, en opdat alles gedaan zal worden omwille van de opbouw van het volk.

Verreweg de beste manier om het verschijnsel van 'glossolalia' in onze tijd te benaderen, zoals onze Traditie ons leert het te begrijpen – dat is, zonder iemand te veroordelen of te bekritiseren – is te bedenken, dat als mensen ervan weerhouden worden te aanbidden met hun hart, God opnieuw deze gave kan schenken van het spreken in tongen. Het feit dat deze gave weer voorkomt in de moderne tijd, waarin de weg van het hart vergeten is of onbekend, wijst op één enkel doel. Het is duidelijk dat de Geest Gods ernaar verlangt om alle mensen thuis te brengen in de Kerk, hen een plaats te geven in het Lichaam van de Kerk, en om hen te onderrichten in deze edele vorm van aanbidding die zovele eeuwen lang door de Christenen beoefend is, opdat hun harten weer gecultiveerd mogen worden door het aanroepen van de Naam van onze Heer Jezus Christus. En wij weten dat al wie Zijn Naam draagt, dit doet tot zijn heil, "Want er is ook onder de hemel geen andere naam, Die onder de mensen gegeven is, door Welke wij moeten worden behouden".[9] Als deze gave inderdaad tijdelijk aan sommige mensen geschonken is, dan zal dit hen misschien in staat stellen de waarachtige ongebroken Traditie van de Kerk te ontdekken, de Traditie van het Gebed des harten, dat het zekerste en nederigste gebed is voor de opbouw, de inspiratie en het behoud van de mens. Door dit gebed ontvangen wij de grootste van alle genadegaven van de Heilige Geest, de gave die onze natuur zal genezen en sterken, om ons te "leiden in al de waarheid".[10] Dit zal ons in staat stellen de volheid van de goddelijke liefde te dragen. En die gave zal nimmer uitgeput raken, maar ons vergezellen tot voorbij het graf.

Het is belangrijk dat wij dit verschijnsel van 'glossolalia' begrijpen; wij moeten er niet door verleid worden. Maar laten wij boven alles grootmoedig zijn jegens diegenen die geloven, dat zij deze gave hebben ontvangen, en hen er vriendelijk op wijzen dat dit het begin is van iets veel groters, dat hen zal leiden tot het hart van de Traditie. Om mensen te evangeliseren zullen wij hen niet verwerpen, of hen

---

[9] Hand.4:12.
[10] Joh.16:13.

afwijzen als 'ketters'. Wij zullen veeleer proberen een positief element te vinden, en dit gebruiken om hen tot de volle waarheid te leiden, zoals de heilige Paulus deed toen hij de Atheners toesprak. Hij gebruikte hun "onbekende God"[11] om hen te leiden tot de Ene Waarachtige God, de bekende en geliefde God.

Vragen & Antwoorden

Vraag 1: Wat is het verband tussen de taal en het spreken in tongen op het Pinksterfeest, toen de Heilige Geest over de Apostelen kwam?

Antwoord 1: Met Pinksteren spraken zij in verschillende talen. Zij waren Parten, Meden, Elamieten, enzovoort, en degenen die deze genadegave ontvingen spraken in die talen, maar in hun vervoering spraken zij ook in onbekende talen. De apostel Paulus zegt, dat zij zelf niet begrepen wat zij zeiden, en dat zij iemand anders nodig hadden om het te vertolken. Maar wat is het nut daarvan? Zij weten dat zij God aanbidden, maar de anderen hebben er geen profijt van. Natuurlijk, er zijn gevallen geweest in de geschiedenis van de Kerk dat heilige mensen deze gave ontvingen en in staat waren via deze weg te communiceren; toen bijvoorbeeld de heilige Basilius de Grote en de heilige Efraïm de Syriër elkaar ontmoetten, kende geen van beiden de taal van de ander, maar zij slaagden er toch in elkaar te verstaan.

Vraag 2: In Amerika, in de Pinkstergemeente en de Charismatische beweging, wordt nu beweerd dat het spreken in tongen een soort geheime gebedstaal is, waarmee God hen voorziet door de Heilige Geest, opdat de duivel hen niet kan beroven van hun gebeden. Kunt u daar commentaar op geven?

Antwoord 2: Misschien is het echt wat deze mensen voelen, maar wat zij zeggen is onjuist. Soms begrijpen mensen niet waar zij doorheen gaan. Misschien hebben zij een aanraking van de Geest ontvangen, want God ziet op het hart van de mens, maar wanneer zij daarover spreken vergissen zij zich, omdat zij niet de sleutel

---

[11] Hand. 17:23.

bezitten om hun ervaringen juist te interpreteren – en deze sleutel is de Traditie. In het Westen heb ik vaak gezien dat mensen grote genadegaven ontvingen. Er was een predikant in een stadje ten zuiden van Londen; als hij predikte dan was het alsof de honing van zijn lippen vloeide. Ooit hoorde ik enkele bandopnamen van zijn voordrachten. Hij had zulk een gave en zulk een begaafdheid voor de Schriften! Met zulk een gemak combineerde hij verschillende Schriftgedeelten, waarbij hij de ene tekst gebruikte om de andere te laten spreken, en het was werkelijk een genot en een vreugde om hem te horen! Gedurende enige tijd bezat hij deze gave in zijn evangelische parochie, maar plotseling kwam de gedachte tot hem dat hij zou moeten uitgaan om het woord Gods te prediken tot de gehele wereld. Helaas had hij in zijn kerk geen referentiepunt, niemand om de wil van God voor hem te onderscheiden, en hem te vertellen: "Nee, God heeft u hier geplaatst. Blijf hier! Het ziet er naar uit dat de Geest getuigt dat dit uw plaats is." Hoe dan ook, hij omhelsde de idee om uit te gaan en het Evangelie te prediken tot de gehele wereld, en enkele jaren daarna kwam mij ter ore dat hij in Zwitserland was in een staat van depressie, en dat hij niet eens het Avondmaal des Heren wilde celebreren. Hij vroeg een leek om het voor hem te doen, terwijl hij ergens terneergeslagen in een hoekje zat. Ik denk, dat hij gedurende enige tijd inderdaad deze grote gave bezat, maar er was geen Traditie om hem te steunen en te sterken, of hem te helpen de wegen des heils te verstaan en de wegen van de Geest. Als gevolg daarvan was hij verloren toen het ogenblik der verzoeking kwam. Het probleem waar deze mensen voor staan is, dat er geen instelling van de Kerk is, omdat er geen Traditie is. Er zijn individuele personen die soms, vanwege hun persoonlijke liefde voor God en voor de Schriften een zeker enthousiasme bezitten, en zij krijgen veel voor elkaar, maar het verdampt zo gemakkelijk, omdat er geen vat is om het in te doen en de genade te bewaren die zij ontvangen hebben. Voor ons is het vat de instelling van de Kerk, samen met de Traditie, die het voertuig is dat ons draagt. Ik veracht hen niet – sommigen van hen zijn zeer begaafde mensen – maar zij zijn slachtoffer van hun eigen tradities. Er is geen stabiliteit in hen, omdat zij geen notie hebben van de Kerk zoals wij deze kennen. Wij hebben vaak Anglicaanse priesters die ons klooster bezoeken, en steeds weer zeggen zij tegen ons: "Alleen u, als Orthodoxen, hebt een ongebroken Traditie". Maar meer zeggen zij niet, zij gaan niet verder, en dan zwijg ik. Wat kunt ge zeggen?

Vraag 3: Enkele jaren geleden hoorde ik een 'theologoumenon' over de gave van het spreken in tongen, en ik zou graag uw reactie horen. De bewering was, dat de oorspronkelijk gave het Pinkster-feest verlengde en daartoe de talen der mensheid gebruikte, en toen het zich over alle talen had uitgestrekt hield de gave op.

Antwoord 3: Ja, dat impliceert de idee dat de gave van 'glosso-lalia' enkel gegeven werd om al onze talen te zegenen. Ik meen, dat ik iets vergelijkbaars heb gelezen in de heilige Johannes Chrysostomos, maar ik herinner het mij niet precies. Niettemin, wie de ervaring bezit van de waarachtige Traditie van de Ortho-doxe Kerk heeft niets nodig, hij mist niets. Alle moderne Christelijke denominaties weerspiegelen bepaalde aspecten van onze Traditie. Zij noemen zichzelf Evangelisch, maar voorzeker zijn ook wij evangelisch, misschien zelfs meer dan zij.

Vraag 4: Iemand gaf mij, of ik kocht, een exemplaar van de geestelijke biografie van oudvader Porfyrios, getiteld "Wounded by Love". Ik begon dit te lezen, en hij beschrijft hoe hij de genade-gave van helderziendheid ontving. Hij was aan het bidden in de narthex van de kerk, toen een oude kluizenaar de kerk binnenkwam. In de veronderstelling dat hij alleen was, spreidde de kluizenaar zijn armen uit als een kruis, en maakte geluiden die zouden kunnen worden beschreven als 'glossolalia', en hij werd geheel stralend door het goddelijk Licht. Vader Porfyrios geloofde dat zijn gave van helderziendheid verbonden was met het gebed van de oude kluizenaar op dat ogenblik. Dus het proces hoe hij deze gave ontving was uiterst verborgen en geheim. Mijn vraag is, of wij nog andere vergelijkbare dingen vinden in onze Traditie?

Antwoord 4: Wij allen kennen in meer of mindere mate wel iets van deze gave van het spreken in tongen, het bidden in de geest. Wanneer wij alleen zijn op onze eigen kamer, dan bidden wij op manieren die niet mogelijk zijn wanneer wij in de kerk bidden, in het zicht van anderen. Wij kunnen onszelf gewoon laten verzinken in de Geest van God en zonder terughoudendheid tot Hem spreken. Wij kunnen tot Hem zeggen: "Heer, Ik dank U dat Gij zijt, zoals

Gij zijt, en niemand is zoals Gij," of: "Heer, het zou beter zijn geen
dag langer op aarde te leven, dan te leven zonder Uw liefde."
Wanneer de Geest ons op die manier draagt, dan uiten wij gebeden
die uiterst persoonlijk zijn, en van binnen voelen wij de kracht van
de Geest, maar wij zouden beslist niet op dergelijke wijze kunnen
bidden als wij samen met onze broeders zijn. Dat is waarom wij in
de kerk op een neutrale toon lezen, zodat de anderen die daar aanwezig zijn naar de lezing kunnen luisteren als zij dat willen; en als
zij dat niet willen, kunnen zij hun eigen innerlijk ritme van het gebed
volgen, zonder daarin te worden gehinderd. Het is onaanvaardbaar
om in de kerk te lezen op een sentimentele, persoonlijke manier,
omdat dit de vrede van anderen ondermijnt. Ik heb lezingen gehoord
die werkelijk afschuwelijk waren. Ik kon het niet verdragen, en ik
wilde enkel wegrennen uit de kerk. Soms, in de kloosters, lijken
monniken te lezen op een manier die misschien zelfs oneerbiedig
kan lijken, gewoon vlak en rechtuit, omdat zij weten dat andere
monniken misschien de gehele nacht in gebed hebben doorgebracht
in hun cel, en naar de kerk zijn gekomen met geheel hun geest geconcentreerd in hun hart, en dus datzelfde ritme van het gebed zouden
willen bewaren. En dit is mogelijk zolang alles in de kerk gedaan
wordt op een neutrale manier.

Wij proberen zelfs de gave van het spreken in tongen op deze
wijze te verstaan. Misschien geeft God deze gave om mensen te
leren bidden met hun hart, om de overgang te maken van het uiterlijke naar het innerlijke. Ik ben er zeker van dat velen van u dit
soort gebed kennen. Het gebeurt vaak, wanneer gij in uw kamer zijt
en God u een bijzondere genade en inspiratie schenkt, dat gij kunt
neerknielen, gij kunt uw grote buigingen maken met het hoofd tegen
de grond, gij kunt op uw borst slaan, gij kunt doen wat gij maar wilt;
maar wanneer gij in de kerk zijt, dan neemt gij niet de ruimte van uw
broeders in. Welk een grote cultuur! Ik herinner me een verhaal van
de Woestijnvaders. Een grote oudvader uit de Egyptische woestijn
kwam de kerk binnen, en in de veronderstelling dat hij alleen was,
slaakte hij een diepe zucht zonder enige terughoudendheid. Plotseling
hoorde hij iets bewegen in een hoek, en hij besefte dat er ergens in
de kerk verborgen een novice aan het bidden was. Hij ging naar hem

toe en boog zich voor hem ter aarde, en hij zei tot hem: "Vergeef mij, broeder, want ik heb nog niet eens een begin gemaakt".[12]

Veel van de Woestijnvaders hadden deze cultuur om hun genadegaven te verbergen. Een groot asceet ontving drie monniken in zijn cel. Hij verlangde hun ascetische werk te zien, dus deed hij alsof hij sliep. De drie monniken, denkend dat hun gastheer sliep, bemoedigden elkaar en begonnen toen te bidden. Hij zag hoe het gebed van twee van hen als een vlam naar buiten kwam, terwijl de derde bad met moeite. Maar zij hadden gewacht tot hun gastheer in slaap viel, en zijzelf hadden gedaan alsof zij sliepen, zodat alles in het verborgene kon worden gedaan, zonder het loon te verliezen van onze Vader, Die in het verborgene ziet en openlijk vergeldt. Alle mogelijke voorzorgen worden genomen om niet de zede van de nederigheid te verliezen. Dit is de grote cultuur van de Orthodoxe Kerk, en wij mogen deze niet verliezen!

Vraag 5: Er zijn drie plaatsen in het Nieuwe Testament waar vermeld wordt dat Jezus sprak in het Aramees: "Eli, Eli, lama sabachtani", "Talitha kumi", en "Abba (Vader)". Waarom hebben de schrijvers van het Nieuwe Testament deze woorden die Jezus sprak, niet in het Grieks of Hebreeuws vertaald? Bestaan er geschreven commentaren of overwegingen over dit gebruik van het Aramees?

Antwoord 5: Ik weet niet goed hoe ik uw vraag moet beantwoorden, maar misschien is het zo dat deze uitspraken in dat dialect werden vermeld om daar de volle kracht en betekenis van te bewaren. Als ik vertalingen van het Nieuwe Testament bekijk, vanuit het Grieks, dan zie ik dat de tekst in veel gevallen onduidelijk is, hoewel degenen die het Nieuwe Testament in het Engels of in het Frans vertaalden grote geleerden waren. Ik denk bijvoorbeeld aan 2Kor.5:8-10; ik heb geen enkele vertaling kunnen vinden die de Griekse betekenis kan weergeven. Het Westen is het slachtoffer van slechte vertalingen. Waarschijnlijk hebben de Evangelisten Aramees gebruikt wanneer zij iets bijzonders wilden uitdrukken, maar zij konden dit niet te vaak doen, want dan hadden zij het gehele Evangelie in die

---

[12] Cf. "The Sayings of the Desert Fathers", Abba John "the Dwarf" §23; Abba Tithoes §6.

taal moeten schrijven. Maar misschien waren er andere redenen. Mijn antwoord weerspiegelt mijn eigen geneigdheid – ik denk dat ik enigszins bevooroordeeld ben jegens slechte vertalingen.

Vraag 6: Wat de vorige vraag betreft, de manier waarop deze werd gesteld suggereert dat de tekst oorspronkelijk geschreven werd in het Grieks. Deze werd niet in het Grieks geschreven; alle Evangeliën deden oorspronkelijk de ronde in het Aramees en werden later in het Grieks vertaald. "Eli, Eli, lama sabachtani" werd in het Aramees vermeld, vanwege de implicatie van de taal die Jezus gebruikte, dat Hij Zijn God aanriep. Als gij de woorden in het Grieks vermeld of in een andere taal, dan heeft het niet dezelfde betekenis. In vertaling betekent het niets.

Antwoord 6: Maar op dat punt geeft het Evangelie ook de vertaling in het Grieks. Het bewaart het oorspronkelijke dialect, maar geeft onmiddellijk ook de vertaling, misschien juist om het soort verwarring te voorkomen als er onder de mens had bestaan. Toen zij deze woorden hoorden, dachten zij dat Jezus, op dat ogenblik, tot Elia riep. Ik ben geen geleerde en ik weet er niets van, maar ik vind het moeilijk om aan te nemen dat het Evangelie van de heilige Lukas in het Aramees geschreven werd.

Een kort intermezzo: Vele jaren geleden ontmoette ik een Orthodoxe priester, die zijn hele gemeente had ingeleid in al dit 'spreken-in-tongen', en die uiteindelijk zijn hele gemeente daar weer uit wegleidde. Een man, die Orthodox geworden was, kwam naar hem toe en zei hem: "Weet u, ik spreek regelmatig in tongen." En de priester vroeg hem één ding te doen: "De volgende keer dat u in tongen spreekt, maak dan het teken van het kruis over uw mond, en kijk wat er gebeurt." De man deed dit, en – zoals hijzelf deze geschiedenis verhaalt – dertig dagen later besefte hij dat hij sindsdien niet in tongen gesproken had, zelfs niet één keer. Hij besloot opnieuw in tongen te spreken, en nogmaals maakte hij het kruisteken over zijn mond. Er ging een heel jaar voorbij, voordat hij wederom besefte dat hij niet in tongen gesproken had. Toen besloot hij dit nog éénmaal te proberen; weer maakte hij het teken van het kruis over zijn mond. Hij heeft de rest van zijn leven nooit meer in tongen gesproken.

Vraag 7: In de laatste paar dagen heeft U verschillende malen gezegd, dat wij het Jezusgebed zouden moeten gebruiken als een weg die ons kan helpen. Maar in Rusland is het ooit gebeurd, dat ze de mensen moesten verbieden om het Jezusgebed te gebruiken, omdat zij dit gebruikten als een soort magische toverformule. Kunt u commentaar geven hoe zoiets gebeurt?

Antwoord 7: Ik heb hierover gehoord, maar ik heb het niet bestudeerd. Wat ik weet is, dat waar geen overtredingen zijn, de wet niet nodig is. De wet verschijnt alleen daar waar overtredingen zijn. Daarom, zolang wij op de juiste wijze gebruiken wat de Kerk ons geeft, is er geen enkele noodzaak voor een verbod; maar wanneer er afwijkingen komen, dan moet de Kerk maatregelen nemen.

Vraag 8: In een aantal gevallen hebt u een verschil gemaakt tussen de geestelijke en de psychologische realiteit: geestelijke tranen tegenover psychologische tranen, geestelijke smart en schaamte tegenover psychologische smart en tranen. Dat verschil heeft mij zeer geholpen, en ik denk ook anderen. Denkt u dat er ook een psychologisch gebruik bestaat van het Jezusgebed, tegenover een diep geestelijk gebruik daarvan?

Antwoord 8: Ik weet het niet, maar uiteraard kan het Jezusgebed alle niveaus van het menselijk leven omvatten. De energie die de Naam van Christus vergezelt, wanneer deze wordt aangeroepen met eerbied, nederigheid en aandacht, is altijd geestelijk, en uiteraard zal dit voldoen aan alle noden van de persoon. Als het voldoet aan de geestelijke noden van de persoon, zal het zeker ook voldoen aan de psychologische noden, en het zal zelfs vrede schenken aan het lichaam. Er zijn drie niveaus van bestaan: het lichamelijke, het psychologische en het geestelijke. De afstand tussen het lichamelijke en het geestelijke niveau is voor alle mensen hetzelfde, maar bij vrouwen ligt het middelste niveau iets hoger dan bij mannen; dat is waarom vrouwen soms psychologische gesteldheden verwarren met geestelijke gesteldheden. Voor mannen is het moeilijker deze twee te verwarren, maar zij zijn kwetsbaarder op het lichamelijke niveau. Vrouwen kunnen langer op het psychologische niveau blijven, terwijl mannen dit niet kunnen; zij vallen te vlug terug tot het vleselijke niveau. Wij priesters in het bijzonder zouden dat moeten weten, en daar altijd voor op onze hoede zijn. Het verschil tussen het gewone niveau van het leven zoals wij dit allemaal leven, en het niveau van de heiliging is hetzelfde voor zowel mannen als vrouwen, maar de afstanden tussen de drie niveaus – lichamelijk, psychologisch en geestelijk – is bij mannen en vrouwen verschillend. Vader Sophrony heeft ons dit uitgelegd, en dit is soms zeer nuttig om te weten in onze pastorale zorg. Het is goed te weten waar onze kwetsbaarheid ligt, zodat wij voorzichtig kunnen zijn.

Vraag 9: Mijn vraag houdt verband met het laatste wat onze Heer zeide aan het Kruis: "Het is volbracht." Was heel het werk gedaan vóór Zijn dood? Is het volbrachte werk gescheiden van Zijn dood en Opstanding? Hoe past het heil in dit alles, en hoe verstaat u de omkering van wat er gebeurde in de Hof van Eden, de gevolgen van de zonde van Adam en Eva, hoe zij verdreven werden, hoe de mensheid sindsdien onder een vloek ligt – en dat de vloek is weggenomen?

Antwoord 9: "Het is volbracht" betekent "Het is tot volmaaktheid gebracht", want het offer werd gerealiseerd door de dood van de Heer. Op dat ogenblik geschiedde de onrechtvaardige dood van de Heer, en dit was een veroordeling van de rechtvaardige dood die wij ontvangen hadden vanwege de zonde. In de Hof van Gethsémane bad de Heer met bloedig zweet voor het heil der wereld. Het offer in de geest werd reeds toen gebracht, maar het moest bezegeld worden door de lichamelijke dood van Christus aan het Kruis. Onze dood is een rechtvaardige dood, omdat deze het gevolg is van onze zonden, maar Christus' dood was onrechtvaardig, omdat Hij zonder zonde was. Maar Hij leverde Zichzelf over aan de dood in onze plaats, om onze dood teniet te doen. En uiteraard, toen het offer eenmaal gebracht was, werd alles hersteld – dit was voldoende voor ons heil. Ik weet niet of ik precies begrepen heb wat u wilde zeggen?

Vraag 10: Het heil is gekomen door het Kruis en de Opstanding van Christus, maar hebben wij in onze Kerk deze ervaring?

Antwoord 10: Wij hebben deze ten dele, en de heiligen zelfs met nog groter volheid. In dit leven is het altijd ten dele, maar dit is een garantie van de volheid die zal komen na de algehele opstanding. Nu ontvangen wij het 'onderpand' van de Geest, de waarborgsom van het kapitaal dat ons op die dag ten volle zal worden toevertrouwd.

Wat nu voor ons van belang is, is dat wij de zekerheid en de innerlijke verzekering in ons hart hebben, dat dit herstel reeds heeft plaats-
gevonden. Of wij nu een klein beetje warmte in ons hart hebben
wanneer wij de opgestane Heer aanroepen, of een grotere vervoering
door de Geest, dat is hetzelfde: beide getuigen van dezelfde realiteit
– dat de Heer is opgestaan, en de dood geen gezag meer heeft. Hij
heeft de dood en de wereld overwonnen. Zelfs wanneer wij een klein
teken van dat leven bezitten, dat op die dag ten volle zal komen,
dan is dat genoeg om ons te bevestigen op onze weg. Want "die
getrouw is in het minste, is ook in veel getrouw; en die onrechtvaardig is in het minste, is ook in veel onrechtvaardig".[13] Wij zien
dit in het leven van de heilige Petrus: Hoewel de Heer hem gewaar-
schuwd had dat hij Hem driemaal zou verloochenen, wilde hij
moedig zijn en hij mat zijn kracht niet af. Toen hij het Praetorium
binnenkwam om te zien hoe de dingen zouden verlopen, kwam er
een klein meisje naar hem toe dat zei: "Ah, gij zijt een Galiléër; gij
zijt van het gezelschap van Jezus". Er was geen gevaar, maar misschien minachtte Petrus het meisje en dacht hij dat zij niet waardig
was iets te horen over de Profeet van Galiléa. Hij was zorgeloos en
zeide: "Ik weet niet waar gij het over hebt". Dus hij gleed een beetje
af, en de vijand vond een klein plaatsje in hem om greep op hem te
krijgen. Na een tijdje, weer dezelfde opmerking: "Ah, ook gij zijt
van het gezelschap van de Galiléër". Deze keer gleed hij verder
omlaag, en hij antwoordde: "Ik ken deze mens niet". Toen had de
vijand nog meer greep op hem. De derde maal verloochende hij
Christus en werd hij afvallig, dat wil zeggen, in zekere zin verloor
hij zijn doop. Hij maakte zichzelf volledig tot vreemde van de Heer.
God zij dank, dat de Heer van tevoren voor hem gebeden had, en dat
de energie van Zijn gebed bewaard bleef om hem te behouden! En
toen de haan kraaide, en de Heer Zich tot hem wendde, werd Petrus
gewond in zijn hart, en hij ging uit en weende bitter.[14] Ziet u, omdat
hij zorgeloos was in iets kleins, was de verzoeking uiteindelijk
boven zijn maat. Dit is hetzelfde met ons: als wij niet zorgvuldig
zijn in kleine dingen, dan vallen wij in grote dingen. Bijvoorbeeld,
als er iemand komt die tegen ons zegt: "Kom mee, dan gaan we

---

[13] Lk.16:10.
[14] Zie Mt.26:69-75; Mk.14:66-72; Lk.22:54-62   .

een bank beroven", dan zullen wij hem berispen en zeggen: "Ga weg! gij weet niet wat ge zegt." Maar misschien zullen wij wel zorgeloos genoeg zijn om vijf dollars in onze zak te stoppen die niet van ons zijn, maar aan de Kerk toebehoren. Zo glijden wij een beetje uit; dan heeft de vijand greep op ons, en kan het gebeuren dat wij verder en verder gaan, en ergere dingen doen. Nog een voorbeeld: Als iemand komt en ons zegt: "Kom laten wij naar de hoeren gaan", dan zullen wij antwoorden: "Ga weg! Hoe zou ik de tempel Gods kunnen verontreinigen en tot een instrument van onreinheid maken?" Maar als wij zelfs maar een kleine vrijpostigheid toestaan met een andere persoon, dan krijgt de vijand greep op ons, en dan gaan wij verder; elke keer beginnen wij waar wij de vorige keer zijn opgehouden, en tenslotte verzinken wij in de poel der onreinheid. De woorden van de Schrift werken naar beide kanten: Wie getrouw is in het kleine, zal door God de kracht geschonken worden om zelfs het grote te verwerven; en wie niet getrouw of zorgvuldig is in het kleine, en toestaat dat vrijpostigheid, onrechtvaardigheid, of iets anders in zijn leven binnenkruipt, zal ontrouw blijken in het grote, en hij zal volledig verloren gaan. Wij zien aldoor dergelijke dingen gebeuren in het leven van de Kerk; het is daarom beter zorgvuldig te zijn, en het woord van de Heer te bewaren. Vergeef mij.

16

Homilie bij de Wedergave van het Feest van de Ontmoeting van onze Heer en Heiland Jezus Christus[1]

et is mij een vreugde om weer in uw midden te zijn en samen met u de Liturgie te vieren, gedragen door uw gebeden. Het is bijzonder betekenisvol dat het zo uitkomt, dat onze Goddelijke Liturgie vandaag plaatsvindt, op de Wedergave van het Feest van de Opdracht van onze Heer in, en aan, de Tempel – want dit is in feite ook het feest van het koninklijk priesterschap van Christus.

De opdracht van de Heer begint in de Tempel van God, en de vorige keer toen u mij had uitgenodigd op uw retraîte voor de geestelijkheid, hebben wij gesproken over de tweeledige vertegenwoordiging van Christus: tegenover God en tegenover de mensen.[2] Christus heeft de mensen gerechtvaardigd voor Gods aanschijn door Zijn waarachtig en volmaakt voorbeeld – en als wij dat volgen zullen wij nimmer te schande staan, en zullen wij aanvaard worden door de Vader en de Geest, en tot zonen van God worden. Ook heeft Christus God gerechtvaardigd voor het aanschijn der mensen, omdat Hij ons heeft liefgehad tot het einde, tot de dood toe, en op deze wijze ons heil heeft bewerkt. Maar Zijn opdracht is tevens het begin van de openbaring van Zijn priesterschap, wat voor ons van bijzonder belang is omdat wij deelgenoten zijn aan Zijn priesterschap. Er is maar één priesterschap, het koninklijk priesterschap van de Heer, waar alle Christenen deelgenoot aan zijn; maar wij, die tot priester zijn gewijd, hebben daar op dubbele wijze deel aan.

Ik zou graag even blijven stilstaan bij die twee mensen die zich in de Tempel bevonden, en die Christus ontvingen: de heilige

---

[1] Homilie tijdens de Goddelijke Liturgie op de laatste dag van de "Clergy Brotherhood Retreat", 9 Februari A.D.2007.
[2] Zie "The Enlargement of the Heart", EN p.192-195; Nederlandse vertaling, getiteld "Weest ook gij uitgebreid", NL p.250-254.

Simeon, een man die "rechtvaardig en vroom" was, zoals de Schrift zegt, en de profetes Anna. Beiden waren hoogbejaard, maar zij bezaten een sterke verwachting in hun hart van de komende verlossing – zij verwachtten de onvergankelijke "vertroosting van Israël", en dat was Christus.[3] Dat wil zeggen, dat zij voortdurend de profetische gave in hun hart aanwakkerden, nadat zij deelgenoot waren geworden aan Gods profetische geest.

Het priesterschap is eveneens een profetische gave, en wij moeten deze steeds weer aanwakkeren om hem tot het einde toe brandende te houden. Wij doen dit, door ervoor te zorgen dat Gods oneindige vertroosting altijd in ons hart aanwezig is. En wanneer deze vertroosting overvloedig is in ons hart, dan zijn wij in staat om anderen te vertroosten: Gods volk, de mensen die tot ons komen. Deze twee mensen, Simeon en Anna, zijn voorbeelden van mensen die op profetische wijze deel hadden aan het koninklijk priesterschap van Christus. Hun verwachting was groot, en zij leefden in verwachting van de vertroosting van Israël, net zoals wij – de mensen van Gods Nieuwe Israël – leven in verwachting van de grote dag van de Wederkomst des Heren.

De Heer "boog de hemelen en daalde neder",[4] en Zijn komst bij ons in het vlees is de profetie van Zijn Wederkomst. Dus diegenen die Zijn verschijning in het vlees liefhebben, leven in groot verlangen naar Zijn tweede komst in de heerlijkheid van Zijn Vader – zij leven niet slechts in verlangen, zij haasten zich veeleer in de richting van Zijn Wederkomt, zodanig is hun verlangen om de Heer te ontmoeten.

Toen de Heer kwam werd Hij tot "teken" van God voor alle geslachten, dat "weersproken" zou worden, zoals het Evangelie van vandaag zegt.[5] Dat wil zeggen dat er geen neutraliteit kan bestaan in onze houding tegenover Hem. Als wij onszelf aan Hem overleveren in nederige liefde, dan zal Hij ons overschaduwen met Zijn messiaanse kracht. Wij zullen Hem binnenin onszelf dragen, en een overwinningslied zingen, zoals de heilige Simeon dat deed. Maar als wij toelaten dat de lange jaren van ons leven de hoop op zulk een groot heil uitdoven, dan zullen wij tenslotte schipbreuk

---

[3] Lk.2:25.
[4] Cf. LXX Ps.143(144):5.
[5] Lk.2:34; de volledige tekst voor de Liturgie van de Wedergave is Lk.2:22-40.

lijden. Als de eeuwigheid ophoudt onze onmisbare inspiratie te zijn, waardoor ons aardse bestaan waardig vervuld wordt, dan zullen wij onvermijdelijk gelijkvormig worden aan de sombere realiteit van deze wereld die ons omringt. En daarin ligt de grote tragedie van de mensheid.

De Heer heeft ons een heilig onderpand gegeven om dit in bewaring te houden, en Hij verwacht dat wij Hem dit ongeschonden zullen aanbieden op die dag, wanneer Hij zal wederkomen in heerlijkheid om de wereld te oordelen met rechtvaardigheid en goedheid. Zoals wij gezegd hebben, is een neutrale houding niet mogelijk. Als wij ons aan Hem overleveren, dan zullen ook wij een overwinningslied zingen zoals Simeon, omdat er geen grotere dag kan bestaan dan die dag, waarop wij de Heer, onze Formeerder en onze Verlosser, zullen ontmoeten. Dit is de grote hoop die ons hart in leven houdt, ondanks al de lasten van het priesterschap. Wij moeten indachtig zijn dat wij deelgenoot zijn aan Zijn priesterschap, en dat Zijn priesterschap in deze wereld een priesterschap van lijden is. Daarom moeten wij onszelf niet toestaan kleinmoedig te worden in moeilijkheden en verdrukking, maar onze verwachting veeleer aanwakkeren door gebed en eredienst. Dan zal de gave waarmee God ons begenadigd heeft bij onze wijding voortdurend in ons hart herleven, en dit stevig bevestigen in de hoop op de toekomende dingen.

Deze wereld waarin wij nu leven, hoe prachtig die ook moge zijn, is als een sluier die ons scheidt van zowel het Koninkrijk Gods als het koninkrijk der duisternis. Er zijn echter tijden dat de schaduw van het koninkrijk der duisternis op ons valt; en soms ontvangen wij de lichtende stralen van het Koninkrijk des lichts, die ons troosten en sterken. Wij dienen eenvoudig de gave van God in ons hart te bewaren, om staande te kunnen blijven op die dag waarin de Heer de hemel en de aarde zal doen schudden. Dan zullen al die dingen die aards zijn voorbijgaan, en alleen de dingen die bezegeld zijn door de ongeschapen genade van Zijn Kruis en Opstanding zullen voor eeuwig blijven.

Vlak vóór Zijn Lijden zei de Heer: "Nu is het oordeel van deze wereld"[6] – en inderdaad, toen Hij aan het Kruis hing werd de wereld geoordeeld. Hij zweeg, doch de gehele schepping verleende

---

[6] Joh. 12:3.

Hem haar stem. Wij weten dat de zon verduisterde, de rotsen scheurden, en de graven van de gestorvenen geopend werden; en er geschiedden nog andere wondertekenen. En al degenen die daarbij aanwezig waren, en die niet het licht van Zijn genade in hun hart droegen, "sloegen zich op de borst en keerden weder".[7] Zij konden het schouwspel van Zijn kruisiging niet verdragen. De enige twee mensen die in staat waren aan de voet van het Kruis te staan, waren de Moeder van de Heer, en de heilige Johannes de Theoloog. Want Hij die dood was aan het Kruis, was levend in hun harten, en Hijzelf was het, Die hen in staat stelde onwankelbaar staande te blijven in dat vreeswekkende uur, hoewel zij natuurlijk in grote pijn verkeerden.

Als ook wij Gods eerste verschijning liefhebben, en als wij de gave bewaren waarmee wij begenadigd zijn, dan zal in ons hart een wonderbaar licht schijnen, dat ons inspireert met de hoop en de verwachting van Zijn Wederkomst. Dit licht, hoe klein het nu ook moge zijn, zal een opening worden naar het eeuwig Koninkrijk van licht, wanneer de Heer in heerlijkheid wederkomt; en dan zullen wij – mét al de heiligen – evenals de Rechtvaardige Simeon een overwinningslied zingen: "Gezegend Hij Die gekomen is en zal wederkomen in de Naam des Heren." Amen.

☩

---

[7] Lk.23:48.

Bibliografie van geciteerde werken

Noot: De uitgaven van de werken van oudvader Sophrony in de verschillende talen zijn niet altijd precies gelijk, soms door een iets andere wijze
van uitdrukken, maar soms ook doordat oudvader Sophrony bepaalde onderwerpen in het Grieks expliciet heeft uitgediept, die hij in andere talen niet
of slechts beperkt had besproken. Ook komt het voor dat een bepaald onderwerp in het Engels in een andere uitgave werd opgenomen dan in het Grieks.
Derhalve zijn sommige verwijzingen slechts in één taal gegeven.

GK = Griekse editie (in de oorspronkelijke vertaling van Archim. Zacharias),
EN = Engelse editie, NL = Nederlandse editie.

WERKEN VAN HET KLOOSTER ST. JOHN THE BAPTIST

Archim. Sophrony (Sacharov)

"Saint Silouan the Athonite" (afgekort: "Saint Silouan")
vert.: Rosemary Edmonds;
Stavropegic Monastery of St. John the Baptist
Tolleshunt Knights, Essex, U.K., 1991;
herdruk: St. Vladimir's Seminary Press, Crestwood NY (U.S.A.) 1999.

> Griekse tekst: *«Ο ΑΓΙΟΣ ΣΙΛΟΥΑΝΟΣ Ο ΑΘΩΝΙΤΗΣ»*
> Essex, U.K., 8ᵉ druk, 1999.

> Nederlandse vertaling: *"De heilige Silouan de Athoniet"*
> vert. Zr. Elisabeth (Koning); uitg. Axios, 1998.
> (heruitgave: Orthodox Logos, Tilburg)

"We Shall See Him As He Is" (afgekort: "We Shall See Him")
vert.: Rosemary Edmonds;
Stavropegic Monastery of St. John the Baptist,
Tolleshunt Knights, Essex, U.K., 1988.

> Griekse tekst: *«ΟΨΟΜΕΘΑ ΤΟΝ ΘΕΟΝ ΚΑΘΩΣ ΕΣΤΙ»*
> Essex, Engeland, 3ᵉ editie 1996.

"On Prayer"
vert. Rosemary Edmonds;
Stavropegic Monastery of St. John the Baptist,
Tolleshunt Knights, Essex, U.K., 1996.

> Griekse tekst: *«ΠΕΡΙ ΠΡΟΣΕΥΧΗΣ»*
> Essex, U.K., 2ᵉ druk, 1994.

«*ΑΣΚΗΣΙΣ ΚΑΙ ΘΕΩΡΙΑ*» *(Over de ascese en het schouwen)*
vertaling uit het Russisch en het Frans door Archim. Zacharias;
Stavropegic Monastery of St. John the Baptist,
Tolleshunt Knights, Essex, U.K., 1996. [2ᵉ editie, 2010]

Enkele artikelen werden oorspronkelijk in het Frans gepubliceerd.
Een gedeelte bestaat reeds in Engelse vertaling. Zie met name:

"Unité de l'Eglise à l'image de la Sainte Trinité"
(The Unity of the Church in the Image of the Holy Trinity)
Oorspronkelijk verschenen in het Frans: *"Contacts"*, No.21,23,24.
De definitieve bewerking hiervan werd toegevoegd aan de Franse
uitgave: *"La felicité de connaître la voie"* (p.11-55),
Labor et Fides, 1988.

"Principles of Orthodox Asceticism"
vert. Rosemary Edmonds;
in: "The Orthodox Ethos: Studies in Orthodoxy" (vol.1),
ed. A.J. Philippou, Oxford: Holywell Press, 1964

"His Life is Mine"
vert. Rosemary Edmonds;
St. Vladimir's Seminary Press, Crestwood NY (U.S.A.), 1977,
Eerste druk: A.R. Mowbray & Co Ltd, Oxford, U.K., 1977.

"ПИСЪМА ВЛИЗКИМ ЛЮДЯМ"
Een verzameling brieven, reeds gepubliceerd in het Russisch,
ed. Издателъство "Отчий дом", 1977.

Archim. Zacharias (Zacharou)
"The Enlargement of the Heart: 'Be ye also enlarged' (2Corinthians 6:13)
in the Theology of Saint Silouan the Athonite and Elder Sophrony of Essex"
redactie: Christopher Veniamin;
Mount Thabor Publishing, South Canaan PA (U.S.A.), 2006.

Nederlandse vertaling: *"Weest ook gij uitgebreid (2Kor.6:13) – De*
uitbreiding van het hart in de theologie van de heilige Silouan en
oudvader Sophrony van Essex" (afgekort: *"Weest ook gij uitgebreid"*)
vert. A. Arnold-Lyklema;
Uitgeverij Orthodox Logos, Tilburg, 2014.

"Remember Thy First Love (cf. Rev.2:4-5): The three stages of the
spiritual life in the theology of Elder Sophrony"
Stavropegic Monastery of St. John the Baptist,
Tolleshunt Knights, Essex, U.K., 2010.

Nederlandse vertaling: *"Gedenk uw eerste liefde (cf. Openb.2:4-5)
– De drie stadia van het geestelijk leven in de theologie van
oudvader Sophrony"*
vert. A. Arnold-Lyklema;
Maranatha House, 2014.

LEVEN & WERKEN VAN DE HEILIGE VADERS
(min of meer chronologisch geordend)

Woestijnvaders

"The Sayings of the Desert Fathers: The Alphabetical Collection"
vert. B.Ward SLG;
Cistercian Publications, Kalamanzoo MI (U.S.A.), 1984

«Εὐεργετινός» (Evergetinos), vol.2
Griekse tekst, ed. Τὸ Περιβόλι τῆς Παναγίας, Thessaloniki, 2003.
of: Constantinopel. 1861, p.101.

Abba Ammonas

"Letters of Ammonas"
vert. Derwas J. Chitt; herzien en ingeleid door Sebastian Brock,
SLG Press, Convent of the Incarnation, Fairacres, Oxford, 1979.

H. Makarius de Grote (van Egypte)

"Fifty Spiritual Homilies"
vert. A.J. Mason,
Eastern Orthodox Books, Willits, CA (U.S.A.), 1974.

H. Basilius de Grote

"The Ascetic Works of St. Basil"
vert. W.K.L. Clarke,
SPCK, London 1925.

H. Johannes van de Sinaï (*ook genaamd:* Klimakos = van de Ladder)

"The Ladder of Divine Ascent" (afgekort: "The Ladder")
Holy Transfiguration Monastery Press, Boston MA (U.S.A.), 1991.

H. Gregorius Palamas

"The Triads: Gregory Palamas"
ed. J. Meyendorff, vert. N. Gendle;
in de serie "Classics of Western Spirituality",
Paulist Press, New York, 1983.

"Letter to the Nun Xenia"
in: "The Philokalia", vol.4,
ed. G.E.H. Palmer, Philip Sherrard & Kallistos Ware,
Faber & Faber, Londen, 1995.

H. Philaret van Moskou

"Choix de Sermons et Discours de S. Em. Mgr. Philarète"
Franse vertaling van A. Serpinet;
E. Dentu, Parijs, 1866.

OVERIGE WERKEN

Metr. Hiërotheos Vlachos

"Orthodox Psychotherapy"
vert. Esther Williams,
ed. Birth of the Theotokos Monastery, Levadia, Griekenland 1994.

Index Bijbelcitaten

OUDE TESTAMENT

NIEUWE TESTAMENT

12:	45	86,	11:	24-26	144cf,
13:	7	143cf,	12:	49	165zie, 206,
	22	143cf,	15:	8-10	137zie,
	52	136cf,		13	11, 33cf,
16:	24	45cf,		17	13,
19:	21	123,		18-19	14, 19,
	30	120cf,		31	14, 19,
20:	1-15	187cf,	16:	10	224,
	25	120cf, 207cf,		10-11	164cf,
	26-27	120cf,		15	91,
	28	207,	17:	10	205cf,
21:	22	88,		21	9cf,
22:	37	148cf,	18:	2-7	191cf,
23:	10	206,		9	93cf,
25:	21	42,	19:	1-10	69,
26:	26-27	138cf,	21:	12-15	143,
	69-75	224zie,		14-15	94,
27:	33	162,	22:	54-62	224zie,
MARKUS			23:	34	103,
1:	15	120,		48	196cf, 229,
8:	38	67,	JOHANNES		
12:	30	95, 148cf,	1:	39	128,
	31	95,		46	128,
14:	66-72	224zie,	2:	17	206cf,
LUKAS			3:	5	172cf,
1:	48	195,		6	86, 159zie,
2:	19	195cf,		8	213,
	22-40	227,		30	102cf, 209,
	25	227,	4:	2	212,
	29	51,		9	122cf,
	32	196,		14	204,
	34	227,		24	72, 93,
	35	196cf,	5:	37	10cf, 19cf,
	51	196cf,	6:	45	22cf, 44,
3:	16	165zie,		53	189cf,
8:	13	112,		57	153,
10:	27	148cf,		63	159zie,
	42	205cf,	8:	24	67cf,
11:	9-10	12,	9:	39	157,

Inhoud

Deze serie voordrachten volgt een duidelijke structuur, die hier en daar nader wordt uitgediept. Om de basisstructuur te verhelderen zijn de aanvullende hoofdstukken in onderstaand overzicht schuingedrukt.

EINDE

Aan de Ene God in Drieëenheid:
de Vader, en de Zoon, en de Heilige Geest,
zij alle heerlijkheid
in de eeuwen der eeuwen.

Amen

WERKEN van Archim. Zacharias in Nederlandse vertaling
voor nadere details zie o.a. de website van Maranatha House (.info)

♦ **Christus, onze Weg en ons Leven** – *Anaphora aan de theologie van oudvader Sophrony*
Over de levende theologie als het relaas van de ontmoeting met God. Ter inspiratie, zowel als voor serieuze studie. Compleet met alle oorspronkelijke verwijzingen en patristieke citaten in Nederlandse vertaling.

♦ **Weest ook gij uitgebreid (2Kor.6:13)** – *De uitbreiding van het hart in de theologie van de heilige Silouan de Athoniet en archimandriet Sophrony van Essex*
Inspirerend onderricht m.b.t. het doel van de geestelijke weg.

♦ **De verborgen mens des harten (1Petr.3:4)**
Over het mysterie van het menselijk hart, en over het leven in bekering als een tocht om het 'diepe hart' te vinden.

♦ **Gedenk uw eerste liefde (cf. Openb.2:4-5)** – *De drie stadia van het geestelijk leven in de theologie van oudvader Sophrony*
Nader onderricht omtrent het verloop van de geestelijke weg.

♦ **De mens, God's doelwit** – *"Wat is de mens, dat Gij hem hebt grootgemaakt ..." (Job 7:17-18)*
Een theologische verdieping in het Mysterie van de Persoon.

♦ **Van de dood tot het leven** – *De weg van het Kruis des Heren in ons dagelijks bestaan*
Een reeks voordrachten naar aanleiding van een woord van oudvader Sophrony over de aard van de Christelijke weg.

♦ **Het zegelbeeld van Christus in het hart van de mens**
De geestelijke visie van de weg van Christus, toegepast op het dagelijks leven, eredienst en verkondiging, priesterschap, monnikschap, en de paradoxale weg van kruis tot overwinning.

✠

www.ingramcontent.com/pod-product-compliance
Lightning Source LLC
Chambersburg PA
CBHW022006080426
42733CB00007B/494